“十四五”时期国家重点出版物出版专项规划项目

国家出版基金项目
NATIONAL PUBLICATION FOUNDATION

中国生物学教育研究丛书

赵占良 主编

信息技术与中学生物学教学融合的实践研究

黄世勇 吴宇清 兰 岚 黄增寿——————著

GEP 广西教育出版社
·南宁·

图书在版编目（CIP）数据

信息技术与中学生物学教学融合的实践研究 / 黄世勇等著 . -- 南宁：广西教育出版社 ,2021.11(2023.1 重印）

（中国生物学教育研究丛书 / 赵占良主编）

ISBN 978-7-5435-9000-7

Ⅰ . ①信… Ⅱ . ①黄… Ⅲ . ①生物课 – 教学研究 – 中学 Ⅳ . ① G633.912

中国版本图书馆 CIP 数据核字 (2021) 第 225606 号

策　　划：廖民锂　潘姿汝　黄力平

责任编辑：陶春艳　潘　安　　**装帧设计：**李浩丽

责任校对：杨红斌　卢佳慧　　**责任技编：**蒋　媛

出 版 人：石立民

出版发行：广西教育出版社

地　　址：广西南宁市鲤湾路 8 号　**邮政编码：**530022

电　　话：0771-5865797

本社网址：http://www.gxeph.com

电子信箱：gxeph@vip.163.com

印　　刷：广西民族印刷包装集团有限公司

开　　本：787mm×1092mm　1/16

印　　张：20

字　　数：295 千字

版　　次：2021 年 11 月第 1 版

印　　次：2023 年 1 月第 2 次印刷

书　　号：ISBN 978-7-5435-9000-7

定　　价：52.00 元

○ 序 ○

2001 年，叶佩珉教授主编的“学科现代教育理论书系·生物学”由广西教育出版社出版。这套丛书系统总结了我国改革开放以来中学生物学教育在课程论、教学论、学习论、实验论、测量评价理论等方面的研究成果，在我国中学生物学教育领域产生了广泛影响。

20 年过去了，在中国共产党 100 周年华诞，党团结带领全国人民全面建成小康社会，实现第一个百年奋斗目标，正意气风发地向着全面建成社会主义现代化强国的第二个百年奋斗目标迈进之际，回首本世纪的这第一个 20 年，我们不禁感慨，我国的中学生物学教育也走过了一段极不平凡的探索历程。这 20 年，是新一轮基础教育课程改革从启动到深化的 20 年。在这 20 年中，我们经受了新课程理念的洗礼，实施新课标，使用新教材，探索新的教学方式和考试评价方式，改革创新的热潮一波又一波地兴起，新观点、新模式、新经验不断涌现。从总体上看，我国的中学生物学课程、教材和教学的质量和水平，已经迅速赶上了时代，极大缩短了与发达国家的距离，具有中国特色的生物学课程教材体系和学术话语体系正在形成。当然，还有许多问题需要研究，也有不少挑战需要面对，一些困惑需要破解。

展望开启新征程的未来 30 年，我们更是豪情满怀。未来 30 年，中学生物学教育更是大有可为的，并且应该大放异彩！为实现第二个百年目标培养人才，是我们每一位教育工作者肩负的重任。如何让生物学教育更好地服务于立德树人根本任务，更好地服务于国家创新驱动战略的实施？如何让生物学课程更加充分地彰显育人价值，使它在“培根铸魂、启智增慧”中发挥独特的作用？这是每一位生物学教育工作者应该认真思考和研究的问题。

站在新的历史交汇点上，总结我国这 20 年中学生物学教育的理论与实践研究成果，研究新时期我国生物学教育面临的任务和挑战，构建中国特色生物学教育理论体系和课程教材体系，探索生物学教育高质量发展的实践路径、策略和方法，是时代的需要，是生物学教育研究者的责任，也是广西教育出版社策划、我和诸位作者一道撰写“中国生物学教育研究丛书”的出发点。

我作为本套丛书的主编，主要思考和解决三个问题：写哪几本书？找谁写？如何写？

写哪几本书？我的思路是从问题到选题。这里所说的“问题”，多数是我国中学生物学教育理论和实践研究中长期关注的问题，如概念教学问题、实验教学问题、学生科学过程技能培养问题、国际教材比较问题、信息技术与生物学教学融合问题等。这些方面的研究虽然已有丰富的成果，但随着时代的发展，还有许多问题需要与时俱进地继续研究；有些是近年来研究的热点问题，如学业评价问题、STEAM 教育问题等，这些方面的研究虽然热度很高，但体现生物学学科特点、系统而实用的研究不多，有较大影响力的原创性研究成果更少；有些则属于需要重视但缺少系统深入研究的问题，如课堂教学行为分析的科学化问题、农村课程资源的开发和利用问题。问题梳理出来了，选题也就随之确定了。

找谁写？我借助自己长期担任中国教育学会生物学教学专业委员会理事长的便利条件，大致了解到圈内同行近期研究的方向和成果，比如，崔鸿教授团队对学业评价有较深入的研究，王永胜教授前些年承担了农村课程资源研究课题，谭永平编审承担过生物学课堂教学行为分析研究课题，李高峰教授联合众多大学和中学教师集体攻关、开发本土化的 STEAM 教育课程，王健教授在科学过程技能培养方面学术视野宽广，解凯彬教授关于中学生物学实验教学的讲座在全国广受欢迎，黄世勇主任带领中山市的老师们在信息技术与学科教学融合方面进行了多年不懈的探索，张秀红博士在人民教育出版社做了为期两年的国际高中生物学教材比较研究，等等。于是，我请他们分别担纲相应选题的撰写。只有“概念教学论”这一本，本来想请这方面的专家胡玉华教授写的，但她因为其他工作太忙而无暇承担，情急之下，加之广西教育出版社的热诚鼓励，我就不自量力地将它放在自己名下了。应该说，除我之外，其他八本书的担纲者都是在相应领域有较深入的研究、有较高学术造诣的专家，自然是能够胜任书稿撰写的。这里并没有“要写此书，非他莫属”的意思。中国之大，藏龙卧虎，我们抱有“苔花如米小，也学牡丹开”的心态。

如何写？首先要明确为谁写。虽然这套丛书的读者范围包括高校生物学教育专业的教师和研究生，但主要还是面向广大中学生物学教师和教研人员（以下统称“教师”）。因此，必须让教师觉得这套书有用、好用。这就需要针对教师的需求来写，而教师的需求是多方面、多层次和多样化的。教师有提升专业素养或学科教学知识（PCK）的需求，也有对教学资源、工具和环境的需求；有的教师更需要提升理论修养，有的教师更需要实用的方法；有的教师更需要提升教学成绩，有的教师更需要探索实践育人。一套书旨在满足教师什么样的需求，是由其选题定位决定的。本丛书名称中的“研究”二字，说明它不是一般的教学参考书，也不是教学设计和教案，更不是教学辅助资源，而是反映我国生物学教育研究成果的系列专著，重在针对教育教学中存在的实际问题，总结相关理论研究成果和实践经验，提出未来深化改革、提高学科育人功能的基本原则和具体举措。换言之，本丛书主要是满足教师提升专业素养和综合能力的需要，助力教师专业发展。当然，本丛书突出的“研究”，并不是“象牙之塔”中的纯学术的研究，而是扎根于课程设计、教材编写和教学实施等方面活生生的实践，触角伸向教和学的各方面和各环节，具有理论与实践密切结合、学术性与实用性相得益彰的显著特点。

为了写好这套书，广西教育出版社于 2019 年 2 月在北京专门召开编写启动会，各册主要作者围绕丛书框架体系、编写思路、内容、体例等进行了热烈而深入的讨论。在确定丛书上述定位的基础上，我们还就丛书的编写要求达成以下共识：一是落实新课标中“核心素养为宗旨”的理念，将发展学生的生物学核心素养作为贯穿各册内容的一条主线；二是注重一般理论与生物学学科特点的有机结合，避免生搬硬套、“穿靴戴帽”，要着力实现教育教学一般理论在生物学学科中的创造性转化；三是要立足本土、借鉴国外，对国外的教育教学理念和方法，要在消化的基础上，根据我国经济、社会、文化和教育教学特点有选择地吸收，力求构建有中国特色的生物学教育理论框架、话语体系和实践路径；四是在继承的基础上创新，突出研究成果的原创性，正所谓“重复别人一百句名言不如说出一句自己的创见”，研究的目的是创新，而创新也离不开对优良传统的继承。

为了写好这套书，各册作者牺牲了节假日，夜以继日埋头苦干。针对作者较多的册次，开了许多次编写研讨会和统稿会，几易其稿，反复打磨。我作为丛书主编，谨向大家致以由衷的敬意和谢忱！

在本丛书还未完全成稿之际，欣闻它荣获国家出版基金资助，这让我们备受鼓舞，也更加感到责任重大。感谢北京师范大学刘恩山教授和华东师范大学郑晓蕙教授在基金申报中的热情推荐。感谢广西教育出版社在选题立项、编辑加工和出版发行工作中的大力支持和倾情付出。感谢学界先贤同侪在各自论著中奉献的智慧和经验，这些著述带给我们多方面的滋养和启迪。

我们深知，任何一个学科的教育教学都是一个复杂的、开放的、动态的系统。相比之下，我们每个人的视野都太有局限性了，费九牛二虎之力捕捉到的也许只是这个系统的一鳞半爪，甚至是幻影假象。何况中学生物学教育领域需要研究的问题和已经涌现的成果，绝不仅限于本丛书所囊括的九个方面。好在世界上完美无缺的事物是不存在的，正如没有一种生物能够完全地、绝对地适应环境一样。如果本丛书能够给广大同行一些理论上的启发和行动中的参照，能够为我们情之所系的生物学教育事业增砖添瓦，我们就甚感欣慰了。至于书中的偏颇疏漏之处，还望读者批评指正。

赵占良

2021 年 7 月 31 日

○ 前　言 ○

在教育领域，信息技术的高速发展促使认知方式、教学方式和学习方式发生变革。学科教学如何随着信息技术的发展更好地完成学科育人目标，是教学研究关注的重点问题。

本书的研究可追溯到 2000 年，当年黄世勇（时任中山市生物学科教研员）主持建立了中山市第一个生物学科网站“缤纷生物城”，为生物学科教师搭建了信息和资源共享的平台。2001 年，他与信息技术学科教研员陈明宏一起主编了中山市义务教育信息技术学科地方教材《信息技术》，后经广东省教育厅审定通过，并不断更新版本，一直沿用至今。

2004 年，中山市首次将精品课程建设的概念引入基础教育领域，将“中山市基础教育精品课程建设研究”确定为中山市教育科研立项课题的攻关项目。精品课程建设实现了区域性基础教育课程改革的三个升级：精品课程的系统构建，升级了课改运行模式；精品课程的模块开发，升级了教研活动形式；精品课程的共建共享，升级了课程管理方式。2009 年底，在全国课改经验总结会上，分享了中山市精品课程建设的创新做法。2010 年，由黄世勇（时任中山市教育局教学研究室主任）主持的项目“新课程背景下区域教研体系的构建与探索”作为精品课程建设的阶段成果，获得了广东省第七届普通教育教学成果奖一等奖。同年，他主持的另一项目“新课程背景下区域教研文化建设研究”作为精品课程建设的阶段性研究成果，获得教育部颁发的基础教育课程改革教学研究成果奖三等奖。2012 年起，他关注到微课这一新的课程形式，提出了以微课为结构的中山市精品课程建设方向，将精品课程的研究再向纵深推进。

2015 年，黄世勇主持的项目“基于中山教育城域网分布式网络协同云阅卷模式的应用实践与研究”成果获得了广东省中小学教育创新成果奖一等奖。同年，中山市成为人民教育出版社课程教材研究所全国第 21 个实验基地。

2017 年 12 月，黄世勇（时任中山市教育信息中心主任）和吴宇清（时任中山市教育信息中心副主任）申报的“数字教材与智慧课堂支撑下的教与学方式转变研究”立项为人民教育出版社课程教材研究所课题。黄增寿（中山市中学生物学科教研员）主持的“基于核心素养理念的初中生物学微课体系的建构”和“基于学科核心素养的高中生物微课开发与应用策略的研究”，分别立项为 2016 年广东省教育科学规划项目和 2016 年中山市教育科研重点项目。兰岚（中山市初中生物学科教研员）主持的项目“工作室环境下初中生物学教师科研自主性提升策略的研究”和“初中生物学纸笔测试命题策略的研究”，分别立项为 2014 年广东省教育科学规划项目和 2020 年中山市教育科研重点项目。

本书关于信息技术与中学生物学教学融合历程中教师教学实践成果的梳理，主要是对《生物学通报》《中学生物学》《中学生物教学》等期刊的文章进行了文献研究。对于生物学教学，本书提出了一个观点：科学精神是我们的价值追求，科学方法、科学态度、科学知识等是达到价值追求的手段和桥梁，而以上这些的总和构成一个人的科学素养。就生物学科教师而言，科学素养之造诣决定了其生物学教育教学理念之层次。同时，生物学科教师全面提升科学素养、信息技术素养、科研素养是完成生物学教学与信息技术融合的前提条件。由于自身能力和中山市内学校信息技术环境所限，本书的观点与结论一定会有局限性，本书中学科教学与信息技术融合的课例所涉及的信息技术也与最前沿的技术尚有距离，对融合的教学效果亦难以开展实证研究。

自 1999 年起，朱正威、赵占良、李红、谭永平、吴成军、包春莹等多位人民教育出版社生物学科专家，数次到中山市讲学和指导，中山市中学生物学科教学水平因此得以不断提升。近期，“中国生物学教育研究丛书”主编赵占良建议我们将多年研究的成果整理成书，并提出了撰写建议和审定书稿。

在本书撰写过程中，中山市教育和体育局的各位领导和同事给予了多方面的支持。本书呈现的案例得益于中山市诸多优秀的中学生物学科教师，得益于敖飞成、高飞燕、吴宇亮、杨祖芳、吴学峰、冼省、张志强、冯海香、赖浩等老师对课例的不断研讨、试教、反思和修改。书中关于生物学教学与创客教育融合的实验设计、数字化工具的极简教学应用，得益于李景佳、周丽芬、汤翠檀老师在实践中不断提升，在探索中不断完善。

因水平有限，本书尚有诸多不足之处，恳请读者提出宝贵意见。

黄世勇　吴宇清　兰岚　黄增寿

2021 年 5 月

○ 目　录 ○

第一章

信息技术与中学生物学教学融合的历程和意义

不同地区教育信息技术的发展程度差异巨大，了解信息技术与教学融合的历程，是研究不同的发展条件下信息技术与中学生物学教学融合的基础，也是理解融合意义的基础。信息技术与中学生物学教学的融合历程呈现出以下特点：一是对信息技术的认识经历了教学工具、课程资源到教学环境的变化；二是对学生信息技术的培养目标从收集整理转变为鉴别、选择、运用、分享；三是从关注信息技术对教学的作用转向关注其对学生学习的作用。

由此可见，为学生学习方式的改变创设理想的教育生态，为学生个性化学习提供条件，是当前信息技术与中学生物学教学融合的重要目标。

第一节　信息技术

作为一名一线教师，当我们在讨论信息技术改变了教和学的时候，所讨论的信息技术指的是什么？

讨论以下案例中是否应用了信息技术。

【案例 1】上“细胞分裂产生新细胞”一课时，教师这样引入：我们知道，人的生命的起点是一个细胞——受精卵，一个细胞怎么变成一个新生儿呢？请带着这个问题，观看视频“3D 动画演示婴儿从受孕到诞生全过程”。

【案例 2】为了让学生能够理解生态系统的概念，教师从互联网上找到不同生态系统的图片，如森林生态系统、海洋生态系统、农田生态系统、湿地生态系统、城市生态系统等，在课堂上通过 PPT 演示给学生观看。

【案例 3】教师把实验操作过程的视频上传到网上，学生可以在家里观看预习。

【案例 4】在学习“制作并观察人的口腔上皮细胞装片”时，学生利用某生物虚拟实验室软件进行学习。在这一过程中，学生可以根据实验内容的提示进行操作，如根据不同的需要选择合适的放大倍数，调节粗准焦螺旋和细准焦螺旋等。

【案例 5】2018 年 9 月 18 日，筹备多时的广东、西藏两地“互联网 + 优课”教研展示活动启动。这次活动以“信息技术与课堂教学深度融合”为主题，围绕教育部“一师一优课，一课一名师”活动，以网络直播和线上线下交互教研为途径，9 所中小学校（林芝市第一小学、林芝市八一中学、广州市海珠区怡乐路小学、广州市番禺区实验小学、广州市番禺区市桥东城小学、广州市番禺区钟村中心小学、广州市番禺区市桥南阳里小学、中山市实验中学、佛山市顺德区勒流江义初级中学）的在信息技术与学科融合应用方面成果突出的一线骨干教师进行了 8 个科目 12 节课例的现场展示及说课，各学科专家现场点评。此外，全国教育信息化领域的专家学者、一线名师分享“一师一优课，一课一名师”活动经验并组织专题研讨。活动精彩纷呈，充分展示了信息技术支撑融合下两地的课堂特色和教研水平。

案例 1 和案例 2 描述了中学生物学教师最熟悉且普遍应用的信息技术——教学视频和 PPT 演示。

案例 3 描述了应用微课进行翻转课堂教学的过程，案例 4 则描述了学生利用虚拟实验室软件进行实验学习的过程。这些都是近年来讨论的热点，即使并不是每位教师都有微课制作、应用微课进行翻转课堂教学、利用虚拟实验室软件进行实验教学的实践经历，但提起微课或翻转课堂，教师们都不会陌生。

案例 5 体现了利用“互联网 +”技术推动教育均衡发展，缩小区域差异，促进教育公平。广东、西藏两地通过产教融合开展教育信息化精准帮扶，共建教育信息化（智慧教育）应用示范基地，为林芝市提供优质课程资源、平台资源、教学资源和教育信息化应用服务，助推林芝市教育信息化建设快速发展。

传统的教育信息技术一般被认为是以计算机与多媒体教育应用为代表。计算机教育应用又涉及 CAI（Computer Aided Instruction，计算机辅助教学）和 CAL（Computer Aided Learning，计算机辅助学习），以及在计算机软件、硬件基础上进行的所有教育教学过程、教学评价和数字化教学资源的建设等。进入 21 世纪后，以大数据、云计算、人工智能、“互联网 + 教育”为代表的新兴的信息技术快速融入教育领域，对各级各类教育的深化改革产生了重大、深刻的影响。促进信息技术的教学创新应用，变革传统学与教的方式是教育信息化的核心。机器人、3D 打印等新技术的深入应用有利于促进学生的学习方式由被动接受转变为自主、合作、探究；微课等新的资源形式的利用，为教师教学方法和手段的改变提供有效的支持，有利于促进教学方式的变革；云计算、虚拟实验室软件等使教学环境发生变化，促进了课堂形态的变化。

一、“互联网 +”

李克强总理在 2015 年政府工作报告中首次提出制定“互联网 +”行动计划。报告中指出，“制定‘互联网 +’行动计划，推动移动互联网、云计算、大数据、物联网等与现代制造业结合，促进电子商务、工业互联网和互联网金融健康发展，引导互联网企业拓展国际市场”[1]。“互联网 +”代表着一种新的经济形态，它指的是依托互联网信息技术实现互联网与传统产业的联合，以优化生产要素、更新业务体系、重构商业模式等途径来完成经济转型和升级。通俗来说，“互联网 +”就是互联网 + 各个传统行业。比如“互联网 + 金融”，诞生了很多普通用户触手可及的理财投资产品；“互联网 + 餐饮”，诞生了许多团购和外卖网站；“互联网 + 婚姻交友”，诞生了众多的相亲交友网站；等等。但这并不意味着简单的两者相加，而是利用通信技术以及互联网平台，让互联网与传统行业进行深度融合，创造新的发展生态。“互联网 +”主要有六大特征：

一是跨界融合。“+”就是跨界、变革、开放、重塑融合。只有敢于跨界，创新的基础才更加坚实；只有融合协同了，群体智能才会实现，从研发到产业化的路径才会更畅通。同时，这种跨界融合导致现实世界与虚拟世界时而分裂，时而又无缝融合，我们甚至不能清楚地划分出二者的区别。从自我雇用、动态自组织、自媒体等的盛行中我们可以看出，在某些特定的时间和情况下，各种跨界融合有可能完全由个人定义。

二是创新驱动。过往粗放式的资源驱动型增长现已难以为继，必须借“互联网 +”的东风，迅速转轨到创新驱动型发展这条道路上来。人多力量大，这正是互联网的优势之一，集成大众的智慧，就地取材，联合大众，服务大众。用户不仅可以在设计、创新、传播、内容创造等过程中积极参与讨论，同时还可以在某些领域参与实际性的管理，例如对物流、菜品的

---

[1] 李克强. 2015 年政府工作报告（全文实录）[R/OL].（2015-03-05）[2021-05-28]. http：//lianghui.people.com.cn/2015npc/n/2015/0305/c394298-26642056.html.

评价等。互联网在个体的基础上发展了“众包”“众筹”“众创”“众挖”等“众”经济，不仅是创新社会结构和商业格局的体现，也是一种创新的生活方式和经济方式。

三是重塑结构。信息革命、全球化、数据化已打破了原有的社会结构、经济结构、地缘结构、文化结构，议事规则、话语权不断发生变化，个性化思维也变得越来越流行。“互联网＋社会治理”中虚拟的社会治理将会与现实社会管理有很大的不同，“互联网＋”的发展使得社会结构时时刻刻都在面对着各种各样的不确定性。

四是尊重人性。互联网力量之强大最根本的原因是对人性最大限度的尊重，对用户体验的敬畏，对每个人的创造性发挥的重视。互联网把主动权还给了用户，这使得用户可以获得完全不同的超级体验，例如UGC（User Generated Content，用户原创内容）。现在十分流行个性化定制，如海尔建立了互联工厂，可以根据客户的个性化需求来进行空调的定制，这样不仅能满足不同客户的需求，同时也为自己带来了更好的效益。

五是开放生态。生态是支持“互联网＋”最重要的基础，而生态本身就是开放的。推进“互联网＋”其中一个重要的方向就是要把过去制约创新的环节逐一化解，把看似无用的孤岛式信息和资源有机地连接起来，让市场来驱动研发和创新，让每个努力的创业者都有平等的机会实现价值。

六是连接一切。连接是有层次的，连接性也是有差异的，正是这种变化和落差成为“互联网＋”连接一切目标的原始驱动力。我们发现，随着网络覆盖范围的扩大和连接能力的增强，整个社会的交易成本也因此不断降低，并且在“互联网＋”的驱动下，全社会的运营效率获得了提升。举个例子，以前如果想购买火车票，要往售票点跑一趟，而现在只需要短短几分钟的时间就能在移动端上完成了，节约了大量的时间和交通成本。移动互联网不仅推动了持续在线的产生，还令移动终端和人们的需求随时被连接和感知。现如今，移动互联网不断地收到来自用户的越来越多的信息需求，包括娱乐、购物、学习等，并匹配连接到对应的信息接受群体中。

可见，“互联网＋”广泛深入推进的最终结果将是实现万物互联，即所有人、事、物都被互联网连接起来，逐渐融合演化出一个新的生态。

二、"互联网＋教育"

中国互联网络信息中心发布的第43次《中国互联网络发展状况统计报告》指出，至2018年底，我国网民规模达到8.29亿，全年新增网民5653万，互联网普及率达59.6%，较2017年底提升3.8个百分点。[1]我国已经具备"互联网＋"环境下惊人的用户基础。同时，互联网开放、共享的理念也重构了教育面貌。

"互联网＋教育"（Internet Plus Education Models）就是互联网科技与教育领域相结合的一种新的教育生态。在"互联网＋"时代背景下，云计算、物联网、大数据、人工智能等新技术不断涌现并渗透应用于教育领域，为人们的学习提供了云端一体化的智能学习环境，互联互通的优质教育资源云服务，丰富多元的网络学习空间和即时便捷的泛在学习环境。从教育视角观察"互联网＋"，我们看到它对原有教育体制、教育观念、教学方式、人才培养的不断冲击，比如信息化互动设备让教师的教学从单向灌输变为师生互动，个人终端的普及让学生由被动学习变为自主探究，大数据支撑下的课堂评价从描述、定性变为定量、可分析，学校管理从过去的垂直管理转向横纵结合的混合式管理等，给传统教育带来许多新变化、新特点。互联网思维下，教学逐渐由封闭转向开放（图1-1），将课堂教学与在线教学相融合，逐步实现对课堂教学的重构与变革。[2]

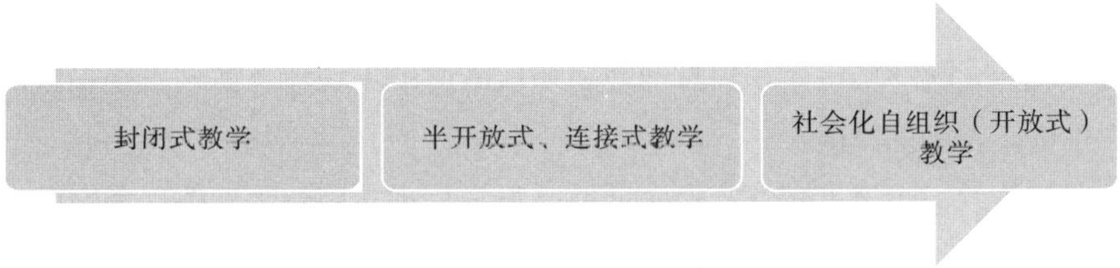

图1-1　教学模式的演进

[1] 中国互联网络信息中心.中国互联网络发展状况统计报告（2019年2月）[R/OL].（2019-02-28）[2021-10-28].http：//www.cac.gov.cn/wxb-pdf/0228043.pdf.

[2] 余胜泉，王阿习."互联网＋教育"的变革路径[J].中国电化教育，2016（10）：1-9.

让人振奋的是，我国政府充分认识“互联网 +”的战略意义，并在 2015 年政府工作报告中首次明确提出制定“互联网 +”行动计划。“互联网 + 教育 = 智慧教育”，要一如既往地推动我国中小学智慧教育进程，把智慧之树和幸福之树植根于孩子们心中。以教育信息化带动教育现代化，破解制约我国教育发展的难题，是加快从教育大国向教育强国迈进的重大战略抉择。通过“互联网 + 教育”计划，助力国家通过现代科技手段实现优质教育资源的共享，从而实现教育公平。大力发展智慧教育，充分发挥网络的积极影响，增强孩子驾驭网络和通过网络进行学习和交流的能力，帮助他们逐步掌握从网络获取、传递、加工和处理各种有益信息的能力，不断增强孩子的自尊心、自信心和竞争力，充分调动孩子学习的积极性、自觉性和主动性，提高学习质量和效果，以达到教育的目的，真正让网络为孩子所用，促进孩子健康茁壮地成长。

三、信息素养

通常人们把信息素养当作一种能力来认识和理解，因此我们也经常听到一些所谓信息力、搜索力、数据力等叫法。谁掌握了知识和信息的关联方法和处理能力，谁就掌握了支配它的权力。那它的威力究竟如何？我们不妨通过一个真实事件来管中窥豹。

2012 年 9 月，一篇题为《如何从拨号音中听出 360 总裁周鸿祎的手机号码》[1] 的网帖迅速在多家网站和知名微博中流转和散播，一些媒体记者也进行了跟踪报道。

经查找，记者发现这篇帖子的原文最早出现在南京大学软件学院一名姓刘的学生的网页上。资料显示，刘同学是广东中山人，2010 年进入南京大学学习。他将破解过程公布在网上，在帖子中图文并茂地展示了自己如何通过新闻视频中一段 10 秒的电话按键音破解出周鸿祎的手机号码。

出于保护隐私的考虑，刘同学将图片和部分数字打了马赛克。虽然他对图片和文章中的数字都做了处理，但还是有不少人猜出了周鸿祎的手机

[1] 张鹰 . 如何破解周鸿祎的手机号码 [J]. 意林，2012（22）：16.

号并拨打测试。周鸿祎感慨“这位同学确实能干”。有趣的是，创新工场董事长兼首席执行官李开复也通过微博喊话刘同学：“这位同学，来创新工场吧！”一时间，刘同学成了网络红人。

刘同学真的有这么神吗？曾有记者采访过刘同学，主攻软件方向的他坦言对声学原理并不是很了解，他的灵感来自当年热播的一部动画片中的相似情节。刘同学通过查找资料了解了贝尔在发明电话时所用到的原理。他用音频处理软件将拨号音转成频谱图，再通过软件放大拨号音，通过比对获取手机号码，并且成功拨打给当事人进行验证。

刘同学表示，所用软件都是可以在网上找到的，并不需要特别高端的设备。比如用电脑声卡采集声音样本后，只观察声音波形较难比对出号码，但通过 Matlab 软件做 STFT（短时傅里叶变换）转换到频域坐标上就能轻松观察出结果[1]。只要具备简单的电脑基础知识、一台电脑、一个录音设备，这项貌似神秘的“利用拨号音破解电话号码”技术活即可轻松完成。

从这起新闻事件中我们可以看出，随着高科技的发展，信息技术正朝着成为大众伙伴的方向发展，操作也越来越简单。因此，现代人的信息素养更多取决于其信息意识和情感。信息意识和情感主要包括：积极面对信息技术的挑战，不畏惧信息技术；以积极的态度学习操作各种信息工具；了解信息源并经常使用信息工具；能迅速敏锐地捕捉各种信息，并乐于把信息技术作为基本的工作手段；相信信息技术的作用与价值，了解信息技术的局限及负面效应，从而正确对待各种信息；认同与遵守信息交往中的各种道德规范和约定。

（一）信息素养是什么

落实“互联网 +”行动计划，促进信息技术与教学融合急需提高师生的信息素养。早在 1974 年，美国信息产业协会主席保罗·泽考斯基（Paul Zurkowski）率先提出了信息素养定义：利用大量的信息工具及主要信息资源使问题得到解答的技术和技能。[2] 具有信息素养的人是指那些在如何

[1] 张雅琪 . 基于 Matlab 的双音多频信号仿真 [J]. 信息与电脑（理论版），2013（6）：129-130.
[2] 郭朝明 . 信息化时代信息素养的内涵与培养 [J]. 电化教育研究，2007（11）：16-19.

将信息资源应用到工作中这一方面得到良好训练的人。有信息素养的人已经具备了使用各种信息工具和主要信息资源以形成解决方案来解决信息问题的能力。信息素养包括三个要点：能够判断什么时候需要信息；懂得如何去获取信息；知道如何去评价和有效利用所需的信息。

信息素养概念一经提出便得到广泛传播和应用。国外从 1974 年到 2000 年共有 18 个涉及信息素养的定义，影响较大的定义大部分来自美国。我国关于信息素养的定义有 5 个，均是在 2000 年以后提出的。其中，比较有代表性的是由著名教育技术专家李克东教授和徐福荫教授分别提出的。李克东教授认为：信息素养应该包含信息技术操作能力，对信息内容的批判与理解能力，对信息的有效运用能力。徐福荫教授认为：从技术学视角看，信息素养应定位在信息处理能力；从心理学视角看，信息素养应定位在信息问题解决能力；从社会学视角看，信息素养应定位在信息交流能力；从文化学视角看，信息素养应定位在信息文化的多重建构能力。[1]

由此可见，信息素养是一个含义非常广泛而且不断变化发展的综合性概念，不同时期、不同国家的人们给信息素养赋予了不同的含义。作为 21 世纪公民应具备的基本能力素质之一，信息素养也是我国公民教育和人才培养的重要目标。

（二）信息素养和信息技术

经常有人把信息技术等同于信息素养，但两者有本质上的区别。

信息技术（Information Technology，IT）是指所有与计算机和通信设备的设计制造，信息的设计、处理、传输、变换、存取有关的技术，是用于管理和处理信息所采用的各种技术的总称。信息技术主要是应用计算机科学和通信技术来设计、开发、安装信息系统及应用软件。信息技术也常被称为信息和通信技术（Information and Communication Technology，ICT）。信息技术主要包括传感技术、计算机与智能技术、通信技术和控制技术。信息技术的发展，推动了社会生产力的提高，使人类社会生活的面貌发生了巨大变化。一个人懂得的信息知识越多，信息技术能力越强，

[1] 陈吉利 . 信息素养的构成与测量 [J]. 软件导刊（教育技术），2009（2）：28-30.

我们通常称他信息技术水平越高。

信息素养是一种基本能力，即一种对信息社会的适应能力。信息素养更是一种综合能力，涉及各方面的知识，是一种特殊的、涵盖面很广的能力，包含人文的、技术的、经济的、法律的诸多因素，和许多学科有着紧密的联系。信息素养是基于信息意识、信息知识、信息伦理，通过确定、检索、获取、评价、管理、应用信息解决问题并以此重构自身知识体系的综合能力和基本素质。它的逻辑框架大致如图 1-2 所示。

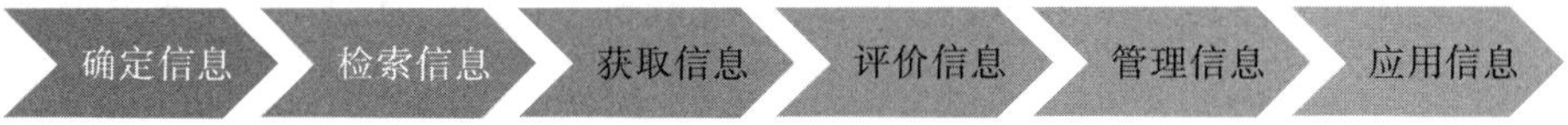

图 1-2　信息素养的大致逻辑框架

信息技术支持信息素养，通常信息技术强调对技术、技能的理解、认识和使用，而信息素养的重点是内容、传播、分析，包括信息检索以及评价，涉及更多的方面。信息素养是一种了解、搜集、评估和利用信息的知识结构，既需要熟练的信息技术，也需要完善的调查方法，如鉴别、推理等。信息素养是一种综合能力，信息技术只是它的一种表象和主要构成元素。

（三）培养学生的信息素养是教师的新挑战

21 世纪是充满机遇和挑战的世纪，是一个科学技术更加发达，竞争更加激烈，社会对人的素质要求更高的世纪。提高人的素质的关键在教育，而振兴教育的关键在教师。只有造就一支高素质的教师队伍，才能满足 21 世纪教育发展的要求。针对这一形势发展，教育部在 2016 年 6 月印发《教育信息化“十三五”规划》，要求提升教师的信息化教学能力，形成一批有针对性的信息化教学、管理创新模式。[1] 因此，有条件的地区要积极探索信息技术在新的教育模式中的应用，着力提升学生的信息素养、创新意识和创新能力，养成数字化学习习惯，促进学生的全面发展，发挥信息化面向未来培养高素质人才的支撑引领作用。

---

[1] 教育部关于印发《教育信息化“十三五”规划》的通知 [EB/OL].（2016-06-07）[2021-06-09]. http：//www.moe.gov.cn/srcsite/A16/s3342/201606/t20160622_269367.html.

为保障教育信息化“十三五”规划的有效实施，教育部在 2018 年 4 月发布《教育信息化 2.0 行动计划》，制订基本目标：“到 2022 年基本实现‘三全两高一大’的发展目标，即教学应用覆盖全体教师、学习应用覆盖全体适龄学生、数字校园建设覆盖全体学校，信息化应用水平和师生信息素养普遍提高，建成‘互联网 + 教育’大平台，推动从教育专用资源向教育大资源转变、从提升师生信息技术应用能力向全面提升其信息素养转变、从融合应用向创新发展转变，努力构建‘互联网 +’条件下的人才培养新模式、发展基于互联网的教育服务新模式、探索信息时代教育治理新模式。”[1]

2018 年 9 月 10 日，全国教育大会强调了教师的重要作用，将教师队伍建设作为发展教育的基础工作。我国教育信息化发展进入致力于融合与创新的 2.0 时代，全面提升教师信息素养已成为建设高素质教师队伍最实际和最迫切的行动之一。可见，提升教师信息素养已成为我国建设高素质教师队伍的重要举措之一。我们要正视教师信息素养和教育教学能力发展面临的问题，充分发挥“互联网 +”的优势，推动教师更新观念、重塑角色、提升素养、增强能力，主动应对新技术变革，善用新技术手段，积极有效地开展教育教学。

综上所述，信息素养是公民应具备的基本素养，信息技术是信息素养的一种表象和主要构成元素。提升教师的信息技术能力，有利于提升教师的信息素养。全国不同地区教育信息技术的发展差异巨大，了解融合的历程是研究不同的发展条件下信息技术与中学生物学教学融合的基础，也是理解信息技术与中学生物学教学融合的意义的基础。因此，在下一节中我们梳理了信息技术与中学生物学教学融合的历程。

---

[1] 教育部关于印发《教育信息化 2.0 行动计划》的通知 [EB/OL].（2018-04-18）[2021-06-09]. http：//www.moe.gov.cn/srcsite/A16/s3342/201804/t20180425_334188.html.

第二节　信息技术与中学生物学教学的融合历程

1999 年我国新一轮基础教育课程改革正式启动，2000 年成为中学生物学教师使用教学大纲的最后一年。2001 年 6 月教育部颁布《基础教育课程改革纲要（试行）》，同年，《全日制义务教育生物课程标准（实验稿）》出台，成为教师理解学科课程和教学的纲领性文件。2003 年《普通高中生物课程标准（实验）》出台。从教学大纲到课程标准，体现了教育理念的变革，身处其中的教师迎来了思想和行动上的双重挑战——课程、教学、教材、学习方式、师生关系、考试评价等的转变，茫然与兴奋并存。

教学大纲和课程标准是教育部颁布的纲领性文件，是课程和教学实施的指南针。本节依据两条线索对信息技术与中学生物学教学融合的历程进行梳理。

一是基于中华人民共和国成立以后颁布的中学生物学科的教学大纲和课程标准，梳理这些文件中出现的有关信息技术的表述，结合信息技术的发展，探究信息技术在中学生物学课程中应用的演变过程。在时间维度上，依据文件的性质，分为 1952 年至 2001 年教学大纲阶段，2001 年至今课程标准阶段。选取的代表性文件有 10 个（见表 1-1）。其中，由于 1963—1990 年颁布的教学大纲在内容的表述方面基本一致 [1]，故选取了 1990 年颁布的《全日制中学生物学教学大纲（修订本）》作为这一阶段的代表性文件进行研究。

[1] 宋倩茹，高守宝，王晶莹 . 新中国成立 70 年中学理科课程中信息技术应用的模式演变研究：基于数学、物理、化学和生物课程标准的文本分析 [J]. 数字教育，2020（1）：59-65.

表 1-1　代表性的文件及其颁布的时间

时间	文件
1952 年	《中学生物教学大纲（草案）》
1956 年	《中学生物教学大纲（修订草案）》
1990 年	《全日制中学生物学教学大纲（修订本）》
1992 年	《九年义务教育全日制初级中学生物教学大纲（试用）》
2000 年	《九年义务教育全日制初级中学生物教学大纲（试用修订版）》
	《全日制普通高级中学生物教学大纲（试验修订版）》
2001 年	《全日制义务教育生物课程标准（实验稿）》
2003 年	《普通高中生物课程标准（实验）》
2011 年	《义务教育生物学课程标准（2011 年版）》
2017 年	《普通高中生物学课程标准（2017 年版）》

二是基于中学生物学教学的文献，梳理不同阶段中学生物学教师关于信息技术与教学融合的研究与实践，探究信息技术在中学生物学教学中的演变过程。

一、以幻灯和电影为代表的视听媒体在教学中的应用阶段

这一阶段的时间自 1952 年颁布《中学生物教学大纲（草案）》起，大致延续至 20 世纪 80 年代中期。这一阶段与下个阶段并没有明显的时间界限，我们认为 20 世纪 80 年代可以看作是两个阶段的过渡时期。

（一）教学大纲中信息技术的相关表述

表 1-2　不同文件中关于信息技术的表述

<table>
<tr><th rowspan="2">时间</th><th rowspan="2">文件</th><th rowspan="2">相关内容</th><th colspan="2">信息技术</th></tr>
<tr><th>形式</th><th>作用</th></tr>
<tr><td>1956 年</td><td>《中学生物教学大纲（修订草案）》</td><td>大纲里规定了教师做的演示，其中包括活的生物、标本、模型、挂图等直观教具的演示，也包括实验的演示……有条件的学校，教师可以结合教材适当地增加一些大纲里没有规定的演示，其中包括放映幻灯片</td><td>幻灯片</td><td rowspan="2">直观教学的教学工具</td></tr>
<tr><td>1990 年</td><td>《全日制中学生物学教学大纲（修订本）》</td><td>直观教学是帮助学生更好地理解教学内容，调动学生学习积极性，巩固记忆的重要方法之一。教师应该积极地自制直观教具，密切结合教学内容使用教学挂图、标本、模型、幻灯和教学电影等进行教学</td><td>幻灯，教学电影</td></tr>
</table>

从技术上看，在前期的教学大纲中，信息技术的形式和应用都比较单一。1956 年颁布的《中学生物教学大纲（修订草案）》要求，有条件的学校，教师可以结合教材适当地增加一些大纲里没有规定的演示，其中包括放映幻灯片。幻灯片作为现代信息技术早期的形式之一，首次出现在中学生物学教学大纲中。此后在 1963—1990 年颁布的生物学大纲中，均出现了类似“幻灯和教学电影等进行教学”的表述。

（二）信息技术与教学融合的实践探索

1. 信息技术教学资源：幻灯和电影的收集、整理和自制

刊登于 1958 年第 4 期《生物学通报》中的《生物教师怎样运用幻灯进行教学》一文中，李祖荫（北京师范大学生物系）对幻灯机的结构及其使用技术进行了清晰的介绍。[1] 在同期刊登的另一篇文章《生物课的幻灯教学》中，张辕铭基于教学的需要提出了对普通幻灯机进行改装的建议，他提出了生物学放映幻灯的 6 种课型，并且提出为了更好地实现幻灯为生物学教学服务，教师可以自制幻灯片。[2] 一直到 20 世纪 80 年代，陆续有教师就制作幻灯片发表文章。

1958 年第 8 期的《生物学通报》上刊登了李祖荫的另一篇文章《如何运用电影配合生物教学》，提出了运用电影进行教学的优势："克服了空间和时间的距离……能够比别的教具更正确地把自然界的各种现象表现出来……例如我们可以通过它看到沙漠中的动物、非洲热带森林中的生物、北极的海生哺乳动物以及深海生物的动态，这些都是通过别的教具做不到的"；"不受季节的限制"；"影片的观察过程比实物观察更细致更系统"；"利用现代技术上的新成就扩大学生的知识领域"；等等。[3] 钱涵清在《开展生物课堂电影教学的研究》一文中提出了教学中运用电影的四种方法，包括分段放映法、选择放映法、整部先映法和整部后映法，并且指出电影与课堂教学内容密切的配合才能真正发挥电影在课堂教学中的作用，反之会流于形式。[4] 这也表明，在信息技术应用的早期阶段，一线生物学教师已经意识到了技术的应用要从学科教与学的需求出发。

2. 信息技术的应用：辅助课堂演示，开展直观教学

这一阶段中，信息技术主要应用于直观教学，辅助课堂演示。教师在运用幻灯和电影开展直观教学、提高学生观察能力方面做了积极的探索。如齐齐哈尔师范学院的贾树彪在文章中介绍了用幻灯机观察果蝇整体装片

[1] 李祖荫 . 生物教师怎样运用幻灯进行教学 [J]. 生物学通报，1958（4）：56-59.

[2] 张辕铭 . 生物课的幻灯教学 [J]. 生物学通报，1958（4）：59-61.

[3] 李祖荫 . 如何运用电影配合生物教学 [J]. 生物学通报，1958（8）：43-45.

[4] 钱涵清 . 开展生物课堂电影教学的研究 [J]. 生物学通报，1986（1）：37-38.

的方法，可以“根据需要把果蝇放大到 10 厘米左右或者更大，果蝇形态、颜色逼真，刚毛、性梳等清晰可辨”。[1]

教师也关注到了技术应用对学生思维能力发展的作用。罗鸣周、段一炎总结了运用幻灯投影启发学生思维发展的 8 种方法，提出通过幻灯投影可以帮助学生建立知识之间的关联，培养学生的预测和推理能力、归纳和概括能力。[2] 运用幻灯片进行总结归纳的教学策略，广泛应用于课堂小结和复习教学中。教学案例“基因对性状的控制”展示了教师运用幻灯、电影做辅助，帮助学生将抽象的知识具体化、形象化、条理化的教学过程：一是通过电影《遗传工程初探》展示基因到性状的全部过程，尤其是将学生最难以掌握的翻译过程以动画的形式连续地展现；二是在归纳总结环节运用幻灯片进行展示，教师适当串讲。[3]

此外，幻灯和电影作为激发学生学习兴趣的有效策略，在相关文章中被反复提及。

二、计算机辅助教学阶段

20 世纪 80 年代中期至 2010 年前为计算机辅助教学阶段。

[1] 贾树彪 . 用幻灯机观察果蝇整体装片 [J]. 生物学通报，1987（10）：39.

[2] 罗鸣周，段一炎 . 幻灯投影是提高生物教学质量较好的电教手段 [J]. 生物学通报，1987（6）：18-19.

[3] 钱列 .“基因对性状的控制”一节的教学尝试 [J]. 生物学通报，1985（12）：27-28.

表 1-3　教学大纲和课程标准中信息技术的相关表述

时间	文件名	相关表述内容	信息技术	
			形式	作用
1992 年	《九年义务教育全日制初级中学生物教学大纲（试用）》	要合理地选择、组合、使用直观教具和现代化教学手段	现代化教学手段	教学资源
2000 年	《九年义务教育全日制初级中学生物教学大纲（试用修订版）》	要合理地选择、组合、使用直观教具和现代化教学手段	现代化教学手段	教学资源
	《全日制普通高级中学生物教学大纲（试验修订版）》	重视信息技术在教学改革中的作用，运用先进的教学手段，提高课堂教学效益	先进教学手段	教学资源
2001 年	《全日制义务教育生物课程标准（实验稿）》	教师应引导学生通过图书、报刊、音像和网络等了解更多的信息，开展调查研究，理解生物科学技术对社会发展的促进作用，同时也了解科学技术可能带来的负面影响	互联网	课程资源
		充分重视信息化课程资源的利用，包括各种生物教学软件、网络上的生物科学教育资源等 计算机多媒体以其极强的交互性和模拟功能显示出它在生物教学中的重要作用。生物教师应该在教学中充分利用各种教学软件，包括教师自制的教学软件，提高教学效率 伴随网络的发展，互联网传递着越来越多的生物教育信息，如动植物的图片、课件、动植物的趣闻、最新生物科学进展等。这些信息也应在生物教学中得到充分利用	生物教学软件，网络资源，如图片、课件	课程资源

续表

时间	文件名	相关表述内容	信息技术	
			形式	作用
2003 年	《普通高中生物课程标准（实验）》	教师应引导学生通过图书、报刊、音像和网络等了解更多的信息，开展调查、研究、讨论等活动，理解生物科学技术对社会发展的作用，同时也了解科学技术可能带来的负面影响	互联网	课程资源
		关于动态过程的内容，如细胞分裂，用静态图解表示则有较大局限性，用动画、录像片或多媒体课件进行教学，则能收到事半功倍的效果	动画、录像片、多媒体课件	课程资源
		媒体资源包括报纸、杂志、广播、电视、互联网等 在利用媒体资源时，应当注意信息源的可靠性和信息内容的真实性，提高学生信息评价的意识和能力，这对于学生的终身发展是非常重要的	互联网等	课程资源
		信息技术方面的课程资源主要包括网络资源和多媒体课件两个方面。网络资源又包括互联网资源和校园网资源等	网络资源、多媒体课件、互联网、校园网、网络教室等	课程资源、教学环境

（一）教学大纲和课程标准中信息技术的相关表述

1. 由视听媒体到课程资源，信息技术首次出现在教学大纲中

在这一阶段，从教学大纲和课程标准的表述中可以看到，幻灯片、电影仍然作为激发学生学习兴趣、直观教学的手段在生物学教学中应用。进入新课程改革后，以互联网和电脑为代表的信息技术，作为课程资源出现在课程标准中。

在 1990 年的教学大纲中，幻灯和电影表述为直观教学的教具。在 1992 年颁布的《九年义务教育全日制初级中学生物教学大纲（试用）》中表述发生了变化，提出要合理地选择、组合、使用直观教具和现代化教学手段。2000 年颁布的《九年义务教育全日制初级中学生物教学大纲（试用修订版）》有相同的表述。在 2000 年颁布的《全日制普通高级中学生物教学大纲（试验修订版）》中，表述为“在教学中要积极创造条件，加强直观教学；重视信息技术在教学改革中的作用，运用先进的教学手段，提高课堂教学效益”。“信息技术”首次出现在中学生物教学大纲中，并且强调了要重视信息技术在教学改革中的作用。

2001 年《全日制义务教育生物课程标准（实验稿）》提出要充分重视信息化课程资源的利用，2003 年《普通高中生物课程标准（实验）》指出信息化课程资源主要包括网络资源和多媒体课件两个方面，网络资源又包括互联网资源和校园网资源等。由此可见，在此阶段信息技术已经由以幻灯和电影为主的视听媒体转变为信息化的课程资源，主要的形式是网络资源和多媒体课件。这一转变是计算机技术和互联网发展所带来的。

2. 由教师中心转向学生中心

随着教育理念的变化，信息技术在此阶段的课程标准中的表述表现出由教师中心转向学生中心的趋势。具体呈现出以下两个特点：

一是文件中出现了对学生信息技术能力要求的表述，见表 1-4。关于学生信息技术能力的表述首先出现在 2000 年《全日制普通高级中学生物教学大纲（试验修订版）》的课程目标和课程安排中，提出了培养学生收集和处理生物科学信息能力的要求。2001 年的《全日制义务教育生物课程标准（实验稿）》中，对初中生提出了同样的要求。2003 年《普通高

中生物课程标准（实验）》中，对学生的信息技术能力提出了更高的要求，如“能够利用多种媒体搜集生物学的信息，学会鉴别、选择、运用和分享信息”，“在利用媒体资源时，应当注意信息源的可靠性和信息内容的真实性，提高学生信息评价的意识和能力，这对于学生的终身发展是非常重要的”。

表 1-4 教学大纲和课程标准中有关信息技术的能力目标和教学建议的表述

时间	文件名	相关表述	
		能力目标	教学建议
2000 年	《全日制普通高级中学生物教学大纲（试验修订版）》	具有利用课本以外的图文资料和其他信息资源进一步收集和处理生物科学信息的能力	在教学中要积极创造条件，加强直观教学；重视信息技术在教学改革中的作用，运用先进的教学手段，提高课堂教学效益
2001 年	《全日制义务教育生物课程标准（实验稿）》	逐步培养学生收集和处理科学信息的能力……初步具有收集和利用课内外的图文资料及其他信息的能力	伴随网络的发展，互联网传递着越来越多的生物教育信息，如动植物的图片、课件、动植物的趣闻、最新生物科学进展等。这些信息也应在生物教学中得到充分利用
2003 年	《普通高中生物课程标准（实验）》	能够利用多种媒体搜集生物学的信息，学会鉴别、选择、运用和分享信息	教师尽可能多地让学生参与实验和其他实践活动。在同时拥有现实环境的实验条件和虚拟环境的模拟条件时，教师应首选现实环境，使学生身临其境，亲自动手

二是教学从教师中心转变为教与学并重。从以教师教学为中心，转向关注学生的学习。信息技术在教学中应用的这一变化趋势体现了新课程改革中教育理念的变革——以学生为中心，教师是学习的引导者。尽管信息技术仍以其在教学中的应用为主，但是也提出了信息技术对变革学习方式

的作用。学生不仅能从教师的教学中获得知识，还可以从丰富的信息资源中获取知识。信息技术从为教师的“教”服务，逐渐转向了为学生的“学”提供支持。

2001 年新课程改革启动后，分别于 2001 年和 2003 年颁布了《全日制义务教育生物课程标准（实验稿）》和《普通高中生物课程标准（实验）》，在内容标准和实施建议方面均有信息技术相关表述，要求教师在教学中充分利用各种教学软件、网络资源以实现教学方式的转变。在教学内容方面，建议教师从互联网获取信息，建设网络教学资源，自制课件等。

与此同时，在内容标准和实施建议部分，出现了信息技术对学生学习方式变革作用的表述：“学校的课程资源并不只是为教师准备的，其中不少资源应当用于学生的自主学习、主动探究”；“生物教学不仅是教师讲解和演示的过程，也是师生交往、共同发展的互动过程。教师必须向学生提供更多的机会让学生亲自参与和实践。这种有目的、有步骤的学生自主学习活动主要包括对生物及其相关事物进行观察、描述、提出问题、从各种信息渠道查找信息、提出假设、验证假设、思维判断、做出解释，并能与他人合作和交流等”。

值得一提的是，2003 年的《普通高中生物课程标准（实验）》提出了指向学生自主学习的新的教学模式——网络教学模式：“有网络教室的学校，有些教学内容，课堂上也可以采取网络教学模式：课前将有关图片资料和反馈练习等内容制成网页，并使之形成完善的链接；课堂上让学生上网学习，教师也通过校园网接受学生的反馈，给予适当的指导。这种方式能够更好地体现学生的自主性，有利于满足不同学生的需要。”

（二）信息技术与教学融合的实践探索

梳理这一阶段信息技术在中学生物学教学中应用的教学研究发现，正如其他领域的教学研究一样，新课程改革是这一阶段影响教师教学理念和教学行为的最主要因素。教师研究和实践的重点也逐渐从以教为中心转向关注学生的学习。

1. 信息技术课程资源：计算机辅助教学软件的开发

随着信息技术的迅速发展，计算机逐渐普及，出现了很多开发多媒体课件的平台，如 PowerPoint（PPT）、Authorware、Flash、Dreamweaver 等。计算机辅助教学软件的开发与应用成为教师研究的一个重要的方向。汪锡银描述了在“生物的遗传”教学中利用动画的教学效果：一是微观世界宏观化；二是枯燥内容生动化，利用动画配上音乐，呈现减数分裂和受精过程中染色体数量的变化。[1] 陈露玲在“血液循环”一课中，同样是利用动画体现血红蛋白与氧气分离和结合的过程，血液在血管内流动的方向及过程，体循环和肺循环的过程以及血液含氧量的变化过程。[2] 邢卫东利用 Animator Pro 软件制作植物细胞质壁分离和复原的二维动态过程，使学生进入分子运动的世界，将实验中观察到的“漏斗管内液面上升”的原理具体化，有利于知识由浅入深，由现象到本质地传递。[3]

除了在课堂教学中应用计算机软件辅助教学，教师还将信息技术的应用延伸到了课外，如将课件动画制作成 VCD，便于学生在课外进行自主复习。在这一阶段，教师积累了丰富的计算机辅助教学软件的资源，应用软件辅助教学的课例和教学策略的研究成果也非常丰富。

值得一提的是，PPT 逐渐成为大多数教师首选的课件开发工具，在中学生物学教学中应用 PPT 课件辅助教学成为常态，大多数教师能够独立设计和制作 PPT 课件。PPT 课件形式多样，操作简便，在教学中发挥了重要的作用。

互联网的发展使教学的环境发生了变化，教学的组织形式也随之创新。邢卫东描述了其利用多媒体网络活动室组织“自然保护”一课的教学过程。教师在课前利用 FrontPage 做成该节课的教学课件，教学过程中学生利用 IE 浏览器浏览该节课的教学内容。根据教材、学情分析和教学目标，在授课过程中，采用传统教学和现代教学相结合的方法，通过语言讲授和学生操作计算机，利用谈话法组织整个教学过程。[4] 在利用校园网论坛（BBS）

---

[1] 汪锡银 . 计算机在初中“生物的遗传”一节中的运用 [J]. 生物学通报，1997（2）：27.

[2] 陈露玲 . 电脑多媒体在“血液循环”一节教学中的应用 [J]. 生物学通报，1999（2）：24-25.

[3] 邢卫东 . 计算机辅助教学在“水分代谢”一节课中的运用 [J]. 生物学通报，1997（11）：36.

[4] 邢卫东 . 利用多媒体网络活动室组织“自然保护”一节课的教学 [J]. 生物学通报，2000（1）：26-27.

进行“生态系统的稳定性”一节的网络自主教学中，教师在BBS设置4个讨论主题：①“生物圈Ⅱ号”工程简介；②生态系统稳定性的概念简介；③生态系统稳定性破坏的实例简介；④提高生态系统稳定性的想法。教师准备相关网站和学习任务，让学生带着任务进行材料收集，分组完成讨论区主题论题并进行汇报。教师要及时到讨论区进行指导，帮助学生把知识构建成一个完整的体系。[1]

2. 信息技术应用：以学为中心，改变学生的学习方式

这一阶段教师研究的方向同样体现出了从关注教师的教转向关注学生的学的特点。教师以建构主义学习理论为基础，指导信息技术在生物学教学中的应用，探索以学生为中心的教学方式和学习方式的变革。例如，唐景昌和周晓峰在“植物的激素调节”一课中，利用计算机实现科学家研究生长素时的情境重现，收集学习材料，通过网络发送给学生，学生通过资料浏览自主学习，发现和提出问题，并与同学进行讨论，完成新知识的建构。[2] 季晓婷在教学中尝试组织学生利用网络平台进行协作式学习，学生在上课之前分好协作小组，通过分工，小组成员共同寻求问题的答案或者解决问题的方案。[3] 郝天娇在其文章中描述了组织学生利用互联网进行“人体内分泌腺及激素”自主学习的案例，采用“问题—探究”模式，自建网页呈现与该内容相关的基本知识点，还利用网络资源补充与该内容相关的生命科学热点材料，利用多媒体局域网来组织教学；学生在明确学习目标的前提下，结合教师提供的“学习任务单”，完成布置的任务，通过“人机对话”进行自主探究学习。[4]

在此阶段，尽管也有关于存在的误区和问题的讨论，但是信息技术有助于学生学习方式变革这一观点基本成为共识。信息技术在教学中的应用实现了教学资源的丰富性和共享性，为教学创设了良好氛围，激发了学生学习的积极性，为学生的自主学习和合作学习提供了支持，体现了以学生

[1] 金水丽 .“生态系统的稳定性”一节的网络自主教学 [J]. 中学生物学，2006（9）：38-39.

[2] 唐景昌，周晓峰 . 用计算机辅助“问题解决”教学的尝试 [J]. 生物学通报，2004（6）：45-46.

[3] 季晓婷 . 建构主义理论指导下生物网络教学的优化与整合 [J]. 中学生物教学，2005（10）：14-15.

[4] 郝天娇 .“人体内分泌腺及激素”一节多媒体网络教学案例 [J]. 生物学通报，2004（7）：36-37.

为主体的教学观。

信息技术在改变教师教学方式的同时，也在改变教师的工作方式。随着与网络同步成长的新一代生物学教师站上讲台，利用网络进行教研以实现教师专业化发展成为一条可行之路，诸多教育网站成为教师研修的平台。网络教研给教师提供了一个无拘无束的思维碰撞，促进教师成长、终身学习、互动启发的学习交流平台。

3. 对信息技术应用的反思：以学生的发展为中心

将信息技术应用于教学的优势已经成为共识，但是教师也注意到信息技术在教学应用中出现的种种问题。在开发与应用信息技术的热潮中，部分教师开始理性地对其进行反思。例如，彭伟国在其硕士论文中，从课件的制作和应用两个方面梳理了影响 PPT 教学效果的原因，他指出，“由于不恰当的开发和使用 PPT 课件，使得教师成了课件使用的附庸，再加上 PPT 课件都是按照课件事先的假设制定的，学生的课堂表现也有很大程度上的随机性，受到课件的牵制，教学过程有走过场之嫌，进而影响了 PPT 课件的教学效果”。[1] 综合来看，国内学者对将信息技术应用于教学的反思，主要体现在课件质量对课堂教学效果的影响，教师的应用策略，对教师和学生的影响等。在应用方面，意识到信息技术教学手段的使用并不意味着对传统教学手段的否定，信息技术的应用必须以学科教学和学生学习的需求为基础，教师在教学设计中应该充分分析教学内容的特点和学生发展的需求，选择合适的教学方法和手段。对教师而言，在应用方面最值得反思的问题之一，是由于过分依赖技术而弱化了自身作为教学组织者和主导者的作用，表现为忽视对教学和学生的研究，缺少必要的课堂互动和管理，缺乏对教学生成的关注等。

诸多反思反映出越来越多的教师对于信息技术在教学中的应用能够跳出盲目与滥用的误区，从学科教学和学生发展需求等多方面进行理性的思考。

---

[1] 彭伟国 .PPT 教学课件的开发与应用研究：以西安市高中生物课为例 [D]. 西安：陕西师范大学，2010：3.

三、信息技术与中学生物学教学融合阶段

《国家中长期教育改革和发展规划纲要（2010—2020 年）》提出要加快教育信息化进程，强调“信息技术对教育发展具有革命性的影响，必须予以高度重视”。信息技术迅猛发展，虚拟现实、人工智能等技术逐渐进入校园，数字校园、智慧校园等信息化环境的建设，为信息技术和中学生物学课程的深度融合提供了支持，进一步促进了教学方法和学习方式的变革，对教师和学生的信息素养提出了新的要求。

（一）课程标准中信息技术的相关表述

1. 从课程资源到教学环境

信息技术从“工具”和“资源”转向“环境”。我国学者何克抗提出，信息技术与课程整合同计算机辅助教学的区别在于：“整合”强调的是通过信息技术来创设数字化的学习环境（或数字化的教学环境），而计算机辅助教学只是把计算机或信息技术看作是辅助教或辅助学的一种新工具、新手段。[1]《义务教育生物学课程标准（2011 年版）》在课程资源的利用与开发建议中延续了前一阶段中信息技术的应用形式——信息化课程资源。《普通高中生物学课程标准（2017 年版）》在此基础上，提出了关注信息化环境下的教学改革，强调学校和教师应特别重视信息化环境下的学习。信息化环境包括了信息化课程资源和网络互动教学环境。信息化课程资源进一步丰富，出现了以微课和微视频为代表的新的资源形式。网络互动教学环境主要是以师生平板电脑、智能光电白板等为基础的硬件条件和基于互联网的交互式学习平台。

2. 重视学生的信息能力培养

从信息技术与中学生物学教学融合的发展历程来看，随着信息技术的发展，中学生物学课程中对学生信息能力的要求经历了从无到有，要求不断提高的过程。2001 年教育部颁布的《基础教育课程改革纲要（试行）》及此后颁布的课程标准中，对学生的信息能力提出了较高的要求，关注学

[1] 何克抗 . 对美国信息技术与课程整合理论的分析思考和新整合理论的建构 [J]. 中国电化教育，2008（7）：1-10.

生信息能力的培养，关注学生在中学生物学学习中的信息获取、信息分析和处理、信息交流和应用、信息评价和创新等过程。与此同时，新课标出台后的中学生物学教材中也体现出了对学生信息能力培养的重视，如人民教育出版社的义务教育生物学教科书中，“想一想，议一议”“资料分析”“观察与思考”等栏目的设计，都体现出了对培养信息能力的重视。

信息能力是运用信息解决问题的能力，主要指基于网络等多种媒体获取、分析、生成、使用和创造信息的综合能力。[1] 信息素养是信息时代公民素养的重要组成部分，信息能力是信息素养的基本能力之一。中学生物学教学对学生信息能力的培养体现在信息获取能力、信息分析处理能力、信息交流与应用能力以及信息评价与创新能力的培养上。

从目标上看，信息能力是中学生物学教学的能力目标之一，融合在生物学学科核心素养当中。《义务教育生物学课程标准（2011 年版）》课程目标部分，在能力目标中提出“初步具有收集、鉴别和利用课内外的图文资料及其他信息的能力”。《普通高中生物课程标准（实验）》课程目标部分，在能力目标中提出“能够利用多种媒体搜集生物学的信息，学会鉴别、选择、运用和分享信息”。与义务教育阶段相比，高中阶段在信息获取能力、信息分析和处理能力、初步的信息应用能力的基础上，增加了信息交流能力、信息评价与创新能力的要求。《普通高中生物学课程标准（2017 年版）》凝练了生物学学科核心素养，包括生命观念、科学思维、科学探究和社会责任。学科核心素养是学科育人价值的集中体现，是学生在解决真实情境中的实际问题时所表现出来的价值观念、必备品格与关键能力，是学生知识、能力、情感态度与价值观念的综合体现。对学生信息能力的培养，蕴含在生物学学科核心素养的培养当中，强调信息的交流、应用、评价和创新能力。

---

[1] 何高大．“美国高等教育信息素养能力标准”及其启示 [J]. 现代教育技术，2002（3）：24-29.

表 1-5 生物学学科核心素养中的信息能力要点

生物学学科核心素养		信息能力要点
生命观念	能够用生命观念认识生物的多样性、统一性、独特性和复杂性，形成科学的自然观和世界观，并以此指导探究生命活动规律，解决实际问题	信息应用能力 信息创新能力
科学思维	尊重事实和证据；能够运用已有的生物学知识、证据和逻辑对生物学议题进行思考或展开论证	信息应用能力 信息评价能力 信息创新能力
科学探究	掌握科学探究的思路和方法，形成合作精神，善于从实践的层面探讨或尝试解决现实生活问题	信息交流能力 信息创新能力
社会责任	关注社会议题，参与讨论并做出理性解释，辨别迷信和伪科学；结合本地资源开展科学实践，尝试解决现实生活问题；树立和践行“绿水青山就是金山银山”的理念，形成生态意识，参与环境保护；主动向他人宣传关爱生命的观念和知识，崇尚健康文明的生活方式，成为健康中国的促进者和实践者	信息交流能力 信息应用能力 信息评价能力 信息创新能力

从学习方式上看，以探究为特点的主动学习是落实生物学学科核心素养的关键，也是培养学生信息能力的重要方式。探究的过程中包含了信息的收集、分析、交流、应用、评价和创新。

表 1-6　科学探究中的信息能力培养

科学探究过程	基本要求	信息能力
提出问题	尝试从日常生活、生产实际或学习中发现与生物学相关的问题 尝试书面或口头表述这些问题 描述已知科学知识与所发现问题的冲突所在	问题信息的收集 问题信息的处理 科学地表达信息
做出假设	应用已有知识，对问题的答案提出可能的设想 估计假设的可检验性	信息资料的处理 提取信息，做出假设
制订计划	拟定探究计划 列出所需要的材料与用具 选出控制变量 设计对照实验	信息资料及科学方法应用
实施计划	进行观察、实验 收集证据、数据 尝试评价证据、数据的可靠性	信息的分析和处理 信息的评价 信息的交流
得出结论	描述现象，分析和判断证据、数据，得出结论	信息的分析和处理 信息的交流
表达交流	写出探究报告，交流探究过程和结论	信息的交流 信息的表达

信息技术的发展扩宽了学生获取信息的渠道，为培养学生获取、分析和鉴别信息的能力提供支持。20 世纪以来生物科学技术发展迅猛，仅靠有限的课堂教学难以满足学生对生物科学技术进展知识的渴求。伴随网络的发展，互联网传递着越来越多的生物学教育信息，学生使用搜索引擎就可以获得大量的信息。对学生而言，重要的是面对如此丰富的信息资源，必须具备对信息的分析、鉴别和取舍的能力，这也是当今社会公民应该具有的信息能力。

图书馆、博物馆、展览馆、动植物标本馆、动物园、植物园、少年宫、科技馆、高等学校、科研机构、良种站、养殖场等以及周围的自然环境，都是学生获得信息的传统途径。计算机技术及网络信息技术的发展使学生可以不受时空的限制，进行虚拟参观。以数字植物标本馆为例，自 2003 年始，在科技部和财政部的支持下，由中国科学院植物研究所牵头，中国科学院昆明植物研究所、华南植物园、武汉植物园以及四川大学等多个单位参与，建成了中国数字植物标本馆，为学生获取中国植物标本及相关植物学信息提供了方便快捷的网络平台。与之类似的，博物馆的虚拟参观、电子图书馆等，都为学生获取可靠的信息提供了支持。

综上所述，信息能力是信息素养的重要组成部分，培养学生的信息能力是中学生物学教学的重要目标之一。学生信息能力培养的目标和过程内隐于中学生物学教学的目标和教学活动中，但在传统讲授式的教学中往往被忽视。信息技术与中学生物学教学的融合，为学生信息能力的培养提供了支持。

3. 融合的关键是课堂教学结构的变革

2012 年 3 月，教育部发布了《教育信息化十年发展规划（2011—2020 年）》（以下简称《规划》）。《规划》提出实施教育信息化的意义在于以教育信息化带动教育现代化，破解制约我国教育发展的难题，促进教育的创新与变革，探索现代信息技术与教育的全面深度融合，以信息化引领教育理念和教育模式的创新，充分发挥教育信息化在教育改革和发展中的支撑与引领作用。

《普通高中生物学课程标准（2017 年版）》在附录中呈现了两个典型的信息技术与教学深度融合的教学案例，其中案例 8 基于在线学习平台的教学中呈现了利用 Moodle 平台实现学生在线学习和课堂教学相结合的教学模式，是利用信息技术实现“先学后教”教学理念的一个典型案例，体现了信息技术促进课堂教学结构的变革。与之类似，中国大学 MOOC（慕课）、翻转课堂等新型网络学习模式的兴起，对教师也提出了新的要求：帮助学生构建网络学习环境，设计以学生自主学习和合作学习为主要方式的学习任务，用互动式学习平台评估学生的学习表现，对学生的学习提供指导和帮助，与学生互动交流等。

（二）信息技术与教学融合的实践探索

在“互联网 +”的信息化时代，信息技术的迅猛发展推动了教学改革的步伐。教育部印发的《教育信息化十年发展规划（2011—2020 年）》提出要坚持应用驱动，将信息技术与教育教学深度融合，培养学生在信息化环境下的自主学习能力，提高教育实践教学水平，发挥信息技术的优势，促进教学内容、教学方法的创新，培养高素质创新人才。在此期间，新的技术不断涌现，微课、互动学习平台、二维码、电子白板、虚拟实验室等成为生物学教师关注的热点。

教师的研究延续了前面两个阶段的重要内容，如直观教学、教学方式和学习方式的变革等，主要集中在两个方面：一是新的信息技术课程资源的开发与应用；二是探索以课堂结构变革为特征的信息技术与课程的融合。

1. 信息技术课程资源：微课、虚拟实验室、二维码等的开发与应用

（1）微课。

胡铁生 2011 年发表的《“微课”：区域教育信息资源发展的新趋势》一文中阐述了微课的概念、组成、特点及分类，并呈现了区域微课资源库开发的步骤和途径。微课开始作为一种新的信息技术课程资源成为国内教育工作者研究的热点。

相较于相关研究者对微课概念的众说纷纭，一线中学生物学教师对微课的研究更注重实践性。与对其他新兴信息技术工具或资源的研究历程类似，中学生物学教师对微课的研究也经历了从学习技术到实践应用的过程；研究呈现出关注中学生物学教学需求和关注学生学习需求的特点；研究内容以教学实践应用为主，逐渐细化深入；研究的难点主要集中在对微课的评价方面。

微课的制作技术是教师应具备的信息技术能力之一，基本不存在学科的差异。因此对微课制作技术的讨论并未成为中学生物学教师研究的热点，相关的研究大多融合在对微课的设计和开发的研究当中。由此也可以看出教师对微课开发实践的反思。早期为了普及教师对微课的认识，掌握微课制作的技能，各级各类的培训和比赛项目繁多。在积累了大量微课资源的

同时，教师在教学中仍然感觉无合适的微课可用。尽管画面、音效等会影响学习者对微课的学习兴趣，但是是否符合学科教学的需求、学生学习需求和教师教学需求，才是衡量微课是否适用的根本标准。

研究方向的变化体现出了教师对微课在教学中的作用认识的变化，从最初认为微课是一种新的教学视频，到逐渐认识到微课在生物学教学中的独特作用。中学生物学教师对微课的开发呈现出以学科教学需要为基础，关注学生的学习需求的特点。教师对微课类型的研究不断深入，从目标、课型、教学环节等维度对微课类型的划分越来越细，不同类型微课具有不同的明确的教学目标，呈现出不同的教学结构。从微课内容的选择上看，教师在关注重难点知识的同时，也关注了微课对于概念教学、实验教学、生物学史、STS（Science,Technology,Society）教育等的作用，相关的研究成果较为丰富。

在概念教学方面，教师关注到了微课对于学生建构概念的作用。梁晓敏基于运用微课进行有丝分裂教学的实践，提出运用微课创设情境，让学生通过自己的观察、体验去探求概念内涵，逐步建构概念。[1] 此外，教师也关注到了微课在初高中概念教学衔接中的作用。初高中的某些知识存在“断层”现象，教师可将“断层”知识录制成微课并在课堂中播放，实现初高中知识的衔接。杜欢和朱影在其文章中列举了初中和高中生物学知识的衔接点：高中“通过神经系统的调节”与初中“神经调节的基本方式反射”的衔接；“从生物圈到细胞”中，将草履虫的生活动态和胚胎发育的过程等制成微课，在学生复习初中知识的同时调动其探索新知的积极性；学习“探究酵母菌细胞呼吸方式”时，把初中酵母菌的知识以及生活中制作馒头、红酒等应用实例录制成微课，让学生既复习了酵母菌的知识，又有兴趣探究细胞呼吸的方式等。[2] 王俊霞描述了在生物学概念教学中微课的作用，提出以微课的形式引导学生主动参与概念形成过程。概念的形成会经历一个由现象到本质的抽象概括过程，微课可以帮助学生更好地领悟

[1] 梁晓敏 . 微课在生物学概念教学中的应用 [J]. 中学生物教学，2016（14）：6-7.

[2] 杜欢，朱影 . 微课在初高中生物学教学衔接中的应用 [J]. 中学生物教学，2019（12）：9-10.

科学知识形成过程中蕴含的思想方法，深入理解概念。[1]

在实验教学方面，研究的主要方面是微课在不同类型实验中的作用，包括学生动手实验、演示实验、模拟实验以及拓展实验等。微课对规范学生的操作有一定的作用。此外，对于探究时间较长的实验，微课可以突破时空限制，真实呈现实验过程，如探究种子萌发的环境条件，观察蚂蚁的生活习性，研究动物的行为，探究甲状腺激素对蝌蚪发育的影响等实验。但微课不能替代学生的动手实验已经成为共识。

微课在复习课中的应用也是研究的热点之一。例如梁晓敏提出在高三复习课上，教师可制作一系列有联系的概念微课供学生观看，引导学生找出概念之间的内在联系，自主建构相关知识网络。[2] 杨冬青提出在实验专题复习课上利用微课进行复习的策略，并指出通过微课对实验进行全面细致的复习总结，让学生在短时间内对实验有直观、详尽的回顾，取得了较好的复习效果，达到了复习的目标。[3]

教师还关注到微课在培养学生学科核心素养，促进学生自主学习，实现个性化学习方面的作用。在大班制教学环境下，难以实现学生的个性化辅导，教师以重难点知识为内容制作微课，供学生在课后选择性学习，在一定程度上实现了学生个性化的学习。微课为学生提供更为开放的自主学习环境和资源，为学生自主学习提供了有力的支持。

（2）二维码。

生活中广泛应用的二维码也延伸到了中学生物学的教学中，一些中学生物学教师利用二维码进行了颇有创意的尝试。例如陈洁将二维码应用在校本课程的动物标本的制作中，学生可以在任何时间用手机扫描二维码观看动物标本的制作过程，激发了学生的学习兴趣。[4] 全建华等将二维码应用在标本室的生物标本介绍中，利用二维码介绍生物标本，减轻了标本室教师的讲解负担，学生也能更充分地了解标本生物的形态特征、生长习性、

[1] 王俊霞 . 利用“微课”深化概念教学 [J]. 中学生物教学，2015（23）：43-45.
[2] 梁晓敏 . 微课在生物学概念教学中的应用 [J]. 中学生物教学，2016（14）：6-7.
[3] 杨冬青 . 微课在高中生物实验专题复习中的应用 [J]. 中学生物教学，2019（4）：71-73.
[4] 陈洁 . 二维码技术在初中生物校本课程中的应用研究 [J]. 成才之路，2014（33）：32.

种养殖技术、繁殖方法和文化内涵等详细内容，极大地丰富了生物标本的信息量。[1] 谢婕等在校园植物认种教学中运用二维码也取得了良好的教学效果。[2]

（3）虚拟实验室。

虚拟实验室是一种基于 Web 技术、虚拟现实（VR）技术构建的开放式网络化的虚拟实验教学系统，是现有各种教学实验室的数字化和虚拟化。虚拟实验室由虚拟实验台、虚拟器材库和开放式实验室管理系统组成。虚拟实验室为开设各种虚拟实验课程提供了全新的教学环境。虚拟实验台与真实实验台类似，可供学生自己动手配置、连接、调节和使用实验仪器、设备。教师可利用虚拟器材库中的器材自由搭建任意合理的典型实验或实验案例，这是虚拟实验有别于一般实验的重要特征。

教师探讨了虚拟实验的优点和局限性。局限性主要强调了虚拟实验不能替代学生的动手实验。在优势方面，肯定了虚拟实验在支持学生进行实验设计和呈现实验现象等方面的作用。如“探究种子萌发的环境条件”这一实验中，种子萌发的时间为 2 ～ 5 天，而通过虚拟实验可快速完成这一过程，学生可以体验动手设计实验的过程，可以快速观察到实验结果，验证自己的设计思路，其仿真效果非常直观。[3]

虚拟实验在探索微观世界方面具有一定的作用。可以利用虚拟现实技术为学生创设模拟现实的微观生物情境，增强学生的感官体验。例如，利用虚拟现实技术观看有机大分子及其之间发生反应的过程 [4]；创设细胞模型，学生借助 VR 技术放大细胞结构，进入线粒体、叶绿体观察其结构及内部反应的全过程，从而直观地理解呼吸作用和光合作用等 [5]。

---

[1] 全建华，吴良珠 . 制作生物标本二维码 [J]. 生物学教学，2015（10）：56-57.

[2] 谢婕，谢春强，张树地 . 二维码在校园植物认种中的应用 [J]. 中学生物教学，2014（1/2）：57-58.

[3] 黄想安，付祥 . 虚拟实验在初中生物学实验教学中的实践与研究 [J]. 中学生物教学，2019（19）：59-61.

[4] 李俊 . 虚拟现实技术在高中生物教学中的应用设想 [J]. 中小学信息技术教育，2018（1）：64-66.

[5] 虞阳兰 . 虚拟现实技术在高中生物学教学中的应用 [J]. 中学生物教学，2019（24）：8-9.

2. 信息技术与课程整合：教与学方式变革的探索

对比信息技术对其他领域产生的令人目眩神迷的变革，发生在课堂教学中的变革显得保守谨慎。原因是多方面的，改变并非一蹴而就。教师和学生是信息技术与学科教学融合的实践主体。相较于教师，学生对新兴的信息技术表现得更为开放和包容，对于信息技术在教学中的应用也更为适应。变革的关键在于教师。虽然稍显谨慎，但是仍可以看到一线生物学教师在信息技术的支持下对教与学方式变革的积极探索。

基于“先学后教”的理念，应用平板电脑和基于互联网的互动学习平台实现教师指导下的自主学习和合作学习，是教师实践研究的主要方向之一。教师开展了基于不同学习平台的教学尝试，例如叶水娣、沈妍婧等利用 UMU 互动学习平台进行教学实践探索。叶水娣等利用学习平台在课前和课后收集学生学情，在此基础上确定教学目标和内容，设计课堂互动环节，调整教学安排。[1] 沈妍婧等基于 UMU 互动学习平台进行实验教学的实践，利用 UMU 互动学习平台的问卷展现实验过程中需要讨论的问题，并将问卷的链接转换成相应的二维码，方便学生获取。学生对问题进行思考、分析和解释，教师根据问卷结果来分析、比较学生的理解，找出学生普遍存在的知识漏洞，从而完善课堂教学。[2]

翻转课堂是信息技术支撑教与学方式变革的典型案例，与之类似的教学模式还有很多，尽管命名不同，但是核心都是基于信息技术的“先学后教”。

纵观信息技术与中学生物学课程融合的历程，体现出以下特点：一是对信息技术的认识经历了教学工具、课程资源到教学环境的变化；二是课程标准中对学生信息技术的能力要求从收集整理转变为鉴别、选择、运用和分享；三是信息技术在教学中的作用，从关注教到关注学。在直观教学方面，信息技术更新带来了更好的呈现效果，激发了学生的学习兴趣，为

[1] 叶水娣，江楹华 . 基于 UMU 互动平台的高中生物教学模式探索与实践 [J]. 中学生物学，2019，35（10）：21-23.

[2] 沈妍婧，解凯彬 .UMU 平台在中学生物教学中的运用与反思 [J]. 中学生物学，2019，35（2）：31-33.

学生的观察和实验提供了生动、清晰、丰富的学习资源。课程实施的中心由教师转向学生，学生成为教学活动的主体，教师是教学活动的设计者、组织者和引导者。网络环境下，学生的学习方式开始转向基于信息技术环境的自主学习和合作学习。

有两条线索始终隐含在这一变化的过程之中，一是信息技术自身的发展，二是课程改革带来的教育理念、课程理解以及教学观和学生观的变化。

第三节　信息技术与中学生物学教学融合的意义

信息技术的发展对教育产生了变革性的影响，由支持教师的教转变为支持学生的学，越来越关注学习者的个人特质和差异性的学习需求。我们认为，信息技术与中学生物学教学的融合为学习方式变革——实现学生的个性化学习，提供了支持。

脑科学的研究成果在教育领域的应用为个性化学习提供了理论的支持。加德纳的多元智能理论提出，不同的学生在智能的诸多方面存在差异性。斯滕伯格指出，学生在学习过程中存在着个体特征的偏好，如认知风格，决策与问题解决的方式，学习风格，思维风格及思考方式等。学生的学习潜能和学习过程的差异，实质上就是个性化学习的需求，教师应该为学生根据个体特征开展个性化学习创设条件。

建构主义学习理论认为，学习是学生主动建构知识的过程，而且这一过程不能越俎代庖。“主动”在人格品质上表现为对学科的学习保有好奇心和求知欲；在行为上表现为对学习过程的主动参与，对学习内容的自主选择，对学习过程的自主调控。个性化学习的基本特征之一就是学生能够根据个体特点，主动选择适合自己的学习目标、内容、方式和时空开展学习，实现个体全面而富有个性的发展。

学习方式是学生在完成学习任务时的基本行为和认知的取向，指向学生在自主性、探究性和合作性方面的基本特征。《基础教育课程改革纲要（试行）》指出，要改变课程实施过于强调接受学习、死记硬背、机械训练的现状，倡导学生主动参与、乐于探究、勤于动手，培养学生搜集和处理信息的能力、获取新知识的能力、分析和解决问题的能力以及交流与合作的能力。课程改革的显著特征之一是学习方式的转变，即改变被动的学习状态，形成能充分调动、发挥学生主体性的学习方式，促进学生在教师指导下主动地、个性化地学习。

一、信息技术融合为自主学习提供支持

自主学习是指由学生个体自由选择并独立开展的学习。自主学习能够体现出学生个体的特质，是个性化学习的基本形式。信息技术的发展和计算机等设备在学校的普及应用，为学生的自主学习提供了有效的支持。一是支持学生自主支配学习时间，灵活选择学习空间，自主选择协助方式，自主获取学习资源等，更重要的是，能够促进学生主动建构知识。二是信息技术为学生自主规划学习目标，自主选择学习内容，自主调控学习过程，自主评估学习结果等提供了有效的支持。三是为学生在自学中与教师和同伴进行实时互动提供了支持。

在信息技术教学环境下，学生有机会根据个体的学习需求和特质，自主确定学习目标，选择学习内容，控制学习进程，检测自己的学习结果。

（一）激发和维持学生的学习动机

在自主学习过程中，学生的学习兴趣是影响学习过程和结果的重要因素。应用技术多样化呈现教学资源，提高学生的学习兴趣是信息技术作用于教育的最初目的之一。生物世界本身就是充满了生机活力，丰富多样、千奇百怪的，在每个人成长的历程中，都在不同程度上对生物界进行过兴致勃勃的自发探究。“为什么蜘蛛能吐丝？为什么花有那么多的颜色？我从哪里来……”对于学生来说，生物学在成为一门自然科学之前，先是充满乐趣的童年回忆。正因为如此，学生在开始生物学的学习时，对这门学科有着天然的积极和期待。信息技术在中学生物学教学中的融合，为学生的积极和期待的延续提供了更好的支持。教室中信息技术设备的不断更新，使得生物界的丰富多彩、千奇百怪和微观世界的神秘更为鲜活、清晰、直观地呈现在学生的眼前。一颗种子长成一棵大树，这一漫长的过程在眼前

真实展现；一只小鸡破壳而出，当它还在鸡蛋里的时候，鸡蛋里面发生了什么？一段无壳鸡蛋孵化过程的视频解开了原本看不见的秘密……

值得注意的是，多样化资源的呈现对学生学习兴趣的作用会随着刺激的减弱而衰减。感官刺激对学习兴趣的激发是短暂的，要实现学生的自励和自省就必须关注学生对探索和发现的内在需求，从看到“是什么”转向思考“为什么”。随着信息技术在教学中的广泛应用，教师更关注利用信息技术创设与所学知识紧密相连，又结合学生生活实际的教学情境。好的情境能够激发并维持学生的学习动机，激发学生的积极性和创造性，使学生沉浸在学习任务当中，主动探索。

（二）支持学生与学习内容的互动

传统教学环境下，学生与学习内容的互动主要表现为对教科书等纸质知识的浏览、批注等，对于学生不了解的信息，在课堂教学中只能通过教师或是其他同学获得，缺乏与内容的深度互动。信息技术为学生与学习内容的深度互动提供了支持。

电子教材等个人学习终端可以实现学习者与学习内容的有效互动。电子教材能够像纸质教材一样，学生可以浏览和批注，重要的是在此基础上还可以修改、共享。学生可以根据自己的喜好选择批注的字体、字号、颜色等，标准工具的多样能够实现学生的个性化选择。电子教材在呈现教材内容的同时，对学生学习中可能遇到的问题进行预设，学生可以在学习过程中获得解释，可以是问题的答案解析、一段微课，也可以直接通过互联网进行搜索。学生还可以做电子笔记，作为自己学习过程的记录，同时教师可以通过学生上传的电子笔记获得其学习质量的反馈。

（三）支持学生对学习内容的自主选择

“教什么，学什么”是教育的核心问题。“学什么”体现出学习者自己内在的需求和对未来发展的规划。从教学的层面上看，在以教师教授为主的教学中，教学的环节以及每一环节中问题的设计与推进是预先设计妥当的，通过教师设计好的层层递进、逻辑清晰的问题和科学严谨的分析论证，学生理解知识，形成学科思维。学生在学习的过程中，随着教师的引导进行思考、动手实验、交流讨论，参与学习过程。然而，比起“你要知道”，“我想知道”更加具有引人一探究竟的魅力。生物世界丰富多彩，生物学知识体系庞大复杂，在一节 40 分钟的课上，讲什么、讲多少是由教师选择的，即使有课程标准和教材作为依据，但多数教师选择的依据往往偏向“考什么”。与此同时，学生的先前知识与经验各不相同，有些问题对一些学生是新鲜的，而对另一些学生却是老生常谈。在学习内容的选择上，学生几乎没有话语权。

信息技术在生物学教学中的应用，在一定程度上为学生对学习内容的自主选择提供了基础条件，是实现学习内容个性化的技术支持。例如，在“观察鸡卵的结构”一课的教学设计中（见图 1-3），在学生完成鸡卵的结构观察后，提出问题：鸡卵结构与其繁殖功能是怎样适应的？引导学生回忆“细胞生活”和“人体结构与功能”的知识，通过类比，做出假设：鸡卵繁殖功能的实现需要保护、营养、呼吸、卵细胞等。接着，教师继续提问：刚刚观察到的鸡卵结构是怎样起到这些作用的？学生组成学习小组，任选一个研究方向，再次进行鸡卵结构的观察实验（目的更明确，强化实验技能）。在研究的过程中，教师将学习材料通过学习平台推送给学生，支持学生自主完成探究学习活动。

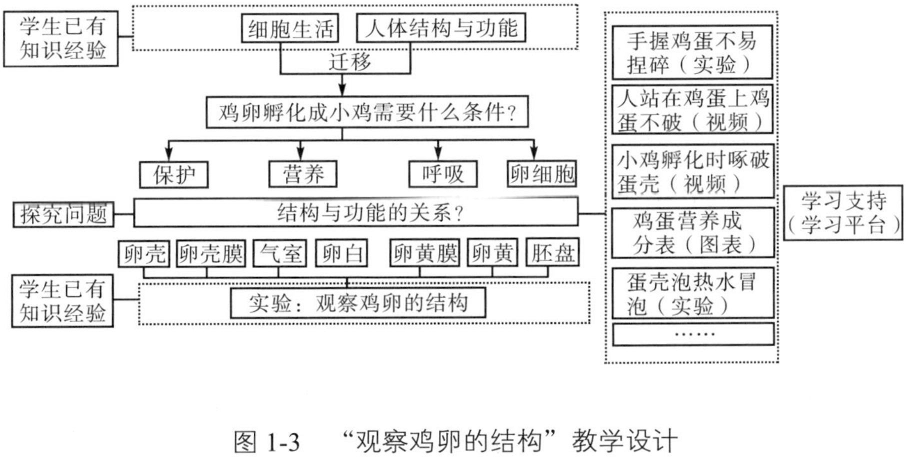

图 1-3　“观察鸡卵的结构”教学设计

（四）支持学生对学习过程的自主调控

一个困扰教师已久的问题是，学生完成学习任务所需时间的个性化需求是怎样的。学习时间是学生开展自主学习活动的最基本的条件。教师作为教育者，对学生学习时间的分配具有重要的决定权。这种决定权既表现在对课堂教学时间的分配上，也表现在对学生课外学习时间的调控上。在课堂教学中，教学节奏和学习活动的时间主要由教师决定。传统的课堂中，学生的学习时间往往是零散的，一节课中学生的自主学习常常会被教师或同学打断，难以获得一个相对充足且连续的时间用于独立思考和学习。教师在进行教学设计的时候，要考虑学生对于学习时间的个性化需求，既让学习进度慢的学生获得充足的学习时间，又让学习进度快的学生能够将时间分配到更具有挑战性的学习任务中。

"面向全体学生"是中学生物学课程的重要理念。互联网、平板电脑、智能手机的普及，以微课为代表的信息技术在生物学教学中的应用，为落实课程理念，实现学生个性化的学习过程调控提供了支持。例如近年兴起的微课制作与应用。微课的特点是短小精悍，一般时长为 5 ～ 10 分钟，有针对性地对知识点进行讲解，方便学生在手机、平板电脑上学习。教师将微课有计划地推送，学习进度慢的学生可以反复观看直至学懂为止，学习进度快的学生可以选择性观看，把时间用在学习广度和深度的拓展上，进行更有挑战性的学习活动。微课的应用还将"有教师指导的学习"的时间从课内延伸到了课外。

（五）支持学生对学习结果的自主检测

信息技术能够实现对学习结果的即时评价和反馈，使学生在完成学习任务后即时获得自己的学习结果，有利于教师对学生进行有针对性的指导，也有利于学生根据学习结果调整自己的学习策略。在教学过程中，教师往往能够依靠自身的经验判断不同学生的学习效果，但是这种判断是缺乏科学依据的。纸笔检测能够为评估学生的学习水平提供依据，但是受限于时间。课堂上的纸笔检测，教师只能在巡视中形成大致的判断，再结合经验调整教学，无法获得准确的、有记录的、有结构（对结果的分析）的反馈；而课后的纸笔检测，一方面教师要花费大量的时间进行批改、统计和分析，另一方面错过了针对学生反馈来调整教学的最佳时机。“以学定教”，依何而“定”？“精准教学”，“准”从何而来？信息技术在这两个层面上提供了支持：一是即时反馈，教师发布学习任务（检测题目），学生在平板电脑上作答，评价的结果在学生完成的同时就反馈给教师，评价数据准确、即时，提高了教学效率；二是记录学生的学习轨迹，自动生成有针对性的学习结果分析，为学生对学习的自我认知和教师对学生的评估提供依据。

对于学生而言，学习过程中对自我学习结果的即时反馈能够激发学生的学习动机，调整自己的学习策略，有针对性地开展自主学习。借助信息技术，教师能够为学生提供不同层次的检测题目或学习任务，学生可以根据自己的学习结果，自主选择挑战更高难度的任务，或是巩固自己仍有疑惑的难点问题，同时可以借助学习平台获得难点问题解析的教学资源等，也可通过互动平台寻求同伴或教师的在线帮助。

二、信息技术融合为合作学习提供支持

在传统课堂教学中，信息技术更多是作为呈现、展示的工具来使用。合作学习是以小组或团队中成员的分工协作开展的学习。在此过程中，学生不仅要完成自主学习，而且要将自主学习的结果与同组的同学进行交流和讨论，完成合作知识的建构。可见，个体知识建构和合作知识建构是小组合作学习的两个关键环节。信息技术作为学习工具，能够在这两个关键环节提供有效的技术支撑。其中，个体知识建构主要体现为学生的自主学习，前文已经讨论过信息技术在此过程中的作用；在合作知识的建构阶段，信息技术为学习小组成员的有效互动提供支持。

（一）为合作分组提供支持

合作学习开始于学生的分组。常见的分组方式有座位分组、特质搭配分组、随机分组。在班级授课制的情况下，分组往往受学生座位的限制，所以根据座位进行分组在操作和管理上更为方便。常见的形式有同桌之间组成二人小组，或是前后两桌组成四人小组，组内先进行学习讨论与交流，再在全班共享讨论的结果。特质搭配分组是按照学生的学习特质进行分组，通常有同质分组和异质分组两种形式。常见的分组标准是学生的学业

水平，还有兴趣爱好、同学情感等，分组标准往往取决于学习任务。在教学实践中，在学校推行合作学习模式的情况下，常见的形式是将座位分组和特质分组结合起来。教师按照学生的个体特质（一般是学业水平），设置好分组规则，遵循异质分组原则为每个小组分配组员，并按照分组安排座位。一般而言，分组和座位是固定的并会持续较长时间。随机分组指通过随机抽签等方式或者由学生自行选择进行分组，再根据一定的规则，开展合作学习，进行讨论与交流。

有研究表明，在合作学习中固定分组和随机分组两种分组方式相比，固定分组的教学效果略好于随机分组，但差别不大。[1] 固定分组便于操作，由于成员固定且彼此熟悉，学生能更迅速地进行分工和交流。但是，同样是因为成员固定，也容易使合作学习流于形式。成员的分工固化，成绩好或是乐于表现的学生会更积极地发言，而成绩相对不好的学生往往变成倾听者或是记录者，虽然表面上是分工合作，但是并非按照学生自己的特质或意愿进行，难以称得上是个性化的学习。随机分组尽管一定程度上可以克服固定分组的弊端，但是由于受到学生座位等条件的限制，难以实施。信息技术可以支持师生、生生之间突破空间的限制进行线上的交流和讨论，同时具有随机点名等功能，能够有效地避免分工固定化等问题，为合作学习的有效实施提供了支持。

（二）为互动交流提供平台

学习既需要学生安静、独立的思考，也需要教师的指导和同伴的交流。学生在学习小组中使用语言来表达自己的看法，为自己的观点辩护，提出问题，理解同伴的观点，有助于认识到问题的关键方面，判断可能的解决办法，认识自己分析过程中的破绽或矛盾，有助于合作能力、创新能力的发展。课堂教学中师生面对面交流互动，与此同时，微信、QQ、学习平台等社交和学习软件将互动延伸到了课堂之外，交流不受时间和空间的限制，交流的对象也得以扩展，如一些科学家的微博已经成为科普交流的平

---

[1] 李宝敏，宫玲玲 . 合作学习对学生学习成效的影响研究：基于国内外 54 项实验研究和准实验研究的元分析 [J]. 教育发展研究，2019（24）：39-47.

台。互动的载体由语言变为文字，对学习者理清思维、凝练观点、逻辑表达提出了更高的要求。

（三）支持学习结果的多样化呈现

信息技术可以提供大量的表征工具，为学生呈现合作学习的成果提供支持。尤其是可视化的思维软件，如思维导图、概念图等，能够呈现出学生知识建构的思维过程，有助于学生对自己的思维过程进行审视和反思。在合作学习的总结阶段，学习小组的成员在经过讨论和交流之后形成一致的观点或结论，可以利用可视化的思维软件将得出结论、知识建构的过程清晰地呈现出来。此外，其他作为学习成果的材料，比如实验现象、研究报告等，都可以通过学生的学习终端上传到教师端，教师可以将不同小组的学习成果投影出来，有效地实现全班学生共同分析、讨论，实现学习小组之间的互动。

第二章

信息技术与中学生物学教学融合的准备

信息技术与中学生物学教学的融合，需要教师自身做好三个方面的准备：一是科学素养，二是信息技术素养，三是科研素养。科学素养指的是教师自身所具有的科学精神、科学方法、科学态度和科学知识。科学精神是我们的价值追求，科学方法、科学态度、科学知识是达到价值追求的手段和桥梁。就生物学教师而言，科学素养之造诣决定了其生物学教育教学理念之层次。科学素养、信息技术素养、科研素养三个方面的融合，是实现教学与信息技术融合的有效途径，即以科学素养和信息技术素养为基础，以教育科研的范式探索融合的意义、目的、方法、策略等重要问题，由此形成新的教学法知识，生成新的教学生态。

第一节　中学生物学教师科学素养的准备

本书中教师科学素养的准备指的是，中学生物学教师应提升自身对生物学本质的认识和对中学生物学育人目标的理解。生物学是自然科学，具有自然科学的本质属性。培养学生的生物学科学素养是中学生物学教学的基本任务和根本目标。本书从科学及科学教育的视角出发,梳理了科学素养及其相关概念;基于概念的理解讨论了中学生物学教学中培养学生生物学科学素养的路径；科学精神是人内在的自觉，在学校科学教育中培养学生的科学素养有助于学生科学精神的生成。

一、科学素养与相关概念之间的关系

图 2-1 呈现了本书研究中与科学素养相关的概念之间的关系。

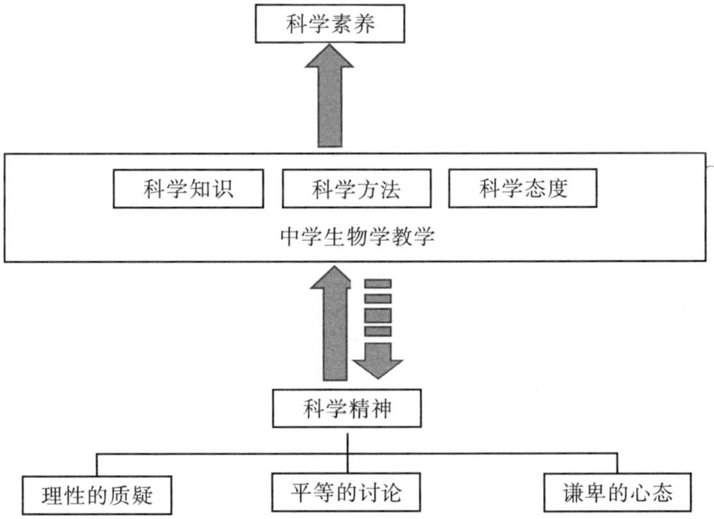

图 2-1　概念关系图

培养学生的生物学科学素养是中学生物学教学的基本任务和根本目标，包括建构科学知识，掌握科学方法，形成科学态度，领悟科学的本质和特征，促进学生在此过程中形成科学精神。

在中学生物学教学中，建构科学知识、掌握科学方法、形成科学态度是形成生物学科学素养的基本路径。但是，学生并非经过了中学生物学的学习就自然而然地具有了科学精神。我们认为，科学精神是内在的自觉，是一个人认识世界的“底层数据库”。在中学生物学教学中，恰当的教学策略有助于学生科学精神的培养。

二、科学素养及相关概念的研究

（一）科学素养

1. 公民的科学素养

科学素养概念的相关研究成果众多。其中，米勒的科学素养模型得到普遍的认可，他认为“个体应具有对科学事件的阅读、解释与表达看法的能力”[1]。他指出科学素养应该包括三个维度：拥有科学术语和概念的词汇量；理解科学家用以揭示科学与伪科学而使用和接受的科学方法；意识到科学技术对社会的广泛影响及与个人生活的关系。[2]

《面向全体美国人的科学》提出，在 21 世纪，无论社会还是个人想要成功地发展，全民及个人的科学素养至关重要，相信通过学校的教育，孩子们可以成为具有科学素养的人。《美国国家科学教育标准》将科学素养进一步解释为“了解和深谙进行个人决策、参与公民事务和文化事务、从事经济生产所需的科学概念和科学过程”[3]。

PISA(Program for International Student Assessment，国际学生评估项目）

---

[1] 韩国康 . 米勒模型在我国全民科学素养测量中的问题述评 [J]. 新闻研究导刊，2016，7（18）：131.

[2] 陈发俊 . 公众科学素养测度的困难：以科学素养的三维度理论模型为例 [J]. 自然辩证法研究，2009，25（3）：67-71.

[3]（美国）国家研究理事会 . 美国国家科学教育标准 [M]. 戢守志，金庆和，梁静敏，等译 . 北京：科学技术文献出版社，1999：28.

将科学素养定义为“15 岁学生为了理解自然界及人类活动引起的自然界变化并有助于相关决策，而使用科学知识、识别科学问题、得出有根据的结论的能力”。其结构可概括为三个维度：识别证据或解释结论等的智力过程（科学方法或技能）；使用这些方法时所需的科学知识和概念理解（科学概念与内容）；应用这些方法与概念理解时所需要的境遇（科学语境）。[1]

2006 年，国务院颁布了《全民科学素质行动计划纲要（2006—2010—2020 年）》（以下简称《科学素质纲要》），明确了科学精神在公民科学素养中的重要地位。《科学素质纲要》指出，科学素质是公民素质的重要组成部分。公民具备基本科学素质一般指了解必要的科学技术知识，掌握基本的科学方法，树立科学思想，崇尚科学精神，并具有一定的应用它们处理实际问题、参与公共事务的能力。[2]

由此可见，科学素养和科学素质两个概念基本一致，是公民应该具有的基本素养，包括崇尚科学精神，掌握基本的科学知识和科学方法，能够通过实证和逻辑解决实际问题等。

2. 生物学课程标准中的科学素养

在中学生物学课程和教学领域，课程标准描述了我国生物学课程发展的方向和教学要求。课程标准中科学素养等概念的相关表达的变化，体现了课程标准的重要特点：凸显中学生物学课程的科学性质，全面发展每一个学生的生物学科学素养。

《全日制义务教育生物课程标准（实验稿）》（2001 年）明确提出，“生物科学是自然科学中的基础学科之一，是研究生物现象和生命活动规律的一门科学……义务教育阶段的生物课程是国家统一规定的，以提高学生生物科学素养为主要目的的必修课程，是科学教育的重要领域之一”[3]。

[1] 陈发俊．公众科学素养测度的困难：以科学素养的三维度理论模型为例 [J]. 自然辩证法研究，2009，25（3）：67-71.

[2] 国务院关于印发全民科学素质行动计划纲要（2006—2010—2020 年）的通知 [EB/OL].（2006-02-06）[2021-05-28]. http：//www.gov.cn/gongbao/content/2006/content_244978.htm.

[3] 中华人民共和国教育部．全日制义务教育生物课程标准（实验稿）[M]. 北京：北京师范大学出版社，2001：1-2.

《普通高中生物课程标准（实验）》（2003年）也提出，“生物科学是自然科学中的一门基础学科，是研究生命现象和生命活动规律的科学……高中生物课程是普通高中科学学习领域中的一个科目”[1]。

《义务教育生物学课程标准（2011年版）》在2001年课程标准的基础上，在学科性质上增加了以下表述，强调生物科学的性质：“生物科学有着与其他自然科学相同的性质。它不仅是一个结论丰富的知识体系，也包括了人类认识自然现象和规律的一些特有的思维方式和探究过程。生物科学的发展需要许多人的共同努力和不断探索。这些是生物学课程性质的重要决定因素。”在此基础上，进一步对生物学课程性质进行阐述：“义务教育阶段的生物学课程是自然科学领域的学科课程，其精要是展示生物科学的基本内容，反映自然科学的本质。它既要让学生获得基础的生物学知识，又要让学生领悟生物学家在研究过程中所持有的观点以及解决问题的思路和方法。生物学课程期待学生主动地参与学习过程，在亲历提出问题、获取信息、寻找证据、检验假设、发现规律等过程中习得生物学知识，养成理性思维的习惯，形成积极的科学态度，发展终身学习的能力。学习生物学课程是每个未来公民不可或缺的教育经历，其学习成果是公民素养的基本组成。”[2]

课程目标突出了培养学生生物学科学素养的基本任务。科学素养是公民必备的基本素养，生物学科学素养是公民科学素养构成中重要的组成部分。培养学生的科学素养是科学教育的基本任务。生物学科是科学教育的一个组成部分，因此培养学生的生物学素养是生物科学教育的基本任务[3]。

尽管各个课程标准的表达略有区别（见附录表1），但对生物学科学素养的界定都包含了三个维度：科学知识（概念），科学探究能力和情感态度价值观。如“生物科学素养是指公民参加社会生活、经济活动、生产

[1] 中华人民共和国教育部 . 普通高中生物课程标准（实验）[M]. 北京：人民教育出版社，2003：2.
[2] 中华人民共和国教育部 . 义务教育生物学课程标准（2011年版）[M]. 北京：北京师范大学出版社，2012：2.
[3] 朱正威 . 关于中学生物学课程改革的若干建议（三）[J]. 生物学通报，2001（4）：26-27.

实践和个人决策所需的生物科学知识、探究能力以及相关的情感态度价值观”。每个维度又都包含了两个方面的内容：一是突出学科专业特点的生物学科学素养，即具备基本的生物学知识、相应的技能和能力，对社会中的生物学问题的解决有浓厚的兴趣并积极参与，用正确的价值观规范自己的有关态度、行为和习惯；二是跨学科或泛学科的科学素养，是科学教育对科学素养的要求，特别是能力、态度和价值观方面。例如，义务教育阶段生物学课程中将科学探究作为一个重要的主题，培养学生的科学探究能力就属于泛学科性质的，可以迁移到其他学科的学习当中，有助于学生理解科学的本质。又如思维能力，合作能力，信息的搜集、鉴别、分析和运用能力等，以及好奇、创新、探索、求真务实等科学精神和科学态度等，都属于科学教育对学生科学素养的培养目标。

《普通高中生物学课程标准（2017 年版）》的一个重要特点是提出了生物学学科核心素养，在课程性质中明确指出生物学课程是“以提高学生生物学学科核心素养为宗旨的学科课程，是树立社会主义核心价值观、落实立德树人根本任务的重要载体”[1]。学科核心素养是学科育人的集中体现，是学生通过学科学习而逐步形成的正确价值观念、必备品格和关键能力。生物学学科核心素养包括生命观念、科学思维、科学探究和社会责任，是学生在生物学课程学习过程中逐渐发展起来的，在解决真实情景中的实际问题时所表现出来的价值观念、必备品格与关键能力，是学生知识、能力、情感态度与价值观的综合体现。从学科核心素养的内涵来看，我们认为学科核心素养与三维目标体系一样，都是对学生生物学科学素养的具体阐述。

（二）科学知识、科学方法和科学态度

培养学生的生物学科学素养是中学生物学教学的基本任务和根本目标，包括了构建科学知识，掌握科学方法，形成科学态度，领悟科学的本质和特征，促进学生在此过程中形成科学的精神。

[1] 中华人民共和国教育部．普通高中生物学课程标准（2017 年版）[M]. 北京：人民教育出版社，2018：2.

理解中学生物学课程中的科学知识、科学方法和科学态度的概念，理解三者之间的关系，理解学生的学习规律等，是实现信息技术与中学生物学教学真正融合的基础。

1. 科学知识

作为科学素养的重要维度，科学知识始终是科学教育的重点。学校科学教育中的科学知识，是科学家对世界探索形成的知识纯化和精选后的结果，具有基础性和相对稳定性，同时也具有开放性，是在挑战和质疑中不断发展的。

回顾 1949 年以来中学生物学课程的发展，从科学知识体系的变化上看，也体现出了以上特点。1952 年，教育部颁布了《中学生物教学大纲（草案）》，提出中学生物学包括植物学、动物学、人体解剖生理学和达尔文主义基础，这四门课程逐步深入地讲授米丘林生物学和巴甫洛夫生理学的基本知识。从内容上看，系统性强，强调了实验和演示以及在生产实践中的应用，但是内容烦琐，学生负担过重，有些内容不符合学生的年龄特征。1954 年教育部颁发了《精简中学生物教学大纲（草案）和课本的指示》，对教学内容进行了精简。1978 年，教育部颁布了《全日制十年制学校中学生物教学大纲（试行草案）》和《全日制十年制学校中学生理卫生教学大纲（试行草案）》。1980 年，对这两个大纲的一些提法和字句修改后，颁布了第 2 版。依据此版教学大纲，人民教育出版社编写的教材“初步反映了现代科学成就，部分内容反映了分子水平和亚显微水平，用现代遗传学理论解释孟德尔、摩尔根的遗传规律，生理卫生增加了免疫学知识”。1992 年《九年义务教育全日制初级中学生物教学大纲（试用）》颁布，1996 年《全日制普通高级中学生物教学大纲（试验修订版）》颁布，中学生物学进入课程改革阶段，在知识目标上试图改变知识本位的现状，强调生物学知识的应用，且与过去满足农业、医药、工业、国防需要的应用不同，强调的是“适应社会生活的需要”，关注生物与学生未来生活的联系。同时，减少了知识的总量，削减了一些与学生实际生活需要以及今后的学习和发展关系不大的知识。有关这些教学大纲的知识目标的比较，见附录表 2。

教师对科学知识的认识和理解，也就是教师所持有的科学知识观，在很大程度上影响着科学教学的开展。那么，科学教师应该如何理解科学知识的本质呢？《义务教育初中科学课程标准（2011 年版）》“课程性质”中指出，科学课程是体现科学本质的课程。对于科学知识的本质，进一步阐述为“科学知识是人类经过科学探究对客观世界和人类自身的系统认识，其表现形式包括科学事实、科学概念、科学原理、科学模型和科学理论，对自然现象具有解释和预见的功能。科学知识的形成是一个不断修正、不断深入，以逐步逼近客观存在的过程。个体的创新知识只有充分接受集体的评议、判断、筛选后，才可能有选择地被接纳为共识而成为集体知识。只有充分认识到个体知识和集体知识的相互联系与转换，科学知识的形成才拥有坚实的社会基础”。

教师所持有的科学知识观体现在其教学行为上，例如，认为科学知识是动态的、具有不确定性的教师，对于未知的科学知识常常表述为“当前对这一问题科学家还没有找到解决的方法”“关于这个问题，目前我们知道的是……”，这样的表述有助于学生领悟科学知识不是绝对不变的真理，而是特定时代条件下的认识，并在不断发展之中。又如，认同科学知识的获得是主动建构过程的科学教师，会更倾向于让学生动手“做科学”，通过实验、探究等活动运用科学方法建构知识，并在此过程中引导学生交流和讨论。与之相对的，科学教学中常见的“背知识”“机械灌输”等问题的背后，是教师对科学知识认识存在的问题。科学教师的科学知识观通过其教学行为对学生产生潜移默化的影响。

从中学生物学课程上看，科学知识包括生物学科专业知识以及跨学科的知识。例如关于科学方法的知识，学生需要学习观察法和实验法的原则、过程、基本技能等知识，但科学方法的知识并不能单纯依靠讲授获得，而是需要在学习活动中运用科学方法的过程中学习和领悟。科学知识的建构过程，是学生学习与应用科学研究方法和思维方法，形成科学态度和科学精神，领悟科学本质的过程。

2. 科学方法

科学方法是人们在认识和改造世界中遵循或运用的符合科学一般原则

的各种途径和手段。结论要有依据，观点要有支撑，目标的达成要有可操作性，实验结果要有可重复性，这些属于科学方法。

有研究指出，只重视科学知识教育而忽视科学方法教育是我国科学教育长期以来存在的缺陷。“问题在于：第一，不清楚科学方法在科学教育中所具有的特殊意义，甚至可以说是独特的、不可取代的意义，而仅仅将科学方法作为知识教学的引入条件或附庸；第二，科学方法与科学知识常有脱节现象，就是说，科学知识本来应当运用科学方法合乎逻辑地推导出来，然而，学生并未能感受到这种逻辑力量；第三，不重视科学方法的巩固，一旦进入概念、规律教学，尤其是进入解题，科学方法往往就被置诸不顾了；第四，科学方法的运用非常薄弱，如何帮助学生运用科学方法解决实际问题也未得到深入研究。”[1]

关于科学方法的讨论也包含着诸多的争议，但在学校的科学教育视角下对于科学方法的共识是基本清晰的。因此在这一概念上，基于对科学本质的理解和认识，从科学教育的视角对科学方法进行理解。贝尔纳认为，“科学教育的目的有二：提供已经从自然界获得的系统知识基础，并且有效地传授过去和将来用来探索和检验这种知识的方法”[2]。

在中学生物学课程中，对科学方法的认识也是在不断发展的。1978年颁布的教学大纲在教学目的中首次提出培养学生分析问题、解决问题的能力，强调在教学中重视实验、实习，让学生学习一些简单的科学实验技能，培养学生分析问题、解决问题的能力。此时的能力目标较为单一，并未将实验作为一种科学方法，仅强调了实验技能。[3]

1981年教育部颁布了《全日制六年制重点中学教学计划（试行草案）》和《全日制五年制中学教学计划（试行草案）的修订意见》，调整了中学

---

[1] 邢红军，陈清梅.从知识中心到方法中心：科学教育理论的重要转变[J].首都师范大学学报（自然科学版），2011，32（6）：20-26.

[2] 焦更生.教育教学研究 2016[M].西安：西安交通大学出版社，2016：39-40.

[3] 课程教材研究所.20世纪中国中小学课程标准・教学大纲汇编：生物卷[M].北京：人民教育出版社，2001：251-252.

生物课的开设年级和教学时数[1]。同年9月，教育部在北京召开了中学生物学教材改革座谈会，讨论中学生物学教材的改革方向和编写原则，研究、修改中学生物学教学大纲（征求意见稿）和初中生理卫生教学大纲（征求意见稿）。在此座谈会上，基本对中学生物学课程的性质、任务和教学目的达成了一致，即“中学生物课讲述生物体的形态构造和生理的知识，动植物主要类群和分类的知识，生物进化和生态学的知识，并使学生了解这些知识在农业生产和生活上的应用；同时，培养学生掌握有关的基本技能”，“中学生物课的教学，应该达到基础知识、思想教育和基本技能三个方面的目的要求”。[2]修订后的《全日制中学生物教学大纲》和《全日制中学生理卫生教学大纲》于1986年正式颁布执行。《生物学通报》杂志设立了学习新大纲专题，撰文分析新教学大纲对于培养基础知识、基本技能、发展能力、思想教育等方面的要求。由此可以看出，在此阶段，知识本位的影响仍然存在，教学总体目标仍然强调基础知识和基本技能，但分析具体的目标可以发现，已经初步形成了知识教育、能力培养和思想教育三个方面的内容，是新课程改革三维目标的雏形[3]。基本技能在教学目的要求中具体表述为“掌握使用显微镜，制作临时装片和徒手切片，做简单的生理实验，解剖动物，画植物和动物的简图，采集植物标本和昆虫标本，以及制作植物蜡叶标本和昆虫标本的基本技能”，也就是实验操作技能属于实验能力。此外，能力培养还包括观察能力、分析和解释的能力以及自学能力。其中，实验和观察属于科学研究方法，分析和解释可以视为思维方法，可见在此阶段科学方法隐含在能力培养之中。

1987—2001年课程改革阶段，在能力目标上，突出培养多元化的能力。1992年义务教育教学大纲的能力目标包括了观察能力、实验能力、思维能力和自学能力。1996年高中教学大纲的能力目标提出，在初中生物课

[1] 刘恩山，张海和．建国以来我国中学生物学课程简要历史回顾[J]. 生物学通报，2007（10）：37-41.

[2] 叶佩珉．中学生物学教材改革座谈会简记[J]. 课程·教材·教法，1981（4）：1-4.

[3] 任山章，蒋家骏．生物学技能教学目标的历史回顾与展望[J]. 生物学教学，2014，39（3）：13-14.

学习的基础上，具有较强的观察能力、实验能力、思维能力和自学能力，初步的研究能力和创造能力。2000年义务教育教学大纲中能力发展为观察能力、实验操作能力、探究能力和自学能力。这一阶段的教学大纲在能力目标上具体呈现出三个方面的特点（各教学大纲能力目标的比较见附录表3）：（1）对能力目标进行了具体的阐述。在观察能力方面，除了要求对生命现象进行观察外，还要求“记录、整理和报告”，高中阶段在此基础上提出“能够运用语言、文字、图、表正确地描述所观察到的生物体和生命现象”。在实验方面，在要求掌握基本的实验操作技能的基础上，提出“初步学会设计实验，分析和解释实验中产生的现象，得出正确的实验结论”。在思维能力方面，进一步阐述为“逐步形成分析、综合、比较、判断和推理能力，学会解决一些有关的实际问题”。在自学能力方面，提出了“初步掌握基本的生物科学研究方法，并逐步确定适合自己的一套学习方法，养成良好的自学习惯”的具体要求。（2）提出了科学探究的目标要求。首次提出“探究”，要求“学会科学探究的一般方法，能够运用所学的知识、技能分析和解决一些身边的生物学问题”。（3）提出了科学研究方法的目标要求，即初步掌握基本的生物科学研究方法，并通过科学方法训练，培养学生的科学素质。明确提出了观察和实验是生物科学基本的研究方法。科学思维方法则隐含在思维能力的要求当中，即“分析、综合、比较、判断和推理能力”，“重视通过生物科学事实和科学研究过程过渡到有关概念、原理和规律的教学，并经过学生的分析、比较、概括等思维活动，正确理解和把握概念、原理和规律的实质”，“重视通过基础知识和知识获取过程的教学，使学生形成比较、分类、判断、分析和综合、归纳和演绎推理等思维能力”。在此阶段，科学方法主要指科学研究方法，包括观察法、实验法等。科学研究被视为科学知识获取的过程，因此要关注此过程中学生的思维活动，引导学生形成比较、分类、判断、分析和综合、归纳和演绎推理等科学思维的能力。

中学生物学课程中，科学方法包括科学研究的方法和科学思维的方法。让学生在学习过程中亲历三个关键环节有助于发展其科学思维。这三个关键环节包括：基于好奇心和观察提出问题；根据一定的知识基础、生活经验做出假设；设计方案，通过观察、实验等科学研究方法获得支持（或反对）假设的证据。在科学探究活动中，学生还需要进一步运用科学研究方法获得证据（实施方案），基于证据运用科学思维方法得出结论，运用科学方法提出对不同结论的质疑或对质疑进行辩驳。其中，观察法、实验法、调查法等属于科学研究的方法，归纳概括、演绎推理等逻辑思维方法以及模型与建模、系统分析等属于科学思维方法。

中学生物学课程中的科学研究方法包括观察法、实验法、调查法、模拟法等。学生在学习中可以通过科学研究方法获得事实和证据，理解生物学课程要求的科学研究方法，并能够在科学探究中应用。

课程标准中强调了发展学生思维能力的重要意义，尤其是在《普通高中生物学课程标准（2017 年版）》中，提出了学科核心素养——科学思维，即“尊重事实和证据，崇尚严谨和务实的求知态度，运用科学的思维方法认识事物、解决实际问题的思维习惯和能力”，并进一步指出，“学生应该在学习过程中逐步发展科学思维，如能够基于生物学事实和证据运用归纳与概括、演绎与推理、模型与建模、批判性思维、创造性思维等方法”。

3. 科学态度

尽管研究者对科学态度的定义存在一定的争议，但一般认为，科学态度包括了科学的态度和对科学的态度。科学的态度指的是科学家在科学研究中所展现出来的品质，比如好奇、质疑、平等、谦虚、合作等；对科学的态度指的是个体对科学的认知、情感以及行为倾向，例如学生对科学学习是否有兴趣，是否在科学学习中获得满足感，是否享受学习的过程等。积极的情感反应能够促进学生的科学学习。[1]

在中学科学教育中，与科学知识和科学能力相比，科学态度长期处于被忽视的境地，科学教师更愿意投入对科学知识和能力的研究中。虽然从整体上来看科学教育越来越受重视，但是近年来越来越多的国家和地区的研究者相继反映学生对于科学的兴趣呈现降低趋势。随着科技的迅猛发展，培养学生积极的科学态度已经成为全球科学教育关注的焦点，培养良好的

[1] 魏晓东．国外科学态度测评研究进展与启示 [J]. 外国中小学教育，2019（11）：20-28.

科学态度有助于发展学生的科学素养。

1992 年的教学大纲提出通过科学方法训练和培养学生的科学素质，形成客观的、实事求是的科学态度。2000 年高中教学大纲的目标部分，提出树立辩证唯物主义观点，养成科学态度和科学精神，树立创新意识，逐步形成科学的世界观。教学大纲中首次出现“科学精神”的表述。在中学生物学课程标准中，科学态度强调的是实事求是，科学精神包含了不断探求新知的探索精神和创新意识等。需要指出的是，本书认为实事求是、不断探求新知的探索精神、创新意识等都属于科学态度，本书前面讨论的科学精神与课程标准中所界定的科学精神的内涵不同。

《义务教育生物学课程标准（2011 年版）》和《普通高中生物课程标准（实验）》（2003 年）提出，中学生物学课程的重要目标是学生通过学习形成“乐于探索生命的奥秘，具有实事求是的科学态度、探索精神和创新意识”，“认识生物科学的价值，乐于学习生物科学，养成质疑、求实、创新及勇于实践的科学精神和科学态度”，“认识生物科学和技术的性质，能正确理解科学、技术、社会之间的关系。能够运用生物科学知识和观念参与社会事务的讨论”。

求真、好奇、合作、平等，都被视为科学家在科学研究中所体现出来的优秀品质。生物学课程标准中倡导探究性学习——也就是像科学家一样的探究，学生经历科学探究活动的过程不仅是知识建构，领悟科学方法和思想的过程，同时也是内化科学态度的过程。除了探究活动之外，学习生物科学史也同样是学生领悟科学态度的重要途径。“学习生物科学史能使学生沿着科学家探索生物世界的道路，理解科学的本质和科学研究的思路和方法，学习科学家献身科学的精神。”

生物学课程的基本理念是面向全体学生，着眼于学生适应未来社会发展和个人生活的需要。义务教育生物学课程中的对科学的态度，主要体现在学习兴趣的培养上。高中生物学课程在课程设置的结构和不同课程的目标上关注了学生将来选择与生物学相关职业或从事生物科学研究的意愿等态度。必修和选修课程是学生理解生物学的价值，培养对学科的兴趣，将来选择与生物学相关职业或从事生物科学研究的意愿的重要内容载体。

（三）科学精神

科学精神是内在的自觉，是一个人认识世界的“底层数据库”。科学精神的底层支柱是认识到对于自然界我们所知甚少。怎样达到这样的认识呢？学校的科学教育是重要的途径之一。我们认为科学精神主要包含三个方面的内容：理性的质疑，平等的讨论，谦卑的态度。在事件中往往多个因素交织在一起，比如理性的质疑中包含着尊重事实和证据的价值观念，也包含着运用逻辑与推理的科学方法。

1. 理性的质疑

实践的可检验性、逻辑的一致性和理性的怀疑精神是科学应该具有的三个特征。理性的质疑实质上是这三个特征的综合体现，即怀疑、实证和理性。

怀疑是科学所具有的特性，怀疑精神是科学精神的重要内涵。怀疑精神缺失，会导致对所有观点都不加思考地全盘接受，人就失去了辨别真伪的能力。社交媒体中伪科学之所以能够大行其道，与公众理性的怀疑精神的缺失不无关系。理性的质疑，既不是盲目的相信，也不是盲目的怀疑，而是要基于事实和证据，进行逻辑严密的分析，形成判断。也就是说，理性的质疑，其内涵不仅是怀疑，还有实证和理性。

科学需要证据。生物学研究通过对生命和生命现象的观察、实验等方法获得事实和证据，生物学概念、观点和理论的发展也有赖于科学技术的进步。例如，显微镜是生物学研究中常用的观察工具，其诞生和发展对生物学研究的促进不言而喻。随着科学技术的进步，在科学研究过程中会有新的证据出现，进而得以对原有的观点、概念和理论修正。

科学是逻辑与想象的融合。世界是怎样的？自远古以来人类一直在探寻这个问题的答案，如盘古开天地、女娲造人等神话故事是古代人们对于这个问题的试探性的回答。哲学，随后是科学，则是人们探索世界奥秘的另一方式。科学家提出假设、发展理论来解释这个世界是怎样运转的，然后再用实证检验假设和理论。赵占良针对科学思维提出：“科学思维是一种重视实证和逻辑的求真务实的思维习惯和能力；既是常规逻辑思维在科学领域的具体运用，又需要批判审视、质疑包容的思维取向和心理品格，还要靠想象、联想、直觉和灵感等非逻辑思维提出创造性见解。”[1]

基于知识和创造性洞察力的想象是科学创新的必要条件。形成假设和验证假设的过程是科学的核心活动之一。对假设的验证，严密的核查证据和将证据、假设同结论联结起来的逻辑推理都是必需的。

在中学生物学课程目标中，在科学探究能力以及学科核心素养的目标部分，突出了发展学生理性的质疑的目标：能够描述已知科学知识与所发现问题的冲突所在；能够根据已有的知识和经验提出问题，并做出假设；能够运用科学方法获得证据，根据证据做出合理的判断，形成自己的观点；能够听取他人的意见，利用证据和逻辑对自己的结论进行辩护以及做必要的反思和修改等。

日常生活中，我们发现，没有质疑精神的现象比比皆是。生物学科与人们的日常生活、生产实践联系紧密，互联网时代人们每天都会主动或被动地获取大量信息，但是面对一些新鲜的知识时却表现得缺乏基本的常识。在听到或者看到一个新鲜知识与自己头脑中固有的观念或者认知不同时，缺乏科学精神的人往往会全盘接受，但是，有质疑思维习惯的人自然就会问：这是真的吗？为什么会这样？这不仅仅是是否具备科学知识的问题，而首先在于能否进行理性的质疑。

在生物学教学中培养学生理性质疑的精神，应该保证学生经历科学探究的科学思维过程，其核心环节包括：基于好奇心和观察提出问题；根据一定的知识基础、生活经验做出假设；设计方案，通过观察、实验等科学方法获得支持（或反对）假设的证据。这三个核心环节重在学生思维的发展。

2. 平等的讨论

平等指人格尊严的平等，在人格平等的基础上参与讨论。有人说，教师和学生怎么可能是平等的呢？教师的知识就是比学生多啊！平等指的是人格的平等，而不是知识量的相同。与对自然界认识的未知相比，人类的科学认识可以说是微乎其微的。教师和学生也好，甚至是顶尖的科学家也

---

[1] 赵占良 . 对生物学学科核心素养的理解（二）：科学思维及其教学 [J]. 中学生物教学，2019（19）：4-7.

好，在真理面前都是所知甚少。从这个角度想，作为教师又怎么能在学生面前做出权威的样子来呢？“弟子不必不如师，师不必贤于弟子，闻道有先后，术业有专攻，如是而已”，讲的也是这个道理。

一个新的科学理论被接受的过程，是众多不同观点争执、批驳、辩论、验证的漫长过程。学生在科学学习当中，要像科学家一样探究，所以与其他学习者的讨论是必不可少的。教学中的讨论有两层含义：一是活动形式，二是在活动中所表现出来的能力。

作为活动形式，讨论指的是经由讨论活动，与同伴共同构建生物学知识，形成科学探究的研究方案，经由不同观点的争论对研究结果达成共识或产生创新性的观点等的活动过程。在此过程中，激发学生的学习兴趣，提升合作的技巧和能力，促进创造性思维发展。

作为科学探究活动中表现出来的能力，讨论指的是学生在科学探究活动过程中，能够专心且有礼貌地倾听他人观点，清晰明白地陈述自己的思想和看法，尊重并理解他人的观点和意见，当意见分歧较大时能够达成共识等。与交流相比，批判性是讨论的重要特征。

中学生物学课程中，表达、交流和讨论之间的关系如下：表达是讨论的结果（经由讨论形成共识，用恰当的方式表达），也是讨论的准备（对各组表达的观点进行讨论）；讨论是交流的一种形式，具有批判性的特征。

2003 年颁布的《普通高中生物课程标准（实验）》教学建议部分，对于科学探究活动提出“要有民主的师生关系和求真求实的氛围”。科学探究活动的开展需要民主的师生关系和求真求实的氛围。教师要鼓励学生，并给每个学生以尽可能多的机会来提出个人的想法、见解、问题，再运用证据和逻辑展开讨论。讨论问题时，教师和所有学生应处于平等的地位。教师在组织教学的过程中，应注意保护学生勇于探究的精神和自信心。

下面是义务教育阶段“生物与环境组成生态系统”一课的教学片段，展示了学生在教师的指导下尝试进行自主学习和合作学习的过程。请与我们一起思考，在这个过程中，讨论是否真正发生了？

教师：请各位同学先阅读教材，然后观看视频“生态系统”。在小组内讨论，回答“什么是生态系统？生态系统的组成是怎样的？”。给大家

5 分钟的时间。

学生活动 1：阅读教材。（约 1 分钟）

学生活动 2：用平板电脑观看视频。（2 分钟）

学生活动 3：讨论。

讨论过程如下：

生 1：（该组的组长，翻开教材，读）第 19 页，在一定空间范围内，生物与环境所形成的统一整体叫生态系统。请大家用笔画下来（指导其他同学在教材上画重点）。还有什么问题吗?

生 2：什么叫作一定的空间范围?

生 3：我觉得就是指不同的环境，比如……（被打断）

生 1：（打断生 3）接下来我们再来看生态系统的组成是怎样的。你的答案是什么？（点名生 4 回答）

生 4：包括生物部分和非生物部分。生物部分包括生产者、消费者和分解者，非生物部分包括阳光、空气和水。

生 3：蚯蚓是消费者还是分解者啊?

生 1：把书上黑体字画下来。

生 2：蚯蚓是动物吧。

生 3：我觉得好像也是分解者。

生 4：问问老师吧。（未讨论完，时间到。）

无须多言，在此教学片段中，并没有真正的讨论发生。学生能够遵守讨论的规则参加讨论活动，并不意味着他们已经具备了平等的科学精神。平等的讨论是出于内心对人格平等的理解和认同而形成的外在表现。我们在教学上所做出的努力与尝试对于学生理解平等精神是有意义的：学生参与一个个以平等为核心的讨论活动，潜移默化地滋养着精神，影响着行为。

3. 谦卑的态度

科学精神中，谦卑的态度这一条最难做好。

人一出生什么也不懂，随着学习的推进，懂的东西越来越多，不免生出“已经掌握真理”的感觉。但有这么一些人，他们心中生出的是知之越多方知越多不知的感觉。从科学发展史中，我们了解到，现代科学体现出如下特征：（1）随着数学的进步，人类对科学规律的预设推理越来越精细，随着实验技术的进步，人类对科学规律的验证越来越得心应手。因此，在科学界总是后人的结论超越前人，当然，这种超越完全无损前人的伟大，因为前人所处时代的数学和实验技术具有局限性。（2）随着科学技术的进步，人类发现了更多的未知。例如，一个可见的宇宙（可以探测到的宇宙）只占整个宇宙的4.6%，其余百分之九十多的宇宙属于暗物质、暗能量，这更显出人类的渺小。只有充分认同人类的渺小，心中方能生出谦卑的态度。

在中学生物学课程标准中，并没有对谦卑的态度的直接表述。我们以对科学本质的认识为线索，也就是谦卑的态度作为科学精神的诞生基础，梳理了课程标准中课程内容及教学活动的建议。在教学中对谦卑的态度的培养，可以通过生物科学史、现代生物科学技术和生物学伦理问题的讨论等内容进行渗透。

学习生物科学史能使学生重走科学家探索生物世界的道路，有助于理解科学的本质，包括：科学思想和科学理论总是不断地被验证、修改甚至被否定，被验证了的科学知识体系不断丰富和完善，具有持久性；科学不仰仗权威，纵观生物科学史，著名的权威也不免会出错，没有一个科学家可以代表绝对真理等。表2-1呈现了课程标准中与生物科学史相关的课程内容[1-3]。

---

[1] 中华人民共和国教育部．义务教育生物学课程标准（2011年版）[M]. 北京：北京师范大学出版社，2012.

[2] 中华人民共和国教育部．普通高中生物课程标准（实验）[M]. 北京：人民教育出版社，2003.

[3] 中华人民共和国教育部．普通高中生物学课程标准（2017年版）[M]. 北京：人民教育出版社，2018.

表 2-1 课程标准中与生物科学史相关的课程内容（部分）

学段	课程内容
初中	收集和交流关于人类基因组计划的报道、资料等信息
	关注生物技术的发展对人类未来的影响
高中	分析细胞学说建立的过程
	搜集有关干细胞研究进展和应用的资料
	总结人类对遗传物质的探索过程
	搜集 DNA 分子结构模型建立过程的资料，并进行讨论和交流
	分析孟德尔遗传实验的科学方法
	探讨生物进化观点对人们思想观念的影响
	搜集生物进化理论发展的资料
	概述植物生长素的发现和作用

生物科学技术的教学活动，有助于学生理解科学技术的发展对科学发展起到的促进作用，理解生物科学与其他学科之间的联系。表 2-2 呈现了课程标准中与生物科学技术相关的课程内容[1]。

表 2-2 课程标准中与生物科学技术相关的课程内容（部分）

学段	课程内容
高中	尝试植物的组织培养
	尝试蛋白质的提取和分离
	尝试 PCR（DNA 多聚酶链式反应）技术的基本操作和应用
	列举现代生物技术在育种中的应用
	举例说明生物工程技术药物和疫苗的生产原理
	简述基因诊断和基因治疗
	举例说明器官移植
	举例说明人工受精、试管婴儿等生殖技术

[1] 中华人民共和国教育部 . 普通高中生物课程标准（实验）[M]. 北京：人民教育出版社，2003.

续表

学段	课程内容
高中	简述基因工程的诞生
	简述基因工程的原理及技术
	举例说出基因工程的应用
	简述蛋白质工程
	简述植物的组织培养
	简述动物的细胞培养与体细胞克隆
	举例说出细胞融合与单克隆抗体
	简述动物胚胎发育的基本过程
	简述胚胎工程的理论基础
	举例说出胚胎干细胞的移植
	举例说出胚胎工程的应用
	利用互联网搜集有关干细胞研究进展的资料

生物学伦理问题的教学活动，有助于学生理解科学研究中有普遍接受的道德规范。科学研究受到道德规范的约束，违反科学道德规范的研究应该受到谴责。表 2-3 呈现了课程标准中与生物学伦理问题相关的课程内容[1]。

表 2-3　课程标准中与生物学伦理问题相关的课程内容（部分）

学段	课程内容
高中	搜集文献资料，就“转基因食品是否安全”展开辩论
	搜集关于设计试管婴儿的资料，并在小组内讨论“是否支持设计试管婴儿”
	搜集历史上使用生物武器的资料，并分析其严重危害

[1] 中华人民共和国教育部. 普通高中生物学课程标准（2017 年版）[M]. 北京：人民教育出版社，2018.

第二节 生物学教师信息技术能力的准备

技术与工具的革新推动科学的研究与发现。信息技术的发展为学生学习方式的变革提供了环境条件，然而创新始于教师。信息技术的发展及其在教学中应用的深入，对教师提出了新的挑战。

一、对生物学教师信息技术能力的要求

教师素质就是教师在教育教学过程中表现出来的，决定其教育教学效果，对学生身心发展有直接显著影响的各种品质的综合。高素质的教师队伍是高质量教育的一个基础条件。教师是学生增长知识和思想进步的导师，教师的一言一行都会对学生产生影响。

《普通高中生物学课程标准（2017 年版）》在教学建议部分对生物学教师的信息技术能力提出了明确的要求，主要表现为信息技术工具的开发和应用的能力，如“利用电子设备设计、完成模拟性实验；有条件的学校还可以充分利用多媒体、互联网及无线通信技术进行虚拟实验”，“开发课件、微课以及各种多媒体课程资源”等。

为提高中小学教师教育技术能力水平，促进教师专业能力发展，2004 年，教育部颁布了《中小学教师教育技术能力标准（试行）》。该标准主要从意识与态度、知识与技能、应用与创新、社会责任四个层面对中小学教学人员、管理人员、技术支持人员的教育技术能力提出要求。随着信息化教学成为教育领域的主流之一，教育技术能力也成为教师专业素养的重要组成之一。2014 年 5 月，教育部颁布了《中小学教师信息技术应用能力标准（试行）》，以全面提升中小学教师信息技术应用能力，促进信息技术与教育教学深度融合。根据我国各地中小学实际信息化建设程度的不同和师生信息技术应用水平的差异，该标准包括应用信息技术优化课堂教学的能力和应用信息技术转变学习方式的能力两方面，分别对教师在教育

教学和专业发展中应用信息技术提出了基本要求和发展性要求[1]。

应用信息技术优化课堂教学的能力，主要关注传统课堂教学与信息技术的融合，要求教师应具有利用信息技术进行讲解、启发、示范、指导、练习与反馈等教学活动的能力，以提高原有教学模式的教学效果。具体内容见表 2-4。

表 2-4 应用信息技术优化课堂教学的能力

技术素养	理解信息技术对改进课堂教学的作用，具有主动运用信息技术优化课堂教学的意识
	了解多媒体教学环境的类型与功能，熟练操作常用设备
	了解与教学相关的通用软件及学科软件的功能及特点，并能熟练应用
	通过多种途径获取数字教育资源，掌握加工、制作和管理数字教育资源的工具和方法
	具备信息道德与信息安全意识，能够以身示范
计划与准备	依据课程标准、学习目标、学生特征和技术条件，选择适当的教学方法，找准运用信息技术解决教学问题的契合点
	设计有效实现学习目标的信息化教学过程
	根据教学需要，合理选择与使用技术资源
	加工制作有效支持课堂教学的数字教育资源
	确保相关设备与技术资源在课堂教学环境中正常使用
	预见信息技术应用过程中可能出现的问题，制订应对方案
组织与管理	利用技术支持，改进教学方式，有效实施课堂教学
	让每个学生平等地接触技术资源，激发学生学习兴趣，保持学生学习注意力
	在信息化教学过程中，观察和收集学生的课堂反馈，对教学行为进行有效调整
	灵活处置课堂教学中因技术故障引发的意外状况
	鼓励学生参与教学过程，引导学生提升技术素养并发挥其技术优势

[1] 教育部办公厅关于印发《中小学教师信息技术应用能力标准（试行）》的通知 [EB/OL].（2014-05-28）[2021-05-28]. http：//www.moe.gov.cn/srcsite/Al0/s6991/201405/t20140528_170123.html.

续表

评估与诊断	根据学习目标科学设计并实施信息化教学评价方案
	尝试利用技术工具收集学生学习过程信息，并能整理与分析，发现教学问题，提出针对性的改进措施
	尝试利用技术工具开展测验、练习等工作，提高评价工作效率
	尝试建立学生学习电子档案，为学生综合素质评价提供支持
学习与发展	理解信息技术对教师专业发展的作用，具备主动运用信息技术促进自我反思与发展的意识
	利用教师网络研修社区，积极参与技术支持的专业发展活动，养成网络学习的习惯，不断提升教育教学能力
	利用信息技术与专家和同行建立并保持业务联系，依托学习共同体，促进自身专业成长
	掌握专业发展所需的技术手段和方法，提升信息技术环境下的自主学习能力
	有效参与信息技术支持下的校本研修，实现学用结合

应用信息技术转变学习方式的能力，主要关注教师利用信息技术支持学生开展交流合作、探究建构、自主学习与个性化发展等学习活动应具有的能力。应用技术改变学习模式，促进传统课堂教学模式的改良，根据教学需求，结合当前的新技术，转变学习方式。具体内容见表 2-5。

表 2-5 应用信息技术转变学习方式的能力

技术素养	了解信息时代对人才培养的新要求，具有主动探索和运用信息技术变革学生学习方式的意识
	掌握互联网、移动设备及其他新技术的常用操作，了解其对教育教学的支持作用
	探索使用支持学生自主、合作、探究学习的网络教学平台等技术资源
	利用技术手段整合多方资源，实现学校、家庭、社会相连接，拓展学生的学习空间
	帮助学生树立信息道德与信息安全意识，培养学生良好行为习惯

续表

计划与准备	依据课程标准、学习目标、学生特征和技术条件，选择适当的教学方法，确定运用信息技术培养学生综合能力的契合点
	设计有助于学生进行自主、合作、探究学习的信息化教学过程与学习活动
	合理选择与使用技术资源，为学生提供丰富的学习机会和个性化的学习体验
	设计学习指导策略与方法，促进学生的合作、交流、探索、反思与创造
	确保学生便捷、安全地访问网络和利用资源
	预见学生在信息化环境中进行自主、合作、探究学习可能遇到的问题，制订应对方案
组织与管理	利用技术支持，转变学习方式，有效开展学生自主、合作、探究学习
	让学生在集体、小组和个别学习中平等获得技术资源和参与学习活动的机会
	有效使用技术工具收集学生学习反馈，对学习活动进行及时指导和适当干预
	灵活处置学生在信息化环境中开展学习活动发生的意外状况
	支持学生积极探索使用新的技术资源，创造性地开展学习活动
评估与诊断	根据学习目标科学设计并实施信息化教学评价方案，并合理选取或加工利用评价工具
	综合利用技术手段进行学情分析，为促进学生的个性化学习提供依据
	引导学生利用评价工具开展自评与互评，做好过程性和终结性评价
	利用技术手段持续收集学生学习过程及结果的关键信息，建立学生学习电子档案，为学生综合素质评价提供支持
学习与发展	理解信息技术对教师专业发展的作用，具备自主运用信息技术促进自我反思与发展的意识
	利用教师网络研修社区，积极参与技术支持的专业发展活动，养成网络学习的习惯，不断提升教育教学能力
	利用信息技术与专家和同行建立并保持业务联系，依托学习共同体，促进自身专业成长
	掌握专业发展所需的技术手段和方法，提升信息技术环境下的自主学习能力
	有效参与信息技术支持下的校本研修，实现学用结合

二、生物学教师信息技术能力的发展

信息时代的教师信息技术能力发展可以分为四个阶段：起步、应用、融合、创新（图 2-2）。[1] 教学中的创新无处不在，每一阶段教师都面临着新的挑战。

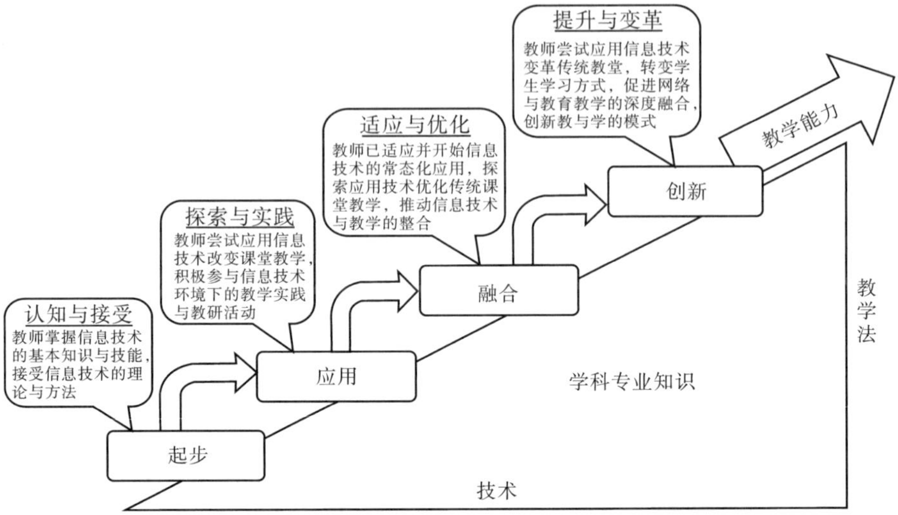

图 2-2　信息时代的教师信息技术能力发展阶段

一是起步阶段。认知与接受的挑战：教师掌握信息技术的基本知识与技能，接受信息技术的理论与方法。自 1959 年美国 IBM 公司研制出第一套计算机辅助教学系统以来，教师对新的信息技术的学习和应用就从未停止。当前，一体机、手机、虚拟实验室、学习互动平台等新的技术和工具，比以往任何时候都更多、更快地进入了教师的视野。能否以开放的心态、积极的态度学习新技术和新工具，并在教学中尝试应用，是此阶段对教师的挑战。一些教师认为“不用这些（新技术和工具）教学成绩一直挺好的，没必要用”，因此这一阶段最大的阻力并非来自技术层面，而是教师的态度。言传身教，中学生物学的重要教育目标——不断探索、勇于创新的科学精神，首先应该在教师身上闪光。

二是应用阶段。探索与实践的挑战：教师尝试应用信息技术改变课堂

[1] 胡钦太 . 融合与创新：教育信息化理论发展 [M]. 北京：高等教育出版社，2017：139-142.

教学，积极参与信息技术环境下的教学实践与教研活动。当前教师对信息技术的应用表现在：（1）对数字化教学资源库的应用。如利用互联网搜索需要的教学资源（图片、视频、课件、微课、教学设计、试题等）来备课、命制试卷，已经成为大多数中学生物学教师的常态工作，这一应用的重点不是搜索资源，而是如何从浩如烟海的资源库中筛选优质的资源。（2）对学习互动平台的功能应用（零散的、工具性的）。如及时评价、随机点名、倒计时、点赞（投票）等学习互动平台。这一应用的难点在于如何避免花哨的技术展示，适时使用。（3）对新工具的应用。和学生练习使用显微镜一样，教师对于新的工具，如一体机、平板电脑等，也要先学习其基本功能和操作，并经过不断练习才能熟练使用。

三是融合阶段。适应与优化的挑战：教师已适应并开始信息技术的常态化应用，探索应用技术优化传统课堂教学，推动信息技术与教学的整合。我们认为，这一阶段的一个重要的标志是，教师自主开发以微课为代表的信息技术教学资源，在教学中常态化应用，并且以此为基础在信息技术环境中尝试教学结构的变革。以中山市微课开发与应用的探索为例，2014年广东省中山市进行了第一届中小学微课评选，共评出一等奖415项，二等奖648项，参评的微课达到2000余项，“十三五”期间中山市微课网上教师开发的各个学科学段的微课有24 000余项，其中中学生物学微课约850项。据调查，中山市中学生物学教师都参加过相关的微课培训，绝大多数教师能独立制作微课或参与过微课的制作。进一步调查微课在中学生物学教学中的应用情况，结果显示，多数教师表示乐于下载优质的微课在教学中使用，还有相当一部分教师表示更愿意自己录制微课，因为自己录制的微课更适合自己班级的学生的学习水平。

四是创新阶段。提升与变革的挑战：教师尝试应用信息技术变革传统课堂，转变学生学习方式，促进网络与教育教学的深度融合，创新教与学的模式。创新是当前信息技术与教学融合中最大的挑战。教师不仅要熟练运用新的技术和工具，还需要有理性的思考，理解技术和工具对中学生物学教学的实质作用，不至于被乱花迷眼；需要有变革的勇气，勇于改变自己已经习惯的教学模式（流程），敢于承担变革初期有可能会出现的成绩波动，更要有坚持研究反思的毅力，关注学生的学习过程，科学分析学生学习效果和实施融合教学的关系，不盲目归因等；以理性、探索和创新的精神引导中学生物学教学改革实践。

第三节　中学生物学教师科研素养的准备

一、科研素养及其与科学素养、信息技术素养的关系

教育科研素养即教师为从事教育科学研究所必须具备的基本条件或所要达到的水平。众多研究者从不同的角度对教师的教育科研素养进行了讨论，关于科研素养的构成存在不同的观点。在文献研究的基础上，我们确定了对中学生物学教师的教育科研素养分析的三个维度：知识素养、能力素养、情感与态度素养。知识素养，即教师从事教育科学研究必须具备的知识基础，包括学科专业知识、教育知识以及科研知识。学科专业知识即生物学科的专业知识。教育知识包括生物学科教学法、教育学以及心理学等相关知识。科研知识包括教育科研理论、科研方法等知识。能力素养，即教师在教育科研活动中所需要的实践能力，包括选题与论证、资料收集与整理、规划与实施、成果提炼等。情感与态度素养，即教师对从事教育科学研究的意识和态度，其中科研意识主要包括问题意识、反思意识和批判意识，科研态度包括动机、期待等。[1]

从科研素养的结构看，科研素养与科学素养、信息技术素养都有交叉的部分，彼此之间是相互促进的关系。对科学本质的理解、对学科教学的理解是教师学科专业知识的重要内容，也是教师从事科学研究必须具备的知识基础，教师的知识结构和知识储备量会影响其科研的深度和成果的价值。资料的收集与整理能力是科研能力的重要组成之一，贯穿于教育科研活动的全过程，是教师信息技术素养在教育科研领域的具体

[1] 彭莉．中小学语文教师的教育科研素养现状调查及提升策略研究 [D]. 武汉：华中师范大学，2019.

应用和表现。

二、理解教育科研是实现融合的有效途径

信息技术与中学生物学教学的融合对中学生物学教师提出了全新的挑战。在实践的过程中，教师会有许多的困惑和矛盾。例如，微课是什么？它与一般的视频教学资源有什么区别？教学中应该怎样用？有什么优势，又有什么局限？能达到什么样的教学目标？怎样检验目标是否达成？对学生的学习和发展有什么意义？等等。教师原有的经验无法应对这些新的问题时就需要在教学实践的探索中反思教学行为，以研究者的身份探索出合适的方法和策略。在反思和研究的过程中，教师的科研素养是实施融合实践的基石，是教师必备的素养。

教育科学研究的过程，是教师基于理性的思考运用知识和能力解决教学实践中的问题的过程。在此过程中，科研素养有助于教师澄清教学问题的本质，对教学行为进行反思，从中发现问题，运用科学的方法探索解决问题的策略，形成理性的认识。教育科研是实现信息技术与中学生物学教学融合的有效途径。

下面以中山市“中学生物学微课的开发与应用研究”为例，呈现以科研为载体实现信息技术与教学融合的过程和成果。

1. 为什么研究？

在该课题的研究中，研究者分析了课题研究的背景，从课程、教学、教师发展等层面，提出了在所在区域研究中学生物学微课的开发和应用的重要性和必要性。

（1）基于学科核心素养理念重新审视中学生物学课程与教学，是当前课程改革的新挑战。

在发展核心素养模型构建的基础上，我国研究者提出了学科核心素养的概念，并阐述了核心素养与学科核心素养两个概念之间的关系。从国外的研究来看，一方面核心素养具有贯穿各个教育阶段的深度，即核心素养细化为兼顾学习者各阶段学习特性的垂直体系，进而建立连贯衔接的课程纲要体系；另一方面，核心素养具有跨越各个学科的广度，即以核心素养

体系为基础，实现各个学科的统筹统整。由此可见，尽管一线教育工作者难以驾驭构建核心素养概念体系等宏大的理论研究，但是从实践层面，立足于学科和学段，自下而上地开展学科课程与教学层面的研究，是当前课程改革对一线教育工作者提出的新挑战。

（2）以核心素养理论为基础构建科学、系统的中学生物学微课体系，是中学生物学课程信息化建设的重要任务。

作为教育信息化建设发展的重要手段，微课的开发与应用的研究是目前各个学科、各个学段研究的热点之一，已经形成了一定数量的质量较高的微课资源。进一步研究发现，中山市生物学科微课资源尚有可待研究之处。其中，微课资源碎片化、知识点（考点）化是值得关注的重要问题，有必要从市级层面进行研究。

微课作为一种微型教学手段，利用微型课件对知识点进行精辟的讲解，从其产生来看，碎片化、知识点化是其本质的属性。但是，值得注意的是，碎片化、知识点化是单个微课资源的特点，而对于一个针对学科课程建立的微课资源库来讲，必须是具有一定逻辑结构的系统化、科学化的微课体系。已有研究表明，一方面，在整体规划上，微课体系的开发者所遵循的仍是知识点化的学科逻辑结构；另一方面，具体的微课资源开发者，也就是一线教师在开发资源时尚未形成整体的、系统的开发理念，微课资源也因此摆脱不掉其变成一种新形式的灌输知识点的批评。

（3）理解学科核心素养理论并在实践层面指导自身的教育教学实践，是提升中学生物学教师专业素养的有效途径。

课堂教学是落实课程改革的根本途径，一线教师是具体的实施者，同时也是开发者与研究者。核心素养是新一轮课程改革深化的方向，一线教师有必要对相关的理论进行学习和理解，并在其理念的指导下不断地改进自身的教育教学实践。该课题研究旨在以微课为具体的抓手，以学科核心素养为基础，进行中学生物学微课体系的整体规划，同时促进中山市中学生物学教师在学习核心素养的基础上，对具体的微课设计以及更为重要的、如何在教学中加以运用的问题进行研究，以此提升中山市中学生物学教师的专业素养。

2. 研究什么?

研究者将微课界定为一种信息技术教学资源。该课题研究中微课具有两层含义：一是就微课个体而言，以中学生物学学科素养培养为根本目标，以视频为呈现形式，以中学生物学某个教学内容（知识）为内容的一种教学资源；二是就微课群体而言，指按照一定的内在逻辑，由多个微课组成的结构化、课程化的中学生物学微课资源体系。

中学生物学微课的开发和应用具体要解决的问题包括：

一是基于学科核心素养的中学生物学微课开发的研究。探索基于学科核心素养的中学生物学微课开发的基本原则；探索基于学科核心素养的中学生物学微课的基本类型；依据学科核心素养和中学生物学知识结构构建中学生物学微课体系，具体包括不同类型微课主题的选择、逻辑结构等。

二是应用微课发展学生生物学学科核心素养的教学实践研究。探索应用微课发展生物学学科核心素养的教学策略；应用微课发展生物学学科核心素养的课例研究。

3. 怎样研究?

图 2-3 展示了该课题研究的过程、思路、方法等。该课题属于行动研究，综合运用了调查法、文献研究法、课堂观察法等教育科研方法。

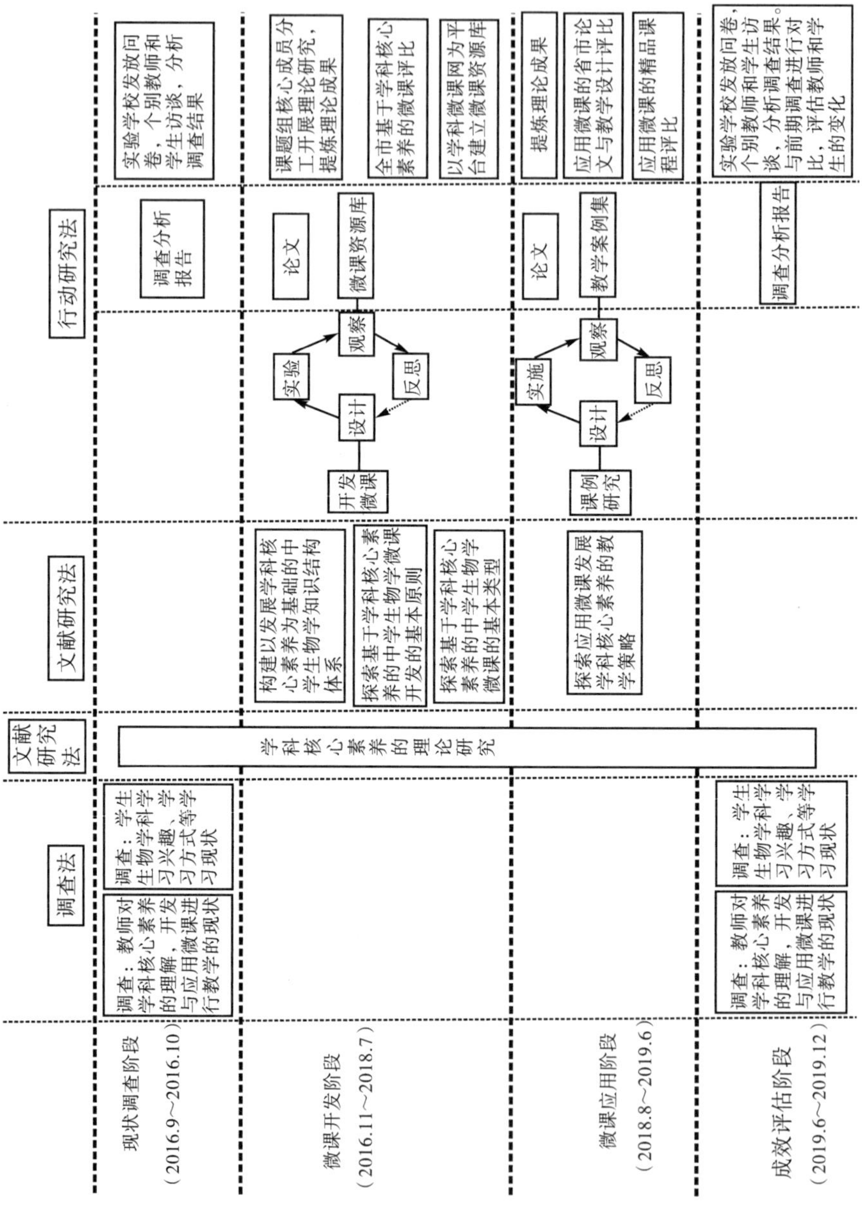
调查法
文献研究法
文献研究法
行动研究法
现状调查阶段（2016.9～2016.10）
调查：教师对学科核心素养的理解，开发与应用微课进行教学的现状
调查：学生生物学科学习兴趣、学习方式等学习现状
学科核心素养的理论研究
调查分析报告
实验学校发放问卷，个别教师和学生访谈，分析调查结果
微课开发阶段（2016.11～2018.7）
构建以发展学科核心素养为基础的中学生物学知识结构体系
探索基于学科核心素养的中学生物学微课开发的基本原则
探索基于学科核心素养的中学生物学微课的基本类型
开发微课
设计
实验
观察
反思
论文
微课资源库
课题组核心成员分工开展理论研究，提炼理论成果
全市基于学科核心素养的微课评比
以学科微课网为平台建立微课资源库
微课应用阶段（2018.8～2019.6）
探索应用微课发展学科核心素养的教学策略
课例研究
设计
实施
观察
反思
论文
教学案例集
提炼理论成果
应用微课的省市论文与教学设计评比
应用微课的精品课程评比
成效评估阶段（2019.6～2019.12）
调查：教师对学科核心素养的理解，开发与应用微课进行教学的现状
调查：学生生物学科学习兴趣、学习方式等学习现状
调查分析报告
实验学校发放问卷，个别教师和学生访谈，分析调查结果。与前期调查进行对比，评估教师和学生的变化

图 2-3 研究过程

4. 研究出什么?

围绕着课题研究所要解决的主要问题，研究成果包括了理论成果和研究实效两个方面，具体包括以下六项内容。

（1）形成了基于生物学学科核心素养的微课开发的基本原则。

以学生为中心的原则。以学生为中心的教学原则已经成为共识，教学的根本目的在于学生的学习。微课的开发，具体包括微课主题的选择、结构编排、难度设置、逻辑思路等，都应以学生学习的需要为根本出发点。

以学科核心素养的培养为总体目标的原则。根据课程标准，每个教学内容都有其明确的教学目标，与此相对应的是，微课的教学目标除了体现知识目标，还要体现生物学学科核心素养，即生命观念、科学思维、科学探究和社会责任的培养目标。

系统设计的原则。系统设计原则主要体现在对微课内容的整合上。微课本身具有知识碎片化的特点，因此在开发微课时就必须要考虑不同内容微课的整体化系统设计，微课内容之间应该体现出生物学学科核心素养培养的内在联系，帮助学生建立学科知识体系。

（2）探索出中学生物学微课的基本类型及特点。

按照微课内容容量，可分为素材型微课和活动型微课。素材型微课以一个知识点为内容，为微课体系中的最小组成单元，以微视频、PPT 演示与解说为基本形式，如一个知识点的讲解、一道例题的讲解、一个实验技能（环节）的演示等。活动型微课一般由多个素材型微课组成，教学结构完整，可以是一个教学环节，也可以是若干个教学环节的组合，一般时间较长。

按照微课的具体内容，素材型微课又分为三种基本类型。

一是知识点讲解类，以知识点（一般是重点或者难点）为微课内容，一般采用 PPT 演示与教师讲解结合的呈现方式，以学习单等作为学习辅助材料。时间为 5 ～ 8 分钟，教学结构完整，是一个完整的学习单元。这类微课既可以作为学生课前自主学习的资源，又可以作为课后复习巩固的学习资源：为不同层次学生的个性化学习提供了支持，如学习有困难的学生可以反复学习；同一知识点不同教师的教学思路和方法可能会不同，不同的思维方式、讲解方式能够帮助学生从不同角度理解知识。

二是例题讲解类，以典型例题的讲解为微课内容，一般采用 PPT 演示与教师讲解结合的呈现方式。时间为 5 ～ 8 分钟，包括例题讲解、总结归纳和拓展练习三个基本结构。这一类微课的特点与知识点讲解类有异曲同工之处，关注学生学习的个体差异，实现学生个性化学习。

三是实验操作类，以实验操作的基本技能为内容，一般采用视频的呈现方式，实验操作可由教师演示或学生演示。既可以是一个完整的实验过程，也可以是一项操作，如显微镜的使用，包括取镜与安放、对光、观察等环节，每一个环节又有具体的操作要点。实验操作类微课可以呈现一个操作要点，也可以呈现一个环节，还可以呈现整个过程。微课不能取代学生的动手实验过程，这一类微课的作用在于帮助学生熟悉操作过程及规范。微课可以反复观看，任意暂停，清晰度高，直观性强，学生能够看清实验细节、操作要点。

（3）构建了基于学科核心素养的中学生物学微课资源库。

经过三年的研究，根据微课开发的原则，以中学生物学概念性知识体系为逻辑结构，以发展学生的生物学学科核心素养为目标，中山市开发的中学生物学微课覆盖了初中和高中生物学的全部知识点。以学科微课网为平台，构建了中山市生物学教师共建共享的微课资源库。

（4）探索出应用微课发展学生生物学学科核心素养的策略。

①应用微课进行概念教学，培养生命观念。

以微课为概念性知识学习的基本学习单元，按照概念性知识的内在逻辑构建微课体系，以微课的学习为基础构建生命观念。刘恩山、曹保义主编的《普通高中生物学课程标准（2017 年版）解读》（简称《课标解读》）提出，“生命观念的建立以概念性知识的学习为基础”。《课标解读》中概念性知识呈现为三个级别：大概念、重要概念、次位概念。其中大概念（也称核心概念）为最上位的概念，《课标解读》中共提出十个大概念；大概念可以分解为若干重要概念，重要概念在教材中（以人教版为例）一般呈现为单元（章）；次位概念是形成重要概念和生命观念的基础，一般可以在一节课中完成。

次位概念中往往又包含着若干具体的知识点。素材型微课就是以一个具体的知识点为内容开发的微课，相对而言内容最少也最有针对性；活动型微课可以呈现一个次位概念的学习内容，也就是一组素材型微课的组合。以微课为中学生物学概念性知识的基本学习单位，微课体系即为概念性知识体系，微课的学习过程即可看作是生命观念的建立过程。

②应用微课实施论证式教学，发展科学思维。

科学思维是基于事实和严密逻辑达到更好结论的方法，是高质量的思维范式和习惯。科学思维能够支持学生获取新知，学会使用知识，建构并评价假设和观点。

论证式教学策略是将科学研究中的论证引入课堂教学，让学生经历类似科学家论证实践的活动，在分析资料、得出主张、反思质疑、辩驳论证中探究问题，体验知识的构建过程。论证式教学策略是被证明行之有效的培养学生科学思维的重要策略之一。

③应用微课开展实验复习教学，落实科学探究。

科学探究对于学生掌握科学概念、参与科学实践和理解科学本质有积极的促进作用。在生物学课程中，科学探究既是学习内容又是学习方式，因此，在中学生物学课程中开展科学探究教学，一方面学生要掌握关于科学探究的概念，另一方面学生能够亲历科学发现的过程，提出真正的科学问题，并尝试做出解释或解决问题。

微课无法取代学生的动手实践和亲身经历，但是实验操作类微课能够突破时空及教学条件的限制，呈现在课堂教学中难以完成的实验过程与实验现象，因此在中学生物学实验复习教学中，适宜应用微课实施科学探究教学，从而提高学生的科学素养。

④应用微课实践社会科学议题，拓展学习，渗透社会责任。

社会科学议题指科技的发展与应用在现实生活中衍生出来的问题，如社会伦理道德、人类健康和环境保护等。在教学中开发社会科学议题的微课，如基因检测、转基因食品、全球变暖、克隆人等，开展拓展学习活动，不仅可以促进学生对生物科学知识和技术的理解，促进学生理性思维的发展，还可以使学生利用已有的生物学知识、经验，运用逻辑推理，结合个人的道德情感对社会科学议题发表观点、做出决策，并在解决真实情境中的实际问题时形成正确的价值观念、必备品格和关键能力。

应用微课开展社会科学议题的拓展学习活动，包括三个基本环节：首先，展示议题相关的社会背景资料；其次，在此基础上提出该议题的争论焦点；最后，指导学生开展自主学习和合作学习，通过搜集资料、辩论和讨论，最终形成自己的观点。

（5）学生学习生物学的兴趣提升，学习方式变化。

为了了解应用微课开展教学对学生学习的影响，该课题研究在研究初期和后期对参与研究的学生样本进行了问卷调查，并对部分学生进行了访谈。从调查结果来看，应用微课进行中学生物学教学，对学生学习产生的影响主要体现在学习兴趣的提升和学习方式的变化上。通过调查发现，实验班的学生对生物学的兴趣程度普遍提高，超过 70% 的学生表示会在课余时间自学生物学和查阅与生物学有关的知识。调查发现，尽管在实际的教学中，教师的讲解仍为课堂主要学习方式，但是很多学生表示，在课外会以微课学习的方式为主进行自主学习和合作学习。可见微课的应用对学生的自主学习有较大的帮助，同时自主学习生物学人数的增加也是学习兴趣提升的表现之一。

（6）教师理论联系实际理解学科核心素养，丰富了微课开发与应用的经验。

中山市生物学教师对学科核心素养的理解，一方面是从理论层面根据课程标准对于学科核心素养的界定和教学要求的阐释进行学习和思考；另一方面，在基于学科核心素养的微课开发过程中，从教学实践的层面对学科核心素养在教学中的落实进行了主动的探索，同时对基于学科核心素养的微课的开发，以及应用微课在中学生物学教学中发展学科核心素养积累了丰富的实践经验。

第三章

中学生物学教师的信息技术能力

本章在第二章的基础上，阐述了中学生物学教师信息技术能力拓展的四个方向：一是信息获取的能力，二是处理（加工）信息的能力，三是开发数字资源的能力，四是应用资源的能力。在融合的过程中，教师本身就相当于一个信息点，链接并融合了线上线下的各种信息点。教师的信息技术能力越强，辐射其他信息点越多，影响力越大，越容易生成多元的教学生态。

第一节　信息获取的能力

在本书中，将信息获取的能力定义为能够使用搜索引擎有效地获取教学资源的能力。

从 1994 年中国开通互联网，到 21 世纪初中国移动互联的开端，短短近十年时间里，世界互联网快速发展，中国互联网也跟随世界的步伐迅猛发展，互联网改变了人们的生活方式、学习方式和出行方式等。目前，大部分人习惯把手机、电脑、平板电脑等作为获取信息的主要方式，纸质媒体、电视等其他传统媒体作为辅助方式。

互联网有着非常丰富的信息量。每个人需要的信息各不相同，所以我们会用到搜索引擎，利用关键字来搜索需要的信息。获取信息已是信息时代每一个人都应具备的基本技能之一。在信息万变的时代，有时候获取信息效率决定了我们做事的成效。一个能够熟练、快速获取信息的工作者，往往能够用较短的时间完成任务。

如何有效地从互联网中获取合适的教学资源，也是生物学教师在当前要直面的挑战之一。信息获取能力具体表现为在使用搜索引擎获取信息时，能够高效地搜集并获取合适的教学资源。

那么如何提升教师的信息获取能力呢？我们认为可以从三个方面进行信息技术能力的拓展，即理解信息搜索的原理、掌握高效搜索的技能和应用信息搜索的技巧。

一、理解信息搜索的原理

曾几何时，我们经常抱怨网上资源匮乏，但随着互联网、传感器以及各种数字化终端设备的普及，一个万物互联的世界正在成型。同时，随着数据呈现出爆炸式的指数级增长，数字化已经成为构建现代社会的基础力量，并推动着我们走向一个深度变革的时代。

以“种子萌发的过程”为关键词，在百度搜索引擎中直接搜索，找到的相关结果有近三千万个。可见互联网提供了取之不尽的数字资源，因此理解信息搜索的原理是有效获取信息的基础。

（一）取之不尽的数字资源

2018 年，国际数据公司（IDC）发布最新版的白皮书 *Data Age 2025*。其中部分数据与 2017 年发布的 *Data Age 2025* 相比有所变动，对 2025 年全球数据量总和的预测从 163 ZB 提高到 175 ZB[1]。

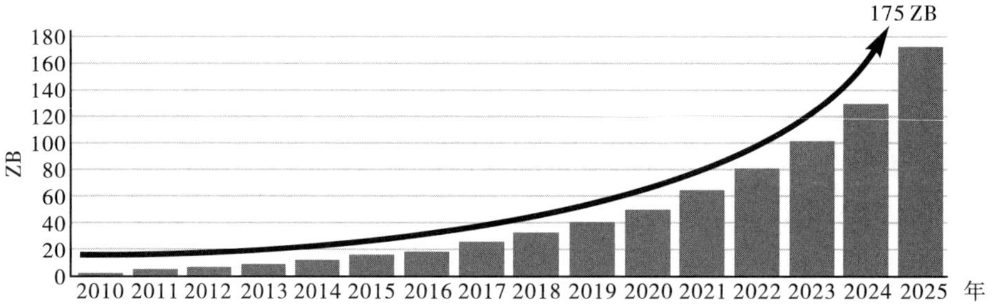

图 3-1 全球数据圈增长规模

175 ZB 的数据到底有多大呢？ 1 ZB 相当于 1.1 万亿 GB。如果把 175 ZB 全部存在 DVD 光盘中，那么 DVD 光盘叠起来的高度将是地球和月球距离的 23 倍（月地平均距离约 38.4 万千米），或者绕地球赤道 222 圈（一圈约 4 万千米）。这说明了我们目前所处的这个科技时代，信息数据的增长是爆炸性的。

数字化的过程通常被称为数字化转型，它并非简单的设备演进（尽管设备将会演进），而是将智能数据融合至我们所做的一切事务之中。这个过程正深刻改变着当今社会的发展，影响着各行各业以及世界各地的用户。

---

[1] 国际数据公司（IDC）. 数据时代 2025[EB/OL].（2017-04-26）[2021-08-09]. https：//www.import.io/wp-content/uploads/2017/04/Seagate-WP-Data Age 2025-March-2017.pdf.

数据量爆炸式增长的主要驱动因素是从人到物的变化，随着物联网基础设施及智能手机、可穿戴设备的普及，我们每人每时每刻都在不停地产生大量的数据。

（二）信息检索的概念

网上资源虽然源源不断、推陈出新，但对于一般用户来说，更多时候是找不到自己想要的资源。就像是一个极度口渴的人被茫茫大海包围着，水很多，却分离不出自己需要的淡水。因此，掌握资源搜索的思维和方法，将是信息时代数字化生存必备的本领，也是每位教师必备的基本信息素养之一。

针对数量巨大、信息庞杂的网络资源，人们必须掌握一种科学的方法，从取之不尽的信息源中识别和获取所需要的信息，这个过程就是信息检索（Information Retrieval）。目前信息检索服务已经非常普遍，人们每天都用它来进行商务、教育和娱乐等活动。随着信息环境的变化、用户需求的发展、信息技术的进步，信息检索的概念和内涵也随之发展变化，以下从广义和狭义两个方面来解释[1]。

从狭义上讲，信息检索仅指信息查询（Information Search），即用户根据需要，采用一定的方法，借助检索工具，从信息集合中查找出所需信息的过程。这个过程主要是对信息用户而言的，在此过程中，用户只需要知道如何快捷、方便、高效地获取所需信息，而不必掌握信息的组织管理模式及信息的存储地点等。

从广义上讲，信息检索包括信息存储（Information Storage）和信息检索两个过程，即将信息按一定的方式进行加工、整理、组织并存储起来，再根据用户特定的需要将相关信息准确地查找出来的过程，又称信息存储与检索。信息存储是指将收集到的大量无序信息，根据信息源的外部特征和内容特征，经过分类、标引等步骤加以处理使其系统化、有序化，并按一定的技术要求编制检索工具或建立检索系统，供人们检索和利用。这个过程主要是对信息工作者而言的。

---

[1] 陈泉 . 信息素养与信息检索 [M]. 北京：清华大学出版社，2017：76-77.

信息的存储过程与检索过程是互逆的。存储是为了检索，而检索的前提是必须做好存储。因此，信息存储与检索是信息检索的两个核心，是密不可分的两个过程。考虑到本书主要是让教师们知道如何快速地搜获信息和资源，因此本节涉及的信息检索多指狭义的信息检索。

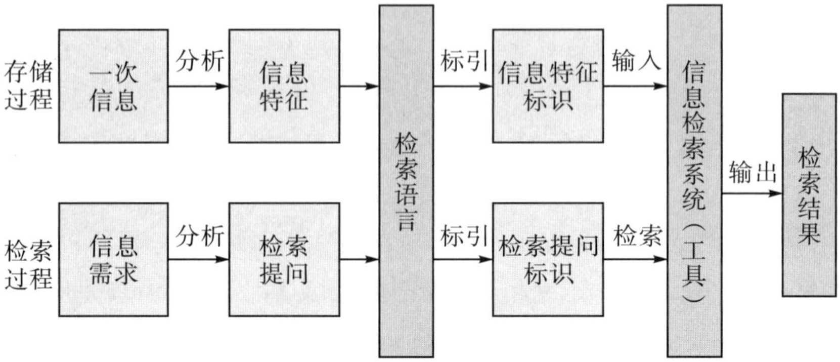

图 3-2 信息存储和检索过程的基本原理

人们对信息的需求千差万别，获取信息的方法也不尽相同，但信息检索的基本原理（图 3-2）却是相通的。可将信息检索最本质的部分概括为一句话，即对信息集合与需求集合的匹配与选择。网络信息检索基本原理的核心是用户信息需求与网络信息集合的比较和选择，是两者匹配的过程。对于普通用户来说，搜索网络信息的主要工具就是网络搜索引擎了。开始学习搜索方法之前，我们有必要先简单了解网络搜索引擎的工作原理。[1]

（三）信息检索的原理

当用户在搜索框里输入查询词或语句（后文统称为 Query），搜索引擎就会对海量网页进行获取、存储、处理，并在毫秒级别内反馈结果或相关信息。这中间究竟发生了什么？它是如何获取、存储并计算这些海量数据的？如何快速响应用户的查询？如何使得搜索结果能够满足用户的信息需求？

其实每一次搜索，就像是和机器的对话，有的引擎只会按简单和固定

[1] 张俊林. 这就是搜索引擎：核心技术详解 [M]. 北京：电子工业出版社，2012：9-11.

的规则运行和处理用户的 Query，也有的会通过深度学习不断自我优化。要想机器更懂我们的意图，就需了解它的行为准则。了解搜索引擎的原理有助于我们建立清晰的搜索行为模型和指导搜索过程的思维方式。这里面涉及 3 个核心问题：

（1）引擎对 Query 的理解。

（2）引擎对内容（文档）的理解。

（3）引擎对 Query 和内容（文档）的匹配和排序。

这其中，了解搜索引擎对 Query 的理解，有助于我们和机器更好地沟通。有统计表示，一般用户搜索关键词的平均长度只有 2.7 个单词，这通常很难形成语义来概括用户真正的搜索需求。当你的 Query 表意不够明确时，搜索引擎会做出一些“小动作”与你进行“友好磋商”。比如将查询扩展功能应用于用户所提交的搜索查询，从而可以提供更智能的结果。这项技术涉及几个步骤：

近似词：一个词的近似词也会出现在搜索结果，比如搜“translator”也包含“translation”。

缩写：搜索缩写可以显示全拼的结果，如输入“北约”可以显示“北大西洋公约组织”的结果。

拼写错误：当输入拼写错误时，自动给出正确的单词拼写做参考。

同义词：如果单词在短语或句子中的使用不正确，根据正确的同义词显示结果。

翻译：搜索引擎可以针对不同语言的特定单词反馈建议结果。

忽略单词：在某些包含无关或无意义单词的 Query 中，删除这些单词再搜索。

联想查询：在用户输入时，搜索栏下方的列表中为用户提供自动匹配的搜索建议。

图 3-3 用户输入 Query 的过程，搜索引擎自动根据输入的关键字进行动态提示

当然，以上这些查询扩展技术是基于海量用户高频次、有规律的 Query 来做针对性优化，在以上情形下，即便用户犯错，也会被搜索引擎实时自动纠正。但这仅仅是机器学会读懂人心的小学阶段，人类大脑活动的复杂性远超任何程序算法，表 3-1 中列举的难点才是搜索引擎一直面临的挑战，而这些难点往往也是由我们“不友好”的 Query 造成的。了解这些难点，有助于我们规范和优化 Query。也就是我们不为难搜索引擎，它就会更“听话”，给我们更“好看”的内容，大家不妨根据表 3-1 比照自己平时的 Query 习惯。

表 3-1 Query 比较

难点	举例	如何 Query 得更好
输入不规范	人类简史哪里可以下载	改为“人类简史 pdf”
关键词的歧义	汉堡，城市名还是食物名?	消除歧义
意图强度的判定	在以图搜图模式中上传一张园林植物图片，搜索引擎难以判断是找园林还是找图中植物	搜图后，可在引擎中对相似图片添加描述图片的关键词，如将“植物”修改为“园林植物”试试
意图的时效性变化	输入 Query，搜索结果大多为当前相关数据	在搜索中设置好时间范围

二、掌握高效搜索的技能

面对复杂的问题，为什么总有些人能脱颖而出？其中一个关键因素就是这些人能够挖掘出表象背后隐藏的真正需求和真正问题，并且能够不被局部或浅层的信息所误导。从信息搜索角度来说，就是知道自己要搜什么，以及如何在杂乱的信息环境中找到搜索的方法。用户在这过程中需要培养科学合理的搜索思维和行为习惯。

（一）预判

提升搜索能力的目的之一是为了节省时间，但总有人舍本逐末地将大量时间浪费在不断尝试意义不大的搜索中，这来自他们相信“万物皆被索引”的执念。消除这种执念需要在搜索前做一定的预判，这种预判其实就是建立在你对相关背景足够的认知之上。其实就如同我们在生活中做很多事情一样，需要“心中有底，手有分寸”，培养预判能力需要我们平时不断积累知识经验，从而将时间用在更有价值的事情上。

（二）选择

是用百度等通用搜索引擎，还是用专业领域的垂直搜索引擎？我们很难去设定一个标准来作为选择的依据，也没有必要。因为随着我们对各种搜索引擎的日常使用，脑海中自然会建立一些映射关系，比如：

写教学论文要搜索相关文献，可到百度学术、OAlib 等查找。

申请专利要检索相关资料，可到 SooPAT 等查找。

找一本电子书，可到百度搜书、ePUBee、鸠摩搜索中挑一挑。

了解某位当红明星的公众事件，可到微博、今日头条中看一看。

想了解网友对于某个热点事件较为深入的看法，可到知乎、简书上了解。

探索英国巨人堤道形成的奥秘，可到百度搜索“巨人堤道”，查看百科词条。

预判是为了避免不必要的时间浪费，选择是为了借助更高效的搜索来节省时间。

（三）优化

根据搜索引擎反馈结果不断优化 Query 的设置和组合。高效的前提是明确搜索流程中自己可以有所作为的部分，然后再针对“能否更优化”进行更深入的学习和实践，以此来不断积累经验，方能把看似简单的原理或方法做到驾轻就熟。

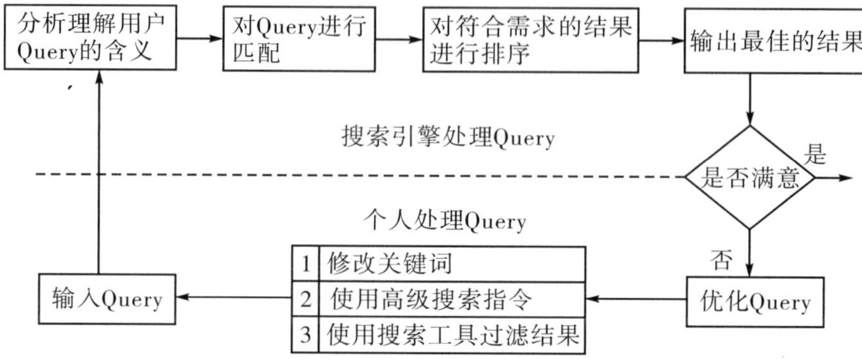

图 3-4 用户根据搜索引擎的特点建立和培养良好的 Query 习惯

即便进入 AI 时代，用户使用搜索引擎时最高频的操作依然是输入 Query。但通过 Query 匹配搜索任务，Query 的设置和组合可能是最容易被人忽视的。这种搜索的经验做法较少有学者、教科书或资料详细展开阐述，往往归纳为搜索指令解读或一些冷门搜索引擎的神奇功能而已。那么修改 Query 包含哪些基本操作呢？我们通过表 3-2 进行分析。

表 3-2 修改 Query 的基本操作

操作	解释
减少或避免使用没有语义的字词	没有哪个作者会在网页里堆积一些没有语义的词汇
用英文同义词替换中文关键词	判断信息源自外网，那么使用英文同义词搜索，结果通常更多更准确
尝试使用直觉式的问题表述方式	通过百度搜索，在“百度知道”的答案中寻找解决此类问题的结果
注意“搜索提示”和“相关搜索”	搜索引擎会在输入时提示，或者在结果中给出搜索建议

其中“减少或避免使用没有语义的字词”和“尝试使用直觉式的问题表述方式”看起来似乎是矛盾的，但由于搜索引擎在自然语言处理方面的技术进步，以及类似“百度知道”这样拥有大量直觉式口语化的提问平台，使得我们在搜索很多日常琐碎的问题时，很容易在“百度知道”里找到答案或更理想的关键词。

（四）过滤

使用搜索指令或搜索工具对结果进行过滤。

我们常用的搜索引擎基本都提供了搜索指令或搜索工具，功能围绕各种筛选条件进行设置，差异不大。同一搜索引擎如百度，PC（台式电脑）网页版的搜索工具通常要比移动版的更多。无论是网页搜索还是图片或新闻搜索，这些搜索工具都非常实用，但往往因为隐藏在二级菜单中而容易被用户忽视。

三、应用信息搜索的技巧

搜索是随着互联网发展最先普及的一项应用服务。学会搜索，就是掌握一种连接各方面资源的能力，一种在联合多方面力量、考虑多种维度的情况下，提出问题、解决问题的思维能力。

随着互联网技术的发展，搜索引擎的功能越来越强大，数据挖掘技术越来越先进，网络搜索技能越来越简单，服务也越来越便民。但我们真的掌握了网络搜索技术了吗？还是仅仅形成“打开百度网页→输入关键词→百度一下”的行为习惯而已？怎样利用互联网海量资源和便民设计服务来满足教育教学上的需要？从问题到操作要经历一个怎样的思维过程？我们认为，教师需要掌握一些关键的技术，例如，利用海量的知识促进自己对问题的认识，对专业资料的深度阅读，对信息的筛选和甄别等。

（一）综合（通用）搜索

搜索引擎可以帮助我们在互联网上快速找到想要的相关信息，但它同时也会返回大量无关信息。再智能的搜索引擎也无法与人相比，从搜索引擎的工作原理和搜索实践情况可以看出，搜索引擎常常不能正确返回最相关、最权威、最有用的信息。检索质量不仅仅依赖于搜索工具的合理选用，还受制于使用者的检索行为习惯和检索技术的灵活应用。如果要有目的地去搜索，提高信息的准确度，那么就需要我们熟悉这些搜索指令，以便花尽可能少的时间找到需要的确切信息。

1. 基于布尔逻辑的搜索方法

搜索指令多是运用布尔逻辑运算处理检索词，然后由计算机进行相应逻辑运算，以找出所需信息。布尔逻辑运算符的作用是把检索词连接起来，构成一个逻辑检索式。

逻辑检索的基础是逻辑运算，逻辑运算有布尔逻辑运算的“与”“或”“非”，此外还有大于、小于、等于、不等于等运算。

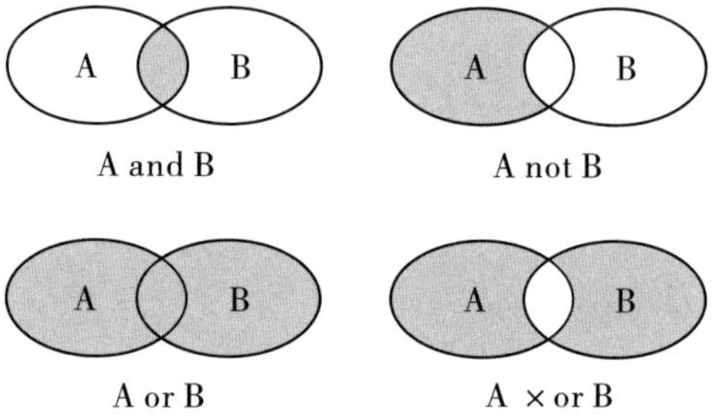

图 3-5　检索技术：布尔逻辑应用

（1）逻辑“与”。用“and”或“*”表示，用来组配不同的检索概念，是具有概念交叉和限定关系的一种逻辑组配，其含义是检出的记录必须同时含有所有用逻辑“与”连接的检索词。若两个检索词 A 和 B，以“A and B”或“A*B”表示，则被检中的信息必须同时含有 A 和 B 两个词。

例如，要求查找有关植物细胞和动物细胞的共同特点的文献，可以用下列逻辑式表示：“植物细胞 and 动物细胞”或“植物细胞 * 动物细胞”。

逻辑“与”连接的检索词越多，检索范围就越小，专指性就越强。逻辑“与”能起到缩小检索主题范围的作用，提高检索的准确率。

（2）逻辑“或”。用“or”或“+”表示，用来组配同义词、近义词、相关词等，是具有概念并列关系的一种逻辑组配，表示被检中的信息只需满足检索词的任意一个或同时包含两词。若两个检索词 A 和 B，以“A or B”或“A+B”表示，则被检中的记录有 A 或有 B，或 A、B 两个词都有。

例如，要求查找植物细胞或动物细胞方面的文献，可以用下列逻辑式表示："植物细胞 or 动物细胞"或"植物细胞 + 动物细胞"。

在实际检索中，逻辑"或"可以扩大检索范围，能避免漏检。

（3）逻辑"非"。用"not"或"–"表示，是具有概念删除关系的一种逻辑组配，可从原来检索范围中剔除一部分不需要的内容，即检出的记录中只能含有 not 算符前的检索词，不包含 not 算符后的检索词。若两个检索词 A 和 B，用逻辑"非"相连，以"A not B"或"A–B"表示，其含义是被检中的信息包含检索词 A 但不包含检索词 B。

例如，要求查找植物细胞的文献，而又不希望文献中出现动物细胞的主题，可以用下列逻辑式表示："植物细胞 not 动物细胞"或"植物细胞 – 动物细胞"。

逻辑"非"可以缩小检索范围，增强检索的专指度，提高检索的查准率。

（4）逻辑"异或"。用"×or"或"⊕"表示，用来组配同义词、近义词、相关词的同时，消除叠加性词条，是同时具有概念并列和删除的一种逻辑组配，表示被检中的记录只需满足检索词的任意一个但不能同时包含两词。若两个检索词 A 和 B，以"A ×or B"或"A ⊕ B"表示，则被检中的记录有 A 或有 B，但不能 A、B 两个词都有。

例如，要求查找植物细胞或动物细胞方面的文献，但不能两种细胞同时在文献中出现，可用下列逻辑式表示："植物细胞 ×or 动物细胞"或"植物细胞⊕动物细胞"。

在实际检索中，逻辑"异或"可以在有条件地扩大检索范围的同时，避免检索词出现交集。

2. 基于高频指令的搜索方法

互联网上的搜索引擎非常多，虽然各种搜索引擎的搜索指令都有各自的特点和要求，但原理是基本相通的，特别是高频指令的用法基本相同，下面以国内最常用的百度搜索引擎为例，讲解搜索引擎中常用的搜索指令。大家平时执行搜索任务时，可以通过多个搜索引擎进行比较并体会指令的效果，从而选出理想的搜索工具。（注：搜索反馈数据是实时动态变化的，本书案例中的数据仅供参考和比照。）

（1）把搜索范围限定在网页标题中。

把查询内容范围限定在网页标题中，有时能获得良好的效果。使用的方式是把查询内容中特别关键的部分用“intitle：”连接起来。例如，想查询细胞有丝分裂的相关文章，可以输入：“文章 intitle：细胞有丝分裂”。注意，“intitle：”和后面的关键词之间不要有空格。

通过“intitle：”标题过滤后搜索到的结果约为 1030 个，没有经过“intitle：”标题过滤搜索到的结果约为 5 900 000 个。

（2）把搜索范围限定在特定站点中。

有时候如果知道某个站点中有自己需要找的东西，就可以把搜索范围限定在这个站点中，提高查询效率。使用的方式是在查询内容的后面加上“site：站点域名”。例如，在知乎上查找关于基因与表达的内容，可以输入“基因与表达 site：zhihu.com”。注意，“site：”后面跟的站点域名不要带“http：//”；另外，“site：”和站点域名之间不要带空格。

（3）把搜索范围限定在 url 链接中。

网页 url 中的某些信息常常有某种特定含义，如果对搜索结果的 url 做某种限定，往往可以获得良好的效果。实现的方式是用“inurl：”，后跟需要在 url 中出现的关键词。

例如，通常生物专业网站的网址都带有“biology”字符串，我们希望在这些专业网站中查找关于光合作用的内容，可以输入“光合作用 inurl：biology”，查询串中的“光合作用”是可以出现在网页中的任何位置，但“biology”则必须出现在网页 url 中。注意，“inurl：”与后面所跟的关键词之间不要有空格。

（4）精确匹配——双引号和书名号。

如果输入的查询词很长，百度经过分析后给出的搜索结果中的查询词可能是拆分的，因此搜索结果中有很多不必要的信息。若想过滤掉一些不需要的信息，可以指令百度不得拆分查询词，即给查询词加上双引号。

例如，搜索“呼吸道的作用”，如果不加双引号，查询词被拆分，搜索出来的结果约有 19 200 000 个，但加上双引号后，搜索出来的结果约有 327 000 个，基本符合要求了。

书名号是百度独有的一种查询语法。在其他搜索引擎中，书名号往往被忽略，而在百度中书名号是可被查询的。加上书名号的查询词，有两层特殊功能：一是书名号会出现在搜索结果中；二是被书名号括起来的内容不会被拆分。书名号在某些情况下特别有效果。

例如，查一个名叫“细胞分裂”的游戏，如果不加书名号，很多情况下搜索出来的是生物学科的内容，而加上书名号后，搜索“《细胞分裂》”的结果就基本是关于游戏方面的了。

（5）要求搜索结果中同时包含或不含特定的查询词——“+”、“-”。

如果发现搜索结果中有某一类网页是不希望看见的，而且这些网页都包含特定的关键词，那么用减号语法就可以去除所有这些含有特定关键词的网页。

例如，搜索“激素调节”，原本希望是搜索关于激素调节方面的内容，却发现结果中有很多出自百度文库的信息，而你却想看看别的文库资料，那么就可以输入“激素调节 - 百度”。在没有过滤“百度”这一词时，搜索出来的结果约有 24 600 000 个，而过滤掉“百度”一词后，在界面看不到“百度”相关关键字，且搜索结果也缩减到约 357 000 个。

注意，前一个关键词和减号之间必须有空格，否则减号会被当成连字符处理而失去减号语法功能。减号与后一个关键词之间有无空格均可。

（6）专业文档搜索。

专业文档的搜索可以帮助用户指定查询某一类型的文件，如 pdf、doc、xls、ppt、rtf。例如，想找关于人类活动对生物圈的影响的 PPT 课件，如果直接搜索“人类活动对生物圈的影响”，会出现很多不需要的结果，这时可以使用关键字“filetype：”来缩小搜索范围，如输入“人类活动对生物圈的影响 filetype：ppt”。

（二）垂直搜索

垂直搜索引擎是与综合（或通用）搜索引擎相对的一个概念，是有针对性地为某一特定领域、某一特定人群或某一特定需求提供专门的信息检索服务，以满足用户个性化的信息需求。垂直搜索引擎也常常被称为专业搜索引擎或专题搜索引擎，是对专业特定的领域或行业的内容进行专业和深入的分析挖掘、过滤筛选，信息定位更为精准的专业搜索，实际上是搜索引擎的细分和延伸。垂直搜索引擎与通用搜索引擎最大的区别是：通用搜索引擎是面向所有用户的，而垂直搜索引擎是面向某一领域的用户，通常使用者或信息提供者都要注册成会员才能正常使用。如酒店、道路、公交、商店信息等生活搜索引擎，就极大地满足了用户的出行和旅游需求。

垂直搜索引擎的价值在于其占有的信息资源能否提供全面、权威的行业信息。能否最大限度拥有行业资源是垂直搜索引擎发展的关键。从某种意义上讲，行业门户网站是垂直搜索引擎“嫡亲的父母”。这些行业门户网站的内容来源和构建形式，大致分为官方专业数据库和自媒体两大类。根据搜索内容选取合适的行业门户网站进行垂直搜索，将大幅提高检索效率和质量[1]。

1. 基于专业平台的垂直搜索

选取拥有专业数据库的官方平台进行搜索的好处是信息来源相对可靠，质量有保证，能为广大学生、教师和科研人员的学习和研究提供丰富、权威的学术资源。但也正因为这些平台数据的权威性和相关知识产权协议，通常需要用户按次有偿使用，或者定期交纳一定费用，如中国知网、万方数据库、维普中文科技期刊数据库等。各类数据库的检索方法基本相似。

以中国知网为例，它有多种检索方式，如快速检索、标准检索、句子检索等。了解不同检索方式的优势和操作方法，有助于教师快速找到需要的文献资料。

2. 基于自媒体的资源搜索和获取

自媒体又称公民媒体或个人媒体，是指私人化、平民化、普泛化、自主化的传播者，以现代化、电子化的手段，向不特定的大多数或者特定的个人传递规范性及非规范性信息的新媒体的总称。美国新闻学会媒体中心于 2003 年 7 月发布了由谢因波曼与克里斯威理斯联合提出的“We Media（自媒体）”研究报告，并对“We Media”做了相关定义：“We Media 是普通大众经由数字科技强化、与全球知识体系相连之后，一种开

[1] 陈兰，金远平 . 基于本体的垂直搜索引擎研究 [J]. 计算机应用与软件，2009（11）：129-130.

始理解普通大众如何提供与分享他们自身的事实、新闻的途径。”简言之，即公民用以发布自己亲眼所见、亲耳所闻事件的载体，如博客、微博、微信、论坛等。

自媒体的社交特性使得自媒体信息的传播速度比官方媒体要快得多。由于用户数量庞大，每天都会产生大量流量，使得资源的更新速度非常快。但也因为这一原因，自媒体上信息种类繁多，内容参差不齐，在自媒体上选取资源的时候需要细心甄别，才能选出符合需求的信息。同时，用户通过自媒体平台互相关注，很容易形成自己的“朋友圈”和“资源库”，甚至能构建一个跨地域的学习共同体，只要能结合教学需求做好相关人员和内容的管理，自媒体将成为个人终身学习的有效途径。

（1）微信。

微信（WeChat）是腾讯公司推出的一个为智能终端提供即时通信服务的免费应用程序。微信公众号在 2012 年正式上线，到现在已经发展成为自媒体的一个重要集中场所。逐渐地，微信公众号成为人们碎片化学习的地方。

微信公众号现在已经是一个非常成熟的文章库，从中可以搜索到非常丰富的学习资源。我们只需打开微信，点击手机屏幕右上角的“+”，选择“添加好友”，在跳转后的页面中选择“公众号”，在输入框中输入关键字即可。

（2）微博。

微博（Weibo）是一种基于用户关系进行信息分享、传播、获取，通过关注机制分享简短实时信息的广播式社交媒体、网络平台。用户可以通过电脑、手机等多种终端接入，信息以文字、图片、视频等多媒体形式实现即时分享、传播互动。

在微博，信息获取具有很强的自主性、选择性，用户可以根据自己的兴趣偏好，依据对方发布内容的类别与质量来选择是否关注某用户，并可以对所关注的用户群进行分类。微博宣传的影响力具有很大弹性，与内容质量高度相关，其影响力基于用户现有的关注人数。用户发布信息的吸引力、新闻性越强，对该用户感兴趣、关注该用户的人数就越多，影响力越大。

自媒体的快速发展正是由于个人互联网的蓬勃发展，“大 V”一词成为如今在某领域有所作为的博主的标志。所谓“大 V”是指在新浪、腾讯、网易等微博平台上获得个人认证，拥有众多关注人数的微博用户。经过认证的微博用户，在微博昵称后都会附有类似于英文大写字母“V”的图标。“大 V”多是有一定知名度的学者或名人，其微博账号总有大批网民追踪，往往他们的一次转发就会使得一条微博迅速火起来，有人说这些“大 V”其实已经是半个媒体——他们时时引导着互联网上的言论和话题。

（3）博客。

博客（Blogger）的正式名称为网络日记，是使用特定的软件，在网络上发表个人文章，或者是通常由个人管理、不定期张贴和转载新的具有主题性或带有个人观点的文章的网站或平台。很多博客都提供丰富多彩的模板或其他个性化方案，这使得不同的博客各具特色。

博客文章的篇幅比微博大，微博最多允许用户发布 140 字 / 条的文字信息，而博客就比微博多得多，如新浪博客的字数上限为 1 万个汉字。目前很多人在博客上记录自己的工作或者生活，很多专业人士也把自己在专业领域里的成果写在博客上，一是可以存档记录，二是可以在互联网分享自己的研究成果。

新浪博客是大部分人接触比较多的博客平台，也是一个内容相对综合、全面的平台，使用新浪博客查找博文，最好是使用新浪搜索（http：//search.sina.com.cn/），它有一个博客专栏，方便用户搜索博客资源。

（4）哔哩哔哩（https：//www.bilibili.com）。

哔哩哔哩（简称“B 站”）现为国内领先的年轻人文化社区，有丰富的学习资源，其中英语、日语等语言学习在 B 站学习中占比较大，高考、研究生考试和各类职业技能相关内容也有很多。除了专业教育的视频，B 站原生内容更是从不同维度提供了学习资源。据 B 站数据显示，2018 年有近 2000 万人在 B 站学习，相当于当年高考人数的两倍。可见，B 站学习资源丰富。

（5）抖音。

抖音是一款可以拍短视频的音乐创意短视频社交类软件，起初是一个专注年轻人音乐短视频的社区平台，用户可以选择歌曲，配以短视频，形成自己的作品。用户可以通过拍摄快慢、视频编辑、特效等技术让视频更具创造性。随着用户数量的上涨，软件的定位也不再局限于音乐创意视频，很多用户把抖音作为一种推广手段，形成以自己为主体的自媒体。有相当一部分用户在抖音上上传一些学习类的短视频，供其他关注的用户进行碎片化学习。

例如，用户可以在抖音上搜索高中生物知识点，在“综合”里可以搜到很全面的信息，也可以根据“视频”“用户”“音乐”“话题”“地点”来分类查找。

抖音上还有非常多的教学视频。例如用户在“视频”类别中搜索“免疫细胞”，可以搜索到非常多的相关视频，这些视频可以很好地帮助用户理解免疫细胞的有关知识。抖音平台上的短视频非常容易获取，软件自带保存到本地和分享的功能，可以把视频保存到手机，再通过其他软件发送到个人电脑上。

第二节　处理数字多媒体素材的能力

数字多媒体包括了图像、文字、音频、视频等各种形式，以及传播形式和传播内容中采用数字化，即信息的采集、存取、加工和分发的数字化过程。[1]

数字多媒体可按不同的分类方法分成很多种类。按时间属性分，数字多媒体可分成静止媒体和连续媒体。静止媒体是指内容不会随着时间变化的数字多媒体，比如文本和图片。连续媒体是指内容随着时间变化的数字多媒体，比如音频和视频。按来源属性分，则可分成自然媒体和合成媒体。自然媒体是指客观世界存在的景物、声音等，经过专门的设备进行数字化和编码处理之后得到的数字多媒体，比如数码相机拍的照片。合成媒体则是指以智能设备（如计算机、手机）为工具，采用特定符号、语言或算法

[1] 刘智 . 浅谈数字媒体技术 [J]. 科技信息，2010（28）：251.

表示的，由智能设备生成（合成）的文本、音乐、语音、图像和动画等，比如用 3D 制作软件制作出来的动画角色。

本书中，处理数字多媒体素材的能力指的是将线下的事物数字化，或对各种数字素材再编辑后转移至线上的能力。教师在开展多媒体教学过程中，无论是做课件还是录制微课，都离不开各种媒体的数字化加工处理。例如，将教材上的文字或图片扫描识别，将教学过程拍成视频，或是将人体建成 3D 模型等，都是对现实世界进行某种数字化处理的过程。处理数字多媒体素材的能力是信息技术能力的重要组成。

对于日常教学工作来说，数字多媒体处理技术包括文本素材的处理、图像素材的处理、视频素材的处理和素材格式的转化。熟练掌握这些技术，是中学生物学教师开展融合实践的有力支持。

一、文本素材的处理

（一）文字识别

在日常工作和教学中，教师可能会遇到一些篇幅较长的文案无法直接复制粘贴，或者是文档的内容过多，想一边做其他事情一边了解文档里的内容，这时可以使用计算机来辅助完成。例如，使用 OCR（Optical Character Recognition）技术来获取无法直接复制的文字，用文字播报来播放文档里的文字内容。

OCR 技术是通过扫描等光学输入方式将各种报刊、书籍、文稿及其他印刷品的文字转化为图像信息，再利用文字识别技术将图像信息转化为文字信息的计算机输入技术。

OCR 技术不仅可以自动判断、拆分、识别和还原各种通用型印刷体表格，在表格理解上做出令人满意的实用结果，还能够自动分析文稿的版面布局，自动分栏，判断出标题、横栏、图像、表格等，并判定识别顺序，将识别结果还原成与扫描文稿的版面布局一致的新文本。表格自动录入技术，可自动识别特定表格的印刷体汉字、字母、数字，可识别手写体汉字、字母、数字及多种符号，并按表格格式输出。

在软件市场上有非常多的 OCR 软件。通过引入云技术和人工智能，相对过往自带识别库的单机版 OCR 软件，现在的 OCR 软件变得越来越轻巧和智能，识别率也越来越高。例如，天若 OCR 文字识别软件（官网 http：//ocr.tianruo.net/），不仅能图文识别、机器朗读，还能调用包括百度、腾讯、搜狗、有道等提供的文字识别 API（Application Programming Interface，应用程序接口）来辅助工作。API 是一些预先定义的函数，或指软件系统不同组成部分衔接的约定，目的是提供应用程序与开发人员基于某软件或硬件得以访问一组例程的能力，无须访问源码或理解内部工作机制的细节。提供 API 所定义的功能的软件称作此 API 的实现。我们可以简单地把它理解为一种接口或第三方工具，辅助用户完成特定需求的功能服务。

（二）文字语音的置换

利用信息技术可以实现文本和语音的相互转化。将文本转化成语音，对教师而言，不仅是一种随时可以进行的学习方式，同时也是在开发教学资源时一种常用的信息技术。例如，利用百度的 AI 开放平台（官网 http：//ai.baidu.com/）录制微课的录音。该平台提供了语音合成功能，不仅能调节语速、音调、音量，还能使用“精品音库”，自行选择各种人工智能合成音库进行朗读，机器朗读时甚至带有一定的语感和情感。教师可以根据自己的教学需求来选择，非常适合发音不准或有口音的教师做课件配音时使用。

二、图像素材的处理

图像作为人类感知世界的视觉基础，是人类获取信息、表达信息和传递信息的重要手段。数字图像处理（Digital Image Processing）是通过计算机对图像进行去除噪声、增强、复原、分割、提取特征等处理的方法和技术。

在日常教学应用中，教师需要使用大量图片素材让学生更好地理解所学知识，其中就涉及对图片的选取和处理。除了自行扫描图片或拍照，大部分教学图片素材源自网络，但是并非网络上的图片都符合教师在课堂上使用的要求，所以往往需要对图片进行后期处理，如图片裁剪、图片元素的分解和合成、图片压缩等。

现在用于处理图片的软件非常多，按专业和业余两种风格来选择，代表软件分别有 Photoshop 和光影魔术手。

Photoshop 功能很强大，应用范围很广，流行时间也很长，是世界著名的专业数字多媒体处理 Adobe 系统公司（Adobe Systems Incorporated）旗下一款极具代表性的产品，深受专业制图工作者喜爱。另外，Photoshop 有海量的插件，这些插件可以让 Photoshop 快速处理照片，而且更方便，特别是结合 Photoshop“运作”和“批处理”两个核心功能，让普通“小白”也能一步步地模仿“大神”操作，这些都是光影魔术手等软件无法实现的。除了处理照片，Photoshop 还可以做专业设计、图片美化、混合排版等，特别是对高清大尺寸图片的处理和排版。

光影魔术手（以下简称“光影”）针对非专业制图用户群体，在功能的丰富性和操作简易性之间做了平衡，是一款针对图像画质进行改善及效果提升处理的软件。它简单易用，不需要非常专业的图像处理技术就可以制作出专业摄影的色彩效果，且其批量处理功能非常强大，是摄影作品后期处理、图片快速美化、数码照片冲印整理时常用的图像处理软件，能够满足大部分人照片后期处理的需要。比如照片处理功能，最基本的调色调、色阶、饱和度、曲线等，光影都能做到，还有一些常用的特殊效果，比如实景转素描、油画等功能，光影都有出色的表现。

由于两款软件都各有自己的特点和定位，若只是简单地做些图片效果供别人查看，或快速制作课件插图，那么用光影来处理更简单快捷。

举例：应用光影魔术手从素材图片中将番木瓜进行抠图，并添加标注说明。

第一步：打开图片，点击菜单中的“抠图”功能，选择“自动抠图”（如图 3-6）。

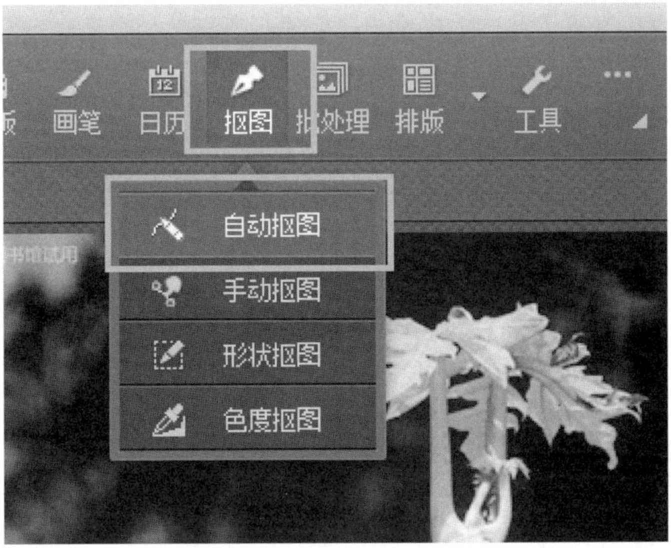

图 3-6　选择“自动抠图”

第二步：在“自动抠图”界面的右边有“选中笔”与“删除笔”两种画笔可供选择。用“选中笔”在要选取的区域上划线，用“删除笔”在不需要的区域上划线（如图 3-7）。

图 3-7　“选中笔”与“删除笔”

第三步：点击下方“替换背景”按钮，可将背景设置为“透明”“图片背景”“纯色背景”，设置好后即可保存图片（如图 3-8）。保存透明背景图片时，文件类型必须为 PNG 格式。

图 3-8　替换背景

第四步：添加标注。点击“画笔”功能后，界面右方显示“画笔工具”，我们可以选择对应的工具，并设置好颜色、线宽、透明度、字体等参数，在图片上添加内容（如图 3-9）。

图 3-9　添加标注

三、视频素材的处理

视频素材也是中学生物学教学中最常用的教学资源之一。熟练掌握视频录制、视频剪辑的技术，是教师必备的信息技术能力之一。

（一）在线录制视频

在工作或学习中，我们经常遇到以下一些问题：

网络课程已经快要到期了，但是你还没学习完，怎么办？

某个软件操作过程复杂，如何手把手地教会学生操作使用？

……

遇到类似情况，我们只要选择合适的屏幕录像工具，就可以把电脑、甚至手机屏幕中显示的内容和播放的声音录制成可编辑、可复制的视频文件。目前录屏软件很多，教师根据操作系统、自己的工作习惯和功能需求选择即可。下面介绍的 Apowersoft 软件可为用户提供日常生活和工作中诸如录屏、音视频处理、多媒体转换、移动数据传输、管理、恢复等操作的工具及客服支持。

Apowersoft（官网 https：//www.apowersoft.cn）是一款绿色免费且无须注册及安装客户端的在线录屏软件。用户只需在第一次使用时按照浏览器提示安装一个启动器插件就可以在线录屏了。录屏过程中画面及声音同步，输入音频可以选择系统声音、麦克风声音、系统及麦克风混音三种。它突破传统录屏软件只有单一录屏功能的限制，增加了视频编辑小组件，极大地方便了录制视频的后期处理。至于视频的录制区域，它也能随用户的习惯提供自定义、全屏、围绕鼠标、摄像头等四种模式。此外，也可选择只录制声音，这样就可以直接提取视频中的音频。

Apowersoft 录屏软件另有“安卓录屏王”“苹果录屏王”两款客户端版本。客户端增添了内置的视频格式转换器，能够实现 WMV、AVI、MP4、MOV、MKV、FLV、MPEG、VOB、WEBM 等格式的快速转换。同时，它也附带视频编辑功能，可以对录好的视频进行截取、裁剪，还可以对特效、字幕等进行编辑，使原本单一的视频内容更加丰富多彩。

Apowersoft 免费在线录屏操作非常简单，因为只是一款页面应用，用户只需在网页中开启应用，就可录制电脑屏幕中的一切活动，诸如个人演示、教学视频、即时聊天、电竞游戏、在线视频等。与其他产品不同的是，这款免费在线录屏软件对录制时长是没有限制的，无论是十分钟的小短片，还是几个小时的长影片，都可以满足用户需求。

Apowersoft 免费在线录屏的基本操作如下：首先，点击“开始录制”按钮以启动在线录屏软件；其次，确认录制模式及选取录制区域即可开启录屏；最后，将视频保存到本地文件夹或上传到视频分享平台。

Apowersoft 能够在同步录制画面时选择声音来源，即用户可以在录制电脑屏幕活动的同时加入系统或麦克风中的声音（如图 3-10）。另外软件支持画中画效果任意录制，内置的摄像头录制功能能够导入多种摄像头聊天窗口，如 Skype、QQ、网络会议活动窗口等。此外，也可以根据需要自由调节摄像头画面大小。这个功能非常适合教师制作混合型微课时使用：个人演示 PPT 课件的同时，叠加摄像头拍摄的画面，让微课更生动、更富感染力。

图 3-10　Apowersoft 免费在线录屏选择声音来源

Apowersoft 支持输出的格式非常多，可以导出 WMV、AVI、MP4、MOV、FLV、MPEG、VOB、ASF、GIF 等格式文件。用户不仅能将导出的视频轻松下载至便携设备中观看，还能将视频上传到云端与同事、朋友在社交网络中分享，非常适合在各种主流终端设备或视频应用场景中使用。

（二）视频的编辑

教师在制作教学课件时，经常需要把多段视频和音频素材合成在一起使用，或者通过摄像机自行拍摄一些视频素材，再导入计算机进行编辑。对于这种情况，一般学科教师由于缺乏专业设备或不熟悉专业软件操作，通常需要信息教师协作处理。信息教师经常使用传统 PC 平台中较为专业的编辑软件，应用较广泛的有 Adobe Premiere，会声会影（Corel VideoStudio）等。

1.Adobe Premiere

Adobe Premiere 提供了采集、剪辑、调色、美化音频、字幕添加、输出、DVD 刻录的一整套流程操作，Premiere Pro 增强版还可与其他应用程序（包括 After Effects、Adobe Audition 和 Adobe Stock）无缝协作。用户可以从 After Effects 打开动态图形模板，从 Adobe Stock 自定义一个模板，或者与数百个第三方扩展高效集成。

2. 会声会影

会声会影虽然面向家庭用户，但却具有专业级的图像抓取和编修功能，并提供超过 100 多种的编制功能与效果。该软件还具有成批转换功能与捕获格式完整的特点，可导出多种常见的视频格式，适合大众使用。

会声会影有完整的影片编辑流程解决方案，主要特点是界面简洁明快，操作简单易懂。影片制作过程采用向导模式，只要按提示的几个简单步骤就可快速导出 DV 影片，入门新手也可以在短时间内体验影片剪辑的快乐。同时会声会影的编辑模式从捕获、剪接、转场、特效、覆叠、字幕、配乐到刻录，各流程环节都能提示用户操作，满足一般家庭或个人影片剪辑所需。

3. 快剪辑

上述两款软件功能强大，专业性强，适合有一定视频编辑基础的用户使用。随着近年手持智能终端拍摄功能的不断升级以及各种短视频平台的崛起，视频剪辑软件的种类也越来越多，涌现出很多轻量级的，适合多平台、多终端，特别是适合移动智能终端使用的视频编辑 APP，包括爱剪辑、小影、抖音等。用户不需要有视频剪辑的基础，不用理解“时间线”“非编”等专业词汇。这些 APP 拥有更多人性化的操作体验，精彩炫目的创作特效，更快速稳定的影片生成，让人人都能轻松成为剪辑师。

下面介绍一款国内目前比较主流的视频剪辑软件——快剪辑。快剪辑功能非常丰富，如支持录制全网视频、视频合成等，其中最大的特点就是免费使用。快剪辑的推出大大降低短视频制作门槛，提高用户视频制作效率。另外，快剪辑也对应推出手机版 APP，为适应移动终端触屏操作的特点，移动端相比电脑端更加简洁明了，另外还有非常多的编辑教程供用户随时学习。

（三）视频格式转换

在制作课件或微课的时候，经常需要调用各种格式的素材。以视频为例，教师的素材有的来自网站下载，有的来自在线视频，有的来自光盘拷贝，有的来自摄像机导出。若没有根据应用场合做出适当处理，使用时往往不能正常调用。为什么会这样呢？下面引入三个关于视频文件格式的概念方便大家理解。

（1）视频文件格式（简称“文件格式”）。我们知道 Windows 系统中的文件名都有后缀，例如 AA.doc，BB.wps，CC.psd 等。Windows 设置后缀名的目的是让系统中的应用程序识别并关联这些文件。当用户双击不同后缀的文件时会由系统自动关联的应用程序打开。例如双击 AA.doc 文件，系统会让 Microsoft Office 去打开，而不会用 Photoshop 去打开。所以常见的视频文件格式如 DD.avi，EE.mpg，都叫作视频的文件格式，由电脑上安装的视频播放器关联后打开。

（2）视频封装格式（简称“视频格式”）。AVI、MPEG、VOB 是视频封装格式，相当于一种储存视频信息的容器，它是由相应的公司开发出来的。如电脑上看到的 AA.avi，BB.mpg，CC.vob，这些视频文件格式的后缀名，就是代表相应的视频封装格式的名称。

（3）视频编码方式（简称“视频编码”）。所谓视频编码方式是指能够对数字视频进行压缩或者解压缩（视频解码）的程序或者设备。为节约存储空间，通常这种压缩属于有损数据压缩，即压缩后的文件只能尽可能地模拟原视频效果。因为每种格式都有特定的编码算法，所以视频文件可以在不同格式中转换。

大多数情况下，文件的后缀名就是封装格式的名称。封装格式不影响视频画质，它只负责把内部的视频轨和音频轨集成在一起，只起到一个文件夹（或者压缩包）的作用，并没有对视频轨和音频轨造成影响。封装格式也称多媒体容器，它只是为多媒体编码提供了一个外壳，也就是将所有处理好的视频、音频或字幕都包装到一个文件容器内呈现给观众，这个包装的过程就叫封装（如图 3-11）。

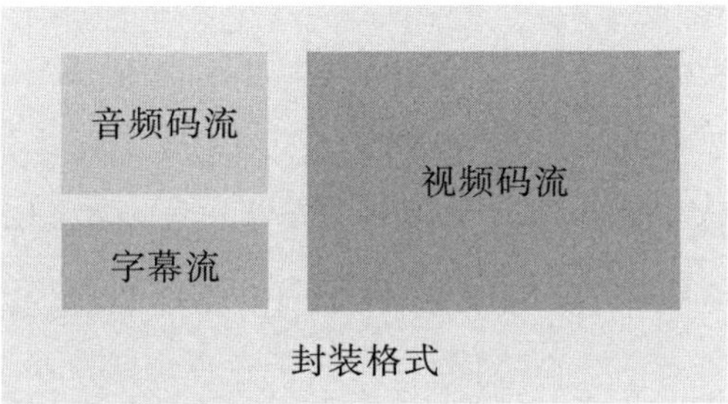

图 3-11　封装格式

即使是同一种视频文件格式，如 *.mpg，又分为 mpeg-1、mpeg-2、mpeg-4 几种不同的视频封装格式[1]；就算是同一种视频封装格式，如 mpeg-4，也可以使用多种视频编码方式。视频的编码形式才是一个视频文件的本质所在。但由于不是每位课件或微课操作者都是专业的媒体加工人员，他们使用的计算机通常只安装使用频率较高的媒体关联软件，因此，当要对不常用的格式媒体或不同编码规则的媒体进行编辑处理的时候，往往需要统一进行格式转换以方便后期整合工作。

这里介绍一个转换工具——格式工厂。

格式工厂主要功能：支持几乎所有类型多媒体格式；转换过程中可以修复某些意外损坏的视频文件；多媒体文件“减肥”或“增肥”（注：依

[1] 辛齐 . 多媒体视频文件格式研究与应用 [J]. 数码世界，2017（7）：76.

据使用者的情况来“减肥”或“增肥”，大多数“增肥”是为了提高视频的清晰度、帧率等）；支持 iPhone/iPod/PSP 等终端常用的几种媒体格式；转换图片文件时支持缩放、旋转、水印等功能；DVD 视频抓取功能，轻松备份 DVD 到本地硬盘；支持 62 种国家语言。

格式工厂的运行界面非常直观，其菜单分为视频、音频、图片、文档、光驱设备 \DVD\CD\ISO 和工具集等，方便用户快速选择需转换的媒体。

第三节　开发数字化教学资源的能力

开发数字化教学资源的能力指的是根据中学生物学特点、教与学的需求，综合运用数字多媒体素材处理技术，自主开发数字化教学资源以实现信息技术与学科教学融合的基础能力。本节主要介绍两种数字化教学资源的开发技术，包括最常用的 PPT 课件，以及当前热点的微课。

一、PPT 课件的制作

相信多数教师都是用 PowerPoint（以下简称 PPT）来制作课件。设计制作 PPT 课件的时候，首先要做的工作就是把需要展示的内容进行整理总结，找出内容之间的逻辑关系。其次根据内容的重点确定主题元素，使用文字进行解释说明的就用文字表达，使用图片更容易理解的就选择粘贴图片，使用表格能够使得数据更有条理就制作表格，使用图形能突出重点就绘制图形，使用动画更加准确表达含义就使用相应的动画。最后按照统一的风格进行排版布局。在这个过程中，教师要对大量的文字、图表等素材进行排版，PPT 插件可以提供较高效的支持。

PPT 插件是指嵌入 PPT 菜单内的第三方小工具，能为用户制作 PPT 时提供更多的便捷功能。常见插件如 PPT 动画大师、OneKey Tools、PPT 美化大师、iSlide 等，均有丰富的素材和一键特效服务，非常实用。以 OneKey Tools 为例，它是一款免费开源的 PPT 插件，不仅支持 Win10 系统的 PPT，还支持 WPS，兼容性非常高。OneKey Tools 以其强大的图形处理功能著称，按组别支持三维复制、图片混合、一键特效等功能，其中的“文档组”甚至支持音频录制、编辑，非常实用（如图 3-12）。

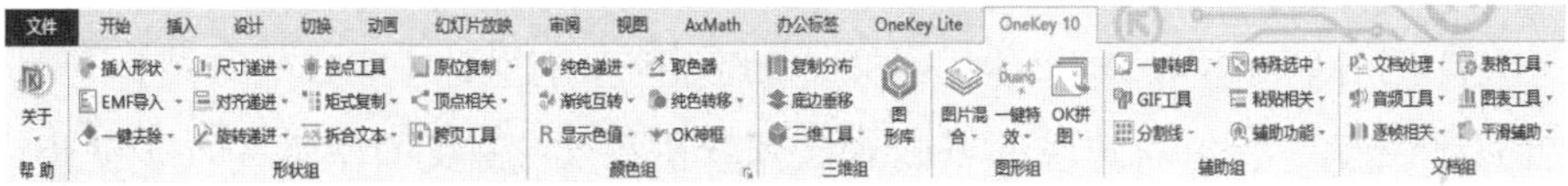

图 3-12　OneKey Tools 功能菜单

另外，会使用 PowerPoint 备课、授课的教师很多，但能快速做出一个优质课件的教师却不多。这是因为在课件制作过程中，教师们常常要根据课程大纲和教材选择和配制影片、图片、动画、声音等素材，而现成的教学资源和授课工具却很少，所以怎样快速灵活地选择和用好这些素材，是课件制作高效的关键。其中，最麻烦的是教学设计及教学素材的收集与整理，如果有现成的、规范的、配套的材料备用，那教师们制作课件时就会轻松多了。国产软件“101 教育 PPT”（官网 https：//ppt.101.com）就是一款既有丰富的课件资源，又有独特的教学工具，还能提供教案帮助教师简单轻松备课、授课的教学软件。它支持智能资源匹配，辅助工具以及手机控制课件等功能，同时还拥有跨领域的多元优质 3D、VR 内容资源，可以尽力为学生创设接近真实的学习环境。

“101 教育 PPT”还有很多实用的功能。例如，它的新建习题功能，几乎包含了所有习题的类型，既有单选、多选、填空、连线等常见习题，也有思维导图、篇章发音题、元素组合题等很新颖的习题。又如，软件还有配套的移动端“101 教育 PPT”，教师可以通过手机实时掌控课堂，做到讲台讲授、课堂巡查两兼顾，特别是使用手机连接功能，能快速拍下学生作答情况的照片并将其一键上传到屏幕上，进行案例分析，大大提高了教学效率。总的来说，“101 教育 PPT”是一款非常优秀、实用的 PPT 辅助软件，能节省教师们课件制作的时间，提高备课效率和质量。

二、微课资源的开发

近年来随着多媒体技术发展及移动互联网普及，微课在我国逐渐流行起来。微课既是教师辅助学生的一种教学方法，也是学生利用碎片化时间进行自主学习的一种方式，其教学理念以人的认知特性作为科学依据，有着巨大的研究和应用潜力。

国内外有很多专家和学者对微课的制作进行过不同方式的阐述，但是当前还没有一个明确的说法可以对该概念进行界定。我国学者胡铁生认为，微课是以简短视频为主进行的一种教学方式，以某一个教学重点或者教学难点为例展开设计的一种微视频的教学模式[1]。焦建利和黎加厚对微课的界定是：微课是一种针对某一个知识点而设计的一个 10 分钟以内的教学视频。微课的核心组成内容是课堂教学视频（课例片段），同时还包含与该教学主题相关的教学设计、素材课件、教学反思、练习测试及学生反馈、教师点评等辅助性教学资源，它们以一定的组织关系和呈现方式共同营造了一个半结构化、主题式的资源单元应用小环境。一词以蔽之，微课就是“短小精悍”：短，时间短；小，容量小，只针对某一重点、难点或知识点；精，内容精选；悍，应用面广。微课符合学习者注意力规律，适合随时随地学习[2]。

（一）微课的特点

1. 教学时间较短

教学视频是微课的核心组成内容。根据中小学生的认知特点和学习规律，微课的时长一般为 5 ～ 8 分钟，最长不宜超过 10 分钟。因此，相对于传统的 40 或 45 分钟的一节课的教学课例来说，微课可以称为“课例片段”或“微课例”。

2. 教学内容较少

相对于较宽泛的传统课堂，微课的问题聚集，主题突出。微课主要是为了突出课堂教学中某个知识点（如教学中重点、难点、疑点内容）的教学，或是反映课堂中某个教学环节、教学主题的教与学活动，相对于传统的一节课要完成众多复杂的教学内容，微课的内容更加精简，因此又可以

[1] 胡铁生．“微课”：区域教育信息资源发展的新趋势 [J]. 电化教育研究，2011（10）：61-65.

[2] 洪慧娟．“短小精悍”：论微课设计与制作 [J]. 智库时代，2019（49）：276-277.

称为“微课堂”。

3. 资源容量较小

从容量大小上来说，微课视频及配套辅助资源的总容量一般在几十兆字节左右，视频格式须是支持网络在线播放的流媒体格式（如 RM，WMV，FLV 等）。师生可流畅地在线观摩课例，查看教案、课件等辅助资源，也可灵活方便地将其下载到终端设备（如笔记本电脑、手机等）上实现移动学习。微课非常适合教师的观摩、评课、反思和研究。

4. 资源组成 / 结构 / 构成情景化，资源使用方便

微课选取的教学内容一般要求主题突出、指向明确、相对完整。微课以教学视频片段为主线整合教学设计（包括教案或学案），并将课堂教学时使用到的多媒体素材和课件、教师课后的教学反思、学生的反馈意见及学科专家的文字点评等相关教学资源组合成一个主题鲜明、类型多样、结构紧凑的主题单元资源包，营造了一个真实的微教学资源环境。这使得微课资源具有视频教学案例的特征。广大学生在这种真实、具体、典型案例化的教与学情景中易于实现隐性知识、默会知识等的学习，提高学生学业水平。教师能实现教学观念、技能、风格的模仿、迁移和提升，从而迅速提升课堂教学水平，促进教师的专业成长。就学校教育而言，微课不仅是教师和学生的重要教育资源，也构成了学校教学模式改革的基础。

5. 主题突出、内容具体

一门课程就一个主题，或者说一门课程一个事件。研究的问题来源于教育教学实践中的具体问题：或是生活思考，或是教学反思，或是难点突破，或是重点强调，或是学习策略、教学方法、教育教学观点等。

6. 草根研究、趣味创作

正因为课程内容的微小，所以，人人都可以成为课程的研发者。正因为课程的使用对象是教师和学生，课程研发的目的是将教学内容、教学目标、教学手段紧密地联系起来，是为了教学所用，而不是去验证理论、推演理论，所以，决定了研发内容一定是教师自己熟悉的、感兴趣的、有能力解决的问题。

7. 成果简化、多样传播

因为内容具体、主题突出，所以，研究内容容易表达，研究成果容易转化；因为课程容量微小、用时短，所以，传播形式多样（短视频平台传播、微博讨论）。

8. 反馈及时、针对性强

由于微课是在较短的时间内集中开展线上学习活动，因此教师能及时听到他人对自己教学行为的评价，获得反馈信息。较之常态的听课、评课活动，微课“现炒现卖”，具有即时性。由于是课前的学习“预演”，人人参与、互相学习、互相帮助、共同提高，因此在一定程度上减轻了教师的心理压力。

（二）微课的类型

1. 拍摄型微课

拍摄型微课是较为普遍的微课制作方式之一，教师根据不同的教学主题选择不同的拍摄工具进行微课拍摄。拍摄型微课制作的方式包括录播室录制和拍摄器材录制。录播室录制可以将教室内授课教师的画面、多媒体课件、学生反应等通过摄像机、拾音器等设备完整的录制下来，并生成视频课件。教师只需要了解基本的录播系统设置，便可利用录播系统来进行微课录制。这种类型的微课操作简单，但对录播室的要求较高。一般情况下教师可以针对某个主题进行详细的教学设计，利用黑板、白板展开教学，再使用一些便捷的拍摄器材如智能手机、数码相机来进行拍摄录制，最后根据需要对视频进行后期剪辑和美化。这类微课视频对录制方式有一定的要求，拍摄镜头的清晰度、拍摄者水平以及讲授者干扰都直接影响着微课视频的质量。

2. 录屏型微课

录屏型微课即把计算机屏幕上所呈现的内容录制下来，制成一段视频。这类微课的制作较为简单，稍加培训教师便可独立完成。教师在进行微课制作之前需要确定好教学主题和所需的多媒体素材，目前最常用的课件制作软件是微软公司的 PowerPoint 演示文稿。教师的课件是录屏型微课最主要的呈现内容，因此课件的制作水平直接决定了微课的质量。完成课件制作后，教师需要在电脑上安装录屏软件来录制课件的内容，并在录制的过程中通过麦克风、画图软件等进行演示讲解，以使教学过程更加有趣、生动，录制结束后合成音视频完成微课制作。

3. 混合型微课

混合型微课制作是将多种方法相结合，灵活地使用拍摄剪辑、屏幕录制等方法进行微课视频的制作。一些教师为使视频更加丰富，通过软件合成的方式制作动画。相关软件包括 Flash、几何动画、Maya 等。同时，教师还可以结合虚拟抠像技术、三维动画制作等多种技术手段，使微课视频更加生动有趣。

以上三种微课的制作虽各有其优缺点，但录屏型微课操作便捷，能够实现教师在有限的条件下高效率地制作出精美的微课。对于生物学科来说，由于内容庞杂，重点及难点多，学生在上课时常常不能很好地理解和掌握教师所讲的知识点，因而部分学生产生畏难心理，从而失去学习兴趣。微课能很好地配合课堂教学，是一种非常好的辅助教学手段。[1]

（三）微课开发的一般流程

1. 选择要讲的知识点，尽量选择热门的考点、难点，明确微课受众，并将知识点按照一定逻辑分成多个小知识点，做成 PPT。

2. 准备好录课设备（电脑、摄像头、麦克风），开始录制微课。

3. 后期制作。

4. 选择平台发布微课和相关课件资源。有些在线教学平台还支持线上互动环节，教师可相应增加一些答题、调查统计、问答反馈等环节。

（四）微课开发的工具

针对录屏型微课的制作，除了之前介绍的 Apowersoft 免费在线录屏软件外，EV 录屏软件也是一款非常实用的电脑录屏软件，因为除传统的录屏功能外，它还支持在线直播、画中画等强大功能，特别是注册会员后，还可以实现更多增值应用服务。

[1] 高红，史冬梅 . 微课及微课制作探析 [J]. 中国市场，2016（25）：150-151.

1. 功能

（1）添加“文字水印”和“图片水印”。

（2）支持“录制存盘”和“本地直播”。

（3）支持“定时录制”，能够设置单次录制时长，也可以设定某一次录制开始的时间。

（4）支持“一键启动流媒体服务器”，可以在会议室或课堂、机房快速分享桌面，观众只需点击链接或是扫描二维码即可观看。

（5）支持“麦克风”“仅系统音”等多种音频录制。

（6）支持桌面“任意选区”录制与“全屏”录制。

（7）支持嵌入摄像头，可开启悬浮。

（8）可以在软件内直播，实现同时多路推流。

（9）支持“场景编辑”。

（10）支持“分屏录制”，能够同时录到图片、摄像头、桌面。

（11）支持“桌面画板”功能。

（12）支持定制开发（收费服务），满足用户个性化需求。

2. 操作流程

图 3-13　EV 录屏软件操作流程

（1）选择要使用的录制模式（本地录制、在线直播）。

（2）录制区域（全屏录制、选区录制、只录摄像头、不录视频）。

（3）录制音频（仅录系统音、仅录麦克风音、同时录系统音和麦克风音、不录音频）。

（4）辅助工具：部分功能需要注册会员使用。

（5）开始 / 结束录制。

3. 特色应用场景

（1）特色应用 1：摄像头录制与嵌入摄像头制作。

摄像头录制：这种录制模式会单独录制摄像头拍摄画面，不会录制电脑桌面。此时需要电脑的摄像头或者外接设备的摄像头是完好能用的，最终生成的视频只会记录出现在摄像头里的内容。应用场景：教师在讲台上利用黑板授课时，可以通过摄像头录制。

嵌入摄像头录制：在已有画面的基础上叠加一个摄像头画面，主要实现的是电脑桌面内容与摄像头内容同时记录在最后生成的视频中。如图 3-14，嵌入后，摄像头会在预览区生成一个图层，可以自行调整该图层的宽、高等参数，在视频录制的过程中，会同时记录电脑桌面和摄像头拍摄的画面内容。应用场景：教师在讲解 PPT 的时候，右下角出现自己讲课的画面，让授课更生动。

图 3-14　嵌入摄像头录制

EV 录屏提供了便捷的图层操作，录制桌面的同时能叠加多路摄像头，还可以任意调整摄像头画面图层的位置和尺寸。

（2）特色应用 2：双屏录制。

现在很多电脑都支持一台电脑接多台显示器，分屏录制是指有主副两个屏幕时，能够同时录制两个屏幕上的内容。

选区录制：在双屏状态下，可以通过“选区录制”拖动鼠标来框选录制区域。

图 3-15　EV 录屏软件双屏录制

如图 3-15 所示，如果是希望两个屏都录到，首先选择“选区录制”，然后按住鼠标不放从左屏幕拖到另一个屏幕，直到选区框到达合适的位置，点击“开始”按钮或使用快捷键开始录制即可。

4. 软件设置和录屏参数解析

图 3-16　EV 录屏软件的软件设置和录屏参数解析

（1）录屏设置。

视频帧率（fps）：视频画面每秒内采集到的画面数量，数值越大，每秒内采集到的画面数量越多，视频越流畅，同时对 CPU 的消耗也越大。因为一般微课讲学画面内容变化不大，建议录制讲学视频时视频帧率设为 7 ～ 10 fps，生成的微课视频能很好地兼顾流畅度和容量大小。

音频码率：单位时间内音频的数据流量，输出码率越大音质越好。

音频采样率：单位时间内的音频数据采样频率，采样率越大音质越好。

编码级别：编码级别越快，画质越差，CPU 消耗越小。

画质级别：从第 1 级原画到第 6 级一般，清晰度依次降低，文件大小也相应减小。

保存文件格式：录屏结束后软件会自动生成文件名，格式为“年 . 月 . 日 . 时 . 分 . 秒”，录制格式目前支持 MP4，FLV，AVI（AVI 格式在程序异常退出时，视频也能正常播放）。

窗口穿透：Win7 系统以上且带 areo 效果的系统才支持，录制时软件自身窗口不会被录进去，QQ 窗口也不会被录进去。

开始录制倒计时：延迟几秒开始录制，由设置的数值决定。

保存到文件夹：录制视频的保存位置。

更改目录：更改录制视频的保存位置。

打开文件夹：打开保存录制视频所在的文件夹。

（2）直播设置。

图 3-17　EV 录屏软件的直播设置

串流地址：到进行直播的平台获取。每次直播完，都需要重新获取，平台每次推流地址都不一样。

视频码率：数值越大画面越清晰。可依据自身网络状况自行调整，如果太高，则会导致直播画面卡顿，太低则画面模糊，一般按默认值选取，视情况微调。

原画：如果网速不够快，此项建议不要勾选。

地址密钥：和串流地址是一起的，平台用来校验直播地址的合法性。

同时保存直播视频：如果勾选，则直播过程会同步保存到本地。

视频帧率（fps）：视频画面每秒内采集到的画面数量，数值越大，每秒内采集到的画面数量越多，视频越流畅，同时对 CPU 的消耗也越大。

音频码率：单位时间内音频的数据流量，输出码率越大音质越好。

音频采样率：单位时间内的音频数据采样频率，采样率越大音质越好。

关键帧间距：数值建议设置为 fps（视频帧率）的两倍，该数值除以视频帧率为直播时的黑屏时间；数值越大，视频流量呈一定比例下降。

（3）鼠标设置。

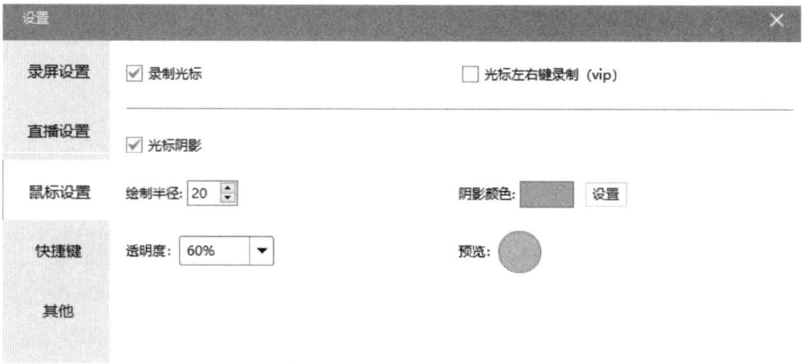

图 3-18　EV 录屏软件的鼠标设置

录制光标：录制视频时，桌面显示光标。

光标左右键录制：在录制过程中，点击鼠标左右键，画面中光标会分别进行闪动响应，区分左右键。该功能适合录制软件操作教程。

光标阴影：光标下面半透明带颜色的圈，表示光标所在的位置，方便引导用户。

绘制半径：光标圆圈的半径大小。

透明度：光标圆圈的透明度。

阴影颜色：光标圆圈的颜色。

（4）快捷键。

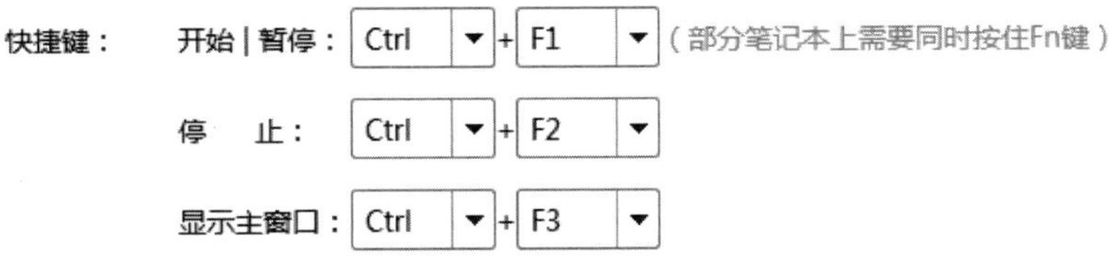

图 3-19　EV 录屏软件的快捷键设置

快捷键无效时的解决方法：如果是笔记本电脑，部分计算机须按 Fn+自定义键。也可更换为不常用的快捷键，避免与其他软件冲突。

第四节　构建数字化课堂的能力

网络课堂是随着互联网的发展和个人智能学习终端的普及而兴起的新型教学模式。利用在线教学平台，中学生物学教师可以开设自己的网络课程，可以面向现实所教的学生，也可以面向互联网上更多有兴趣的学习者；教学内容可以是中学生物学课程内容及其拓展内容，也可以是依据教师的兴趣和特长而定的生物学相关的主题，教学形式以互动教学为主。开设网络课程需要选择合适的在线教学平台和搭建个人线上教学环境。

一、构建在线教学平台

目前，在线教学平台种类和数量繁多，但通常可分为两大类：一类是拥有丰富线下教学资源与经验，然后逐步通过互联网扩大教学服务范围的平台，如北京四中网校、新东方在线等；另一类是先搭建平台，然后凭借自身庞大的用户群体和互联网公司的高效推广手段进行招生，而后再聘请名师授课，如腾讯课堂、百度传课等。实际上，目前在线教学平台并没有统一明确的分类标准。随着互联网产业化，在线教育作为新兴产业正经历市场的考验和用户的检验，相信假以时日必定优胜劣汰。

越来越多的在线教学平台应用程序不断涌现，能够实现师生课堂互动、教学管理、高效教学。根据一线教师的反馈，大家比较喜欢使用的技术工具有希沃、钉钉、UMU、腾讯课堂、CCtalk、雨课堂、微助教等。教师可以根据教学的实际需要，选择合适的教育软件辅助教学。另外，对于需要成百上千甚至过万人同时在线的大规模应用，教师除了考虑相关平台的教学功能外，更应关注平台对于网络资源高并发、高带宽、高运算的支撑能力。

（一）CCtalk 实时互动教育平台

CCtalk 是沪江旗下的实时互动教育平台，为独立的知识传授者、分享者提供完善的在线教育工具和平台，为求知者提供知识内容和一起学习的社群环境。教师能够在 CCtalk 上申请成为入驻平台的网师，然后在 CCtalk 上进行直播和制作微课。

教师向学生授课前需建立自己的网上课室——CC 群。就是使用 CCtalk 电脑客户端创建 CC 群，在线进行实时直播授课，师生及时互动交流。通俗来讲，即教师创建群，在群内使用各种教学工具上课，类似于教师创建了一个自己的班级，在这个班级中进行授课。当然教师可以创建多个群。在群中可发布预告，进行授课、答疑，发布随堂练习、课后作业，进行作业批阅。无论是万人大课、小班课还是一对一授课，CCtalk 均可轻松实现。

CC 群有三种类型，分别为公开群、私密群和付费群，表 3-3 对比了三种群的要求和功能。教师可以根据实际情况选择相应类型的群。创建群后，即可使用多种教学工具，如 PPT 课件、多媒体播放、双向视频、摄像头、屏幕分享、作业系统等。师生可以随时交流互动。

表 3-3　CC 群应用对比

对比项目	公开群	私密群	付费群
场景	公开课，公开活动	个人使用体验	付费后可加入 非成员不得访问
加群	任何人均可加入	身份验证后加入 非成员不得访问	小班授课 付费授课
搜索	可通过群号、群名、群节目搜索	可选择能否通过群号、群名、群节目搜索	可选择能否通过群号、群名、群节目搜索
直播	不限时长 可生成回放	每天 20 分钟 不生成回放	不限时长 可生成回放
工具	均支持文字互动、PPT 演示、视频和语音直播、白板展示、多媒体播放 付费群特色功能：双向视频、双向白板、手机直播等定制功能		

如何进行直播授课呢？教师可通过课前预热，课中使用讲义库、白板、题库、多媒体、摄像头、屏幕分享等教学工具进行授课，学员讨论区可以文字互动、举手上麦（发言），教师也可拉学员上麦或开启视频互动。课后作业及数据的管理可以打造教学闭环，真实还原线下教学场景，也可使课堂容纳的学生数量大幅增加。

（二）腾讯课堂

腾讯课堂是腾讯推出的专业在线教育平台，下设职业培训、公务员考试、托福、雅思、考证考级、英语口语等众多在线学习精品课程，打造教师在线上课教学、学生及时互动学习的课堂。

对于中学生物学教师而言，腾讯课堂的优势在于它的 QQ 客户端可以实现在线即时互动教学，并利用 QQ 积累多年的音视频能力，提供流畅、高音质的课程直播效果，同时支持 PPT 演示、屏幕分享等多样化的授课模式，还有白板、提问等功能。腾讯课堂支持直播、录播，并且可以上传习题和资料。录播的教学视频、习题和资料需要提前上传并等待平台审核。

（三）搭建个人线上教学环境

近年来，虽然很多条件较好的学校已经陆续安装了先进的自动录播设备，在教室安装录播主机、教师跟踪摄像机、学生摄像机、教师与学生的拾音设备，并对相关教室所在网络进行改造升级，建设完成相应的教学专网等，但对于中学生物学课程的课外拓展而言，在线教学的“主战场”更多会在教师的工作间，甚至是在家里。受环境和条件影响，虽然做不到符合学校网络教学功能室的建设规格，但搭建简单实用的网络授课环境还是非常有必要的。

一般来说，网络互动教学大致分为简易交互、PPT 课件交互、强互动等三种模式，对应的教学环境也有所差异。

1. 书写式简易交互模式

只需要一部智能手机，就可以完成在线教学任务。这种模式主要考虑手机支架和摆放的问题，有的教师创新思路，就地取材，将废旧包装盒再利用，变身手机支架，既绿色环保又轻便实用（如图 3-20）。

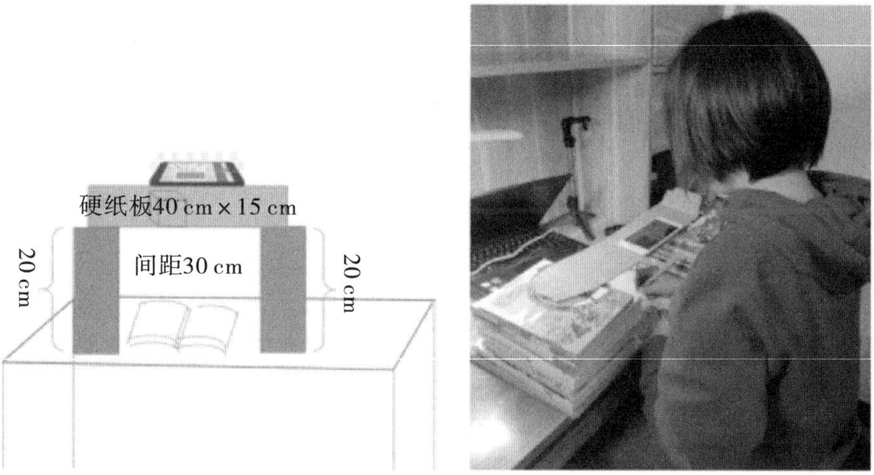

图 3-20　书写式简易交互模式

2. PPT 课件交互模式

需要一部手机和一部电脑。手机用来观看互动，电脑用来播放 PPT，二者协同将授课内容直播出去（如图 3-21）。

图 3-21　PPT 课件交互模式

3. 强互动模式

需要两部手机，一部用于授课直播，一部用于观看互动，提高教学成效（如图 3-22）。

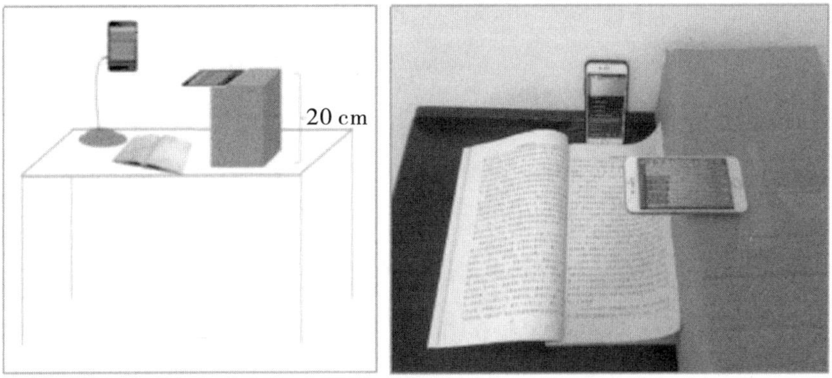

图 3-22　强互动模式

除了手机、笔记本电脑、稳定的网络环境等，建议有条件的教师最好添置一些备用设备，应对临时出现的设备故障。另外，辅助手写板、与学生互动的键盘、收音话筒、灯光等，可根据教学情况适时添置。当然，设备越齐全，网络授课环境越好，学生体验就越好。下面是一位教师介绍的个人网络直播间的配置情况（如图 3-23），供教师们参考[1]。

图 3-23 网络直播间的配置

（1）小屏直播。用于接入钉钉等平台进行直播，学生端看到的就是这个屏幕，首选具有手写功能的电脑、平板，可以直接在屏幕上写板书，尤其推荐给需要演示推导过程的教师们。

（2）大屏工作。这个屏幕相当于直播时的后台。在讲课的过程中，一些不想让学生看到的操作可以在这里完成。建议在这个屏幕上同步一个自己摄像头的实时画面，“讲课的时候对着自己的画面讲，要比对着什么都没有的画面更容易讲得出来”。

（3）外接摄像头。好处在于可以自己调整机位。“如果 PPT 的备注显示在大屏上，则建议将摄像头架在大屏上。看着大屏上的备注，正好就对着摄像头，学生看过来，就是你眼睛对着他在看，更有交流互动感。”

（4）触摸板。相当于鼠标的作用，也可以用鼠标代替。

（5）键盘。在大屏上可以登录微信、钉钉，在课程群内与学生进行实时互动。

（6）平板电脑。在这个平板电脑上，以学生端的方式进入直播平台，实时监测自己播出去的画面和声音。避免因为网速的原因，使得自己讲课的进度与学生接收到的信息有过多的延迟，导致课堂质量下降。当然，也可以用手机替代。

---

[1] 浙大翁恺老师“直播间”亮了！十大神器，你值得拥有 [EB/OL].（2020-02-21）[2021-08-09]. https：//zj.zjol.com.cn/news.html?id=1394734.

（7）落地话筒。如果是小房间，笔记本自带的话筒就足够了。但如果是上课过程中有较多敲键盘的动作或是房间太大，则建议用一个外接的话筒，减小键盘敲击导致的噪声或房间太大带来的回声。

（8）备用白板。如果选择采用站着直播的方式，则可以准备一个传统的白板用于写板书，这样的方式比较接近在教室教学。

（9）备用灯光。如果直播的环境光线不好，可以适当地打光，一般情况下不需要。

（10）闹钟。实时关注时间，把控上课进度，提醒自己别拖堂或早退。

二、移动互联网教学工具的应用

多媒体教学已经被广泛应用到生物学课堂中，丰富了教师的教学手段。除了传统的以电脑为载体的多媒体教学外，基于移动互联网，特别是移动终端的多媒体教学以其资源丰富、操作方便、使用灵活等特点受到许多教师的青睐，在生物学教学中得到了越来越宽广的应用。

移动终端，是指能够在移动中使用的数字设备，包含手机、笔记本、平板电脑甚至车载电脑等，现在大部分情况下主要指具有多种应用功能的智能手机和平板电脑。随着智能手机和平板电脑的普及，移动终端在教学领域中的应用成为可能，它们的出现使得生物学课堂教学发生了改变。

利用手机及其对应的各种配件，以及安装在手机中的各种应用软件，我们可以在生物学课堂中方便地演示各种实验，或者展示终端中各种生物学教学资源，增强学生的学习兴趣，提高生物学课堂教学的效率。

（一）辅助硬件设备

1. 无线投屏器

生物实验是理论联系实际的桥梁。在中小学生物学教学中，实验占有非常重要的地位，但因为条件有限，在传统生物学教学中学生很难近距离地观察实验中的每个细节。部分学校在班级中配备了实物展台，可以将实验情况投放到投影器或电视机上，供学生远距离观看。但现实中往往存在以下问题：

（1）不是所有学校、所有班级都配备了实物展台。

（2）部分实物展台的拍摄角度只能由上往下拍摄，导致实验演示角度单一，很难全面地展示整个实验的细节。

（3）实物展台基本没有录像功能，不能将实验过程保存和发布，让学生重温实验中的每个细节、变化。

（4）实物展台只能展示教师做实验的过程，台下学生实验过程中一些值得展示或分享的地方无法面向全班展示。

由此可见，实物展台并不是展示实验的最佳选择。其实，利用手机的录像功能，将画面投影出来，就可以轻松实现实物展台的功能，并且手机能同时录下整个实验过程，方便学生重复观看。当中的关键是教师需要使用一个无线投屏器（如图 3-24）将手机的画面投影出来。在投影的过程中因为没有线材的限制，教师可以带着手机走到教室的任何一个角落，将想要展示的内容投影出来。

图 3-24　常见的无线投屏器

利用无线投屏器投影移动设备屏幕内容的同时，可以使用手机的专用支架对设备进行固定，方便教师稳定拍摄画面（如图 3-25）。当需要展示某位学生的实验过程时，教师只需要把手机从支架上取下来，走到该学生面前即可拍摄，不需要学生把实验设备搬到讲台上，也不需要重新连接投影设备，十分方便。

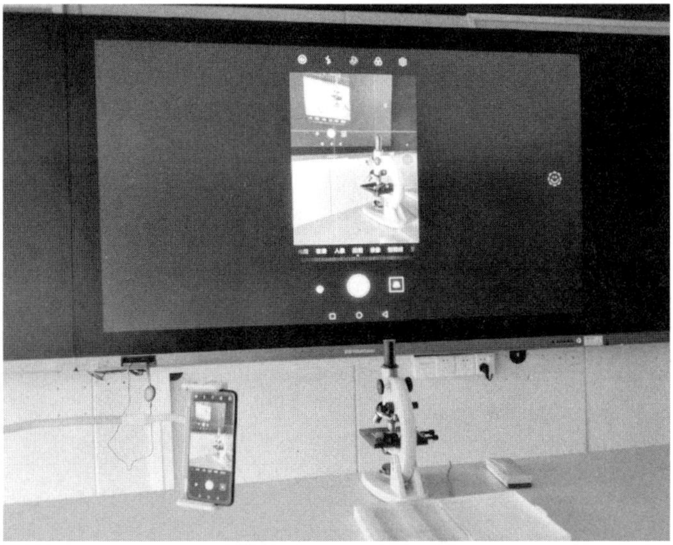

图 3-25　使用手机无线投屏展示显微镜

2. 手机端专用显微镜支架

显微镜在生物学教学工具中占有重要的地位，许多生物学实验都要用到它。如何让学生更方便地用显微镜观察微观世界？可以使用手机端专用的显微镜支架，将手机固定在显微镜的目镜上，通过手机摄像头拍摄目镜中的画面，并无线投影到教室的投影设备中，即可让整个班的学生观看到显微镜中的情况。

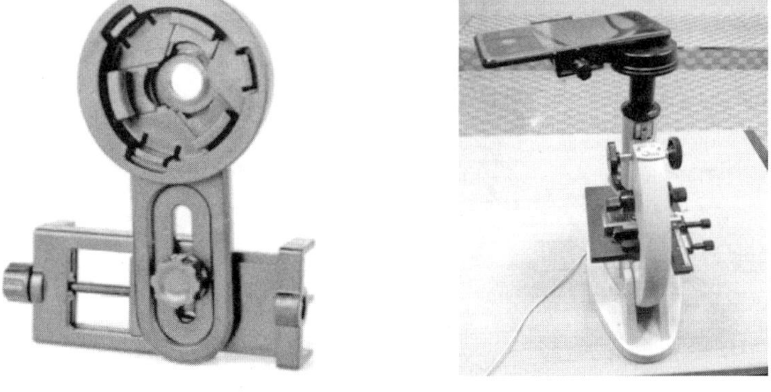

图 3-26　手机端专用显微镜支架

如图 3-26 所示，支架简单拼接后就能把手机摄像头对接到显微镜目镜上，即可用手机无线投屏轻松观察了。通过操作手机，我们还可以对显微镜所展示的各个画面拍照，便于对各种微观画面进行后期编辑。

3. 手机放大镜

生物学教学中除了使用显微镜外，还经常使用放大镜进行观测，例如观察植物的纹路、昆虫标本等。放大镜是焦距比人眼的明视距离小得多的会聚透镜，是一种简单的目视光学器件。由于没有显微镜相对复杂的光学构件，我们可以直接选用适合在手机上安装的放大镜（如图 3-27），对成像直接进行拍摄记录，或投影出来。

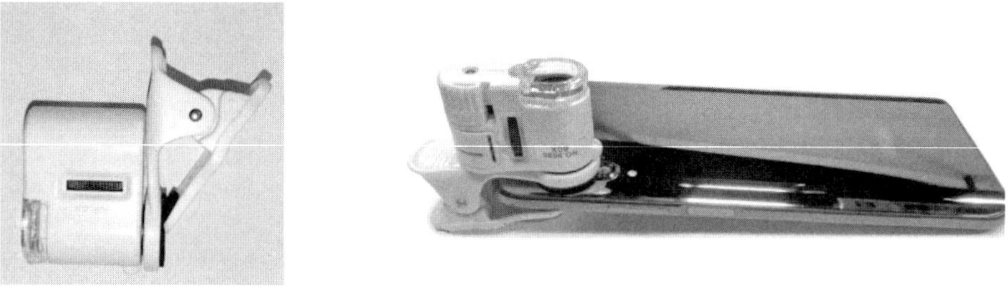

图 3-27　手机放大镜

使用时，只需把放大镜夹在手机摄像头上，然后将放大镜贴在被拍摄的物体上，旋动对焦旋钮，直到看到清晰的图像即可（如图 3-28）。

图 3-28　利用手机放大镜观测鱼鳃切片的图像

4. 心率手环

在学习人体心脏的课程中，学生通过触摸手腕的脉搏感受心跳，并记录安静、运动等不同状态下脉搏的变化，从而得出心脏跳动的规律。要想获得更深入的认知体验，需要更多生活场景的测量数据，如睡觉时、久坐时等。显然，不可能通过触摸手腕的脉搏进行长时间心率测量。

随着物联技术的发展，健康手环已经成为大众化的智能穿戴设备，除了传统的记录步数外，很多手环都带有检测心率的功能。

现在的大部分健康手环通过 PPG（Photo Plethysmo Graphy，光电容积脉搏波描记法）原理来测量心率。当一定波长的光束照射到皮肤表面时，光束经过透射或反射后传送到光接收器，在此过程中由于受到皮肤、肌肉和血液的吸收作用，检测器检测到的光强度将减弱。其中皮肤、肌肉组织等对光的吸收是恒定不变的，而皮肤内的血液容积在心脏作用下呈搏动性变化。当心脏收缩时，外周血容量最多，光吸收量也最大，检测到的光强度最小；而在心脏舒张时，正好相反，检测到的光强度最大。因此，光接收器接收到的光强度随之呈脉动性变化。

当我们带上手环并连接到手机后，手环就会将我们的心率数据同步传输到手机中，打开对应的 APP，就可以了解人在不同活动状态下的实时心率（如图 3-29）。

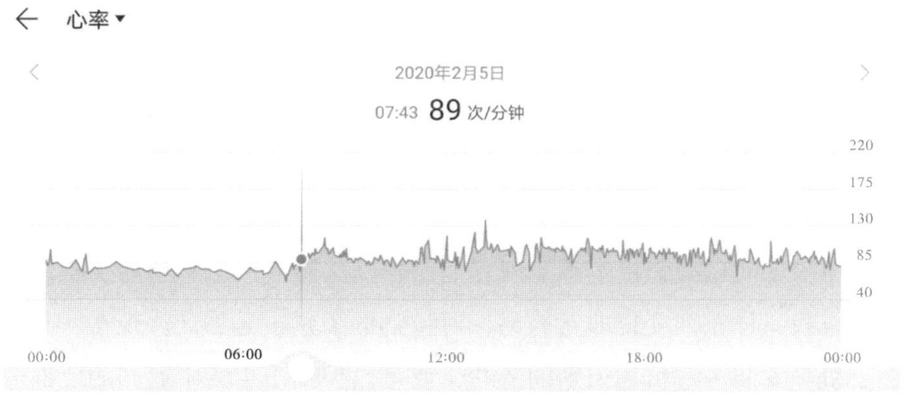

图 3-29　某手环记录的 24 小时心率数据图

（二）人工智能生物识别软件应用

现在的手机已不仅仅是个通话工具，更是娱乐、学习、商务、消费的主要工具之一。智能手机的其中一个优势是可以安装各种各样的应用APP，随着移动物联网的发展和智能手机功能的不断升级，各类APP根据人们不同生活场景的应用需求而不断细化和专业化。其中就有不少关于生物学习的APP，利用它们可以提高学生的学习兴趣和学习效率。

传统的生物识别方法是观察生物的外部特征并与模式标本（即作为规定的典型标本）对照进行鉴定识别，或者凭借个人自身的经验对生物进行识别，这对个人的专业、经验、知识等的要求很高。现在，只需要在手机中安装好软件，对生物进行拍照，就可以交给程序来进行辨别，操作简单，准确度高。这主要得益于近年来人工智能的惊人发展。

基于现场拍摄图像进行生物识别的APP，是应用人工智能图像识别原理来工作的。图像识别技术是人工智能的一个重要应用领域。利用计算机对图像进行处理、分析和理解，以识别各种不同模式的目标和对象的技术，是深度学习算法的一种实践应用。图像的传统识别流程分为四个步骤：图像采集、图像预处理、特征提取、图像识别。由于近年计算机深度学习的发展，计算机学会从大量数据中学习知识（特征），自动完成特征提取与分类任务，大大提高了图像识别的准确率。目前图像识别技术的应用十分广泛，有人脸识别、指纹识别、地形勘察、交通标志识别、车牌号识别等。

1. 花伴侣

中国地域辽阔，山川纵横，植物种类异常丰富。根据《中国植物志》记载，我国共有植物三万多种。在生活中，我们经常会看到各种各样的植物，但很多时候我们根本不清楚它们是什么。随着网络和智能手机的普及，查找一样东西变得非常容易，对植物的识别也是如此。现在，只要在手机中安装一些植物识别的APP，就可以识别出生活中遇到的大部分植物。

花伴侣是其中一款植物识别软件，它基于中国科学院植物研究所海量分类图库及用户共建图库，利用人工智能深度学习技术开发。只要对植物的花、叶、果等特征部位拍照，即可快速识别该植物，并显示该种植物的中英文名称，所在的科、属，以及可信度。同时，花伴侣还可以提供植物毒性及植物保护等级等重要信息。内置的植物百科，可以显示植物的分布区域、表型特征、价值功用、养护技术、开花时节甚至是花语寓意等信息。花伴侣能识别中国野生及栽培植物约3000属，近5000种，几乎涵盖日常生活中常见的花草树木。除了识别植物外，花伴侣还可以基于植物分布大数据，推荐附近赏花点，查看周边人气植物和用户拍摄的植物。

除了花伴侣外，还有形色、微软识花、发现识花、识花君、好多肉等APP或微信应用程序，都可以实现植物识别。只要灵活运用手机APP，就可以将多姿多彩的植物世界展示在学生的眼前，大大提高他们学习生物学的兴趣。

2. 见虫

见虫APP是利用细粒度图像识别算法和大数据中心将拍摄的虫子图片进行图像识别，在确定虫子种类后给出其相关资料，包括虫子的名称、形态特征、地理分布、生活习性、防治要素等。用户还可确认识别结果并晒到地图，当数量到达一定规模后即可看出虫害的区域分布情况，帮助农户提前开展预防措施，将农业生产过程中的昆虫识别应用场景智能化、网络化。

由于见虫APP以植物保护方向进行昆虫鉴别，目前仅能识别稻田、茶园和果园类的昆虫。但随着昆虫数据库的逐步建立，未来肯定可以识别更多种类的昆虫。

（三）互动课堂工具

教师传递知识给学生的过程离不开教学互动，好的教学互动能够增强知识的传递效果。教师该怎么激发学生的兴趣呢？在数字化课堂中，借助一些教学工具就能轻松将移动终端和信息技术融入线下课堂教学，形成线上和线下融合的反馈模式。这样既可增加学生学习的积极性和兴趣，提高课堂教学效率，也可及时与学生进行线上讨论互动，提高师生互动性，还可获取学生学习数据，及时掌握学情。

1. 网络多媒体触控一体机

网络多媒体触控一体机实现数字化教学一体化集成，融合了投影仪、电子白板、电脑集成（可选项）的功能，多种功能配置切合课堂教学应用需求。课堂是师生互动生成的学习场。多媒体触控一体机的互动功能配置为课堂教学中的师生互动提供了精彩丰富的方案，以交互智能平板为核心设备，配套教师移动授课终端、教学实物投影仪、随堂测试反馈器等相关周边产品，增强了教学展示效果，丰富了教学展示手段，让学生能够参与课堂教学的各个环节，真正实现互动式课堂。

以希沃白板为例，基于希沃白板 5、希沃授课助手、教师和学生手持设备、视频展台等软硬件组合，为师生提供互动、即时测评、数据统计等功能，打造互动式、体验式的创新教学环境。另外，具备高清摄像直播、移动控制、无线扩音等功能的希沃移动授课终端让教师能够自由、灵活地走动在教室的各个位置进行授课，摆脱三尺讲台的束缚。此外，通过手机连接希沃授课助手软件也能满足移动授课的部分需求。

2. 二维码工具

近年来随着微信扫一扫和支付宝扫码付款功能的普及，二维码的使用迅速在全社会普及。二维码的长度、宽度均记载着数据，在水平和垂直方向都可以存储汉字、数字和图片等信息，因此二维码的应用领域非常广泛。随着智能手机和平板电脑在学校教育中日渐普及，二维码在教育教学活动中的运用也越来越广泛，从会议通知、家校沟通、校园文化建设、课程教材设计、课堂讲义分发、布置作业、考试评价、教学游戏，到教学设备管理、图书资料检索，二维码无处不在。

现在，二维码已成为线上线下入口的新形态，掌握二维码在教育教学中的设计制作和灵活运用的方法，已经成为现代教师的基本教学技能之一。

（1）将图文并茂的 word 文档转成二维码分享。

利用信息技术工具可以将 word 文档转换成二维码，以便在教学中应用。例如，草料二维码（官网 https：//cli.im）可以在二维码中自由添加文本、音视频、网址、名片等内容，也可以对二维码进行美化，甚至还可以使用二维码表单实现信息收集，将纸质表单电子化。

（2）将 PPT 转成二维码。

PPT 是当前教学中最为常用的教学资源之一。利用 PP 匠（官网 http：//www.ppj.io/）可以方便地将 PPT 生成为二维码，支持图形、动画、音视频及嵌入字体，还支持表单、测评、语音。教师通过微信扫描后即可在移动端查看并分享，让 PPT 在移动端呈现，使其可以更快地传递和被分享，而非局限于文件、邮件等传播方式。

（3）将教学资源通过二维码分享。

随着智能手机的普及，在智能设备上浏览网页已经变得稀松平常，但很多时候在手机上输入网址却比较麻烦，于是将电脑浏览器中的网址转到手机上进行访问，成了多数用户的共性需求。目前国产软件商如 360、搜狗、傲游、百度、腾讯等旗下的浏览器都集成了网址生成二维码的功能，并结合云账号等，提供跨屏浏览的服务。

以本书“创客活动与生物学融合案例：应用延时摄影观测种子萌发”为例（本章第五节），将整个过程制作为视频资源，在 B 站发布后会生成一串混杂英文大小写和数字的不规则访问地址。通常在浏览器地址栏上，有一个类似二维码的符号，点击后即可自动生成一个供手机扫描使用的跳转二维码，方便现场分享或截图后发布使用（如图 3-30）。

图 3-30 将浏览器上的页面地址用二维码分享

3. 随堂测试和调查工具

在一次教研活动中，授课教师的一个教学策略引发了讨论。在学生课堂练习的答案核对环节，以往经常是学生同时说出自己的答案，结果往往是做错的学生的声音被“淹没”在做对的学生的声音之中。而该堂课的授课教师向学生提出了要求，用不同的手势代表 A、B、C、D 选项，要求学生不出声，用做手势的方式集体汇报答案。从教学效果上看，这样有利于维持安静思考的学习氛围，便于教师迅速掌握学生的答题结果。

在中学生物学的教学中，通常会通过习题检测学生对知识的理解和应用。尤其是在复习教学中，每节课都会有一定量的检测题。学生完成检测题后，教师通过学生的答题情况来了解学生的复习效果，在此基础上确定下一步的教学目标，并及时调整教学策略。因而，教师能否精准、有效地了解学生的学习结果就显得尤为重要了。在传统的教学中，通常采用的方式有在学生答题过程中巡堂观察，教师将答案展示后学生自己或相互核对，教师请学生公布答案集体核对等。这些方式有优点，也有弊端，例如难以精准地统计学生的答题情况，难以有针对性地判断学生个体的学习结果等。

在以教师讲授为主的传统教育中，我们看到了许多单向教学方式的弊端和局限性。如何激发学生自主学习的积极性，增强教学的乐趣，成为不少教育工作者关注的课题。作为一名教师，课堂上需要及时知道学生掌握知识的情况，传统的方式有提问、练习等，但反馈既不及时又不全面，而且学生往往兴趣不高。是否能利用一些工具来激活课堂呢?

（1）基于学生 BYOD 实时检测和了解学习情况。

BYOD（Bring Your Own Device），通常翻译为“自带设备”。教学情境中的 BYOD 指的是允许学生自带个人移动终端进入课堂并用其参与学习活动的技术应用模式。学生使用自带移动设备进行学习，必然会促使教与学方式的变革。教师在此教学情境下，利用信息技术工具能够有效地实现对学习效果的精准检测。以下以“剥豆豆”平台为例，展示了信息技术工具在 BYOD 学习情境下的应用。除了“剥豆豆”之外，问卷星、UMU 等学习平台也具备检测学习效果的功能。

“剥豆豆”（官网 http：//get.bodoudou.com/）是一个在线测验和调查平台，它为参与者创建了一个有趣的学习空间。课前，教师登录网站，在平台上输入测试题（主要是选择题）。教师可以在课堂伊始用“剥豆豆”出示多道选择题，检测学生们上堂课的学习情况和这堂课的预习成果，并以此作为这堂课讲课节奏和强度的判断依据。课中教师再用“剥豆豆”作为课堂互动小检测的工具，检测学生对某个知识点的吸收和理解程度，同时增加课堂的趣味性，让学生在游戏中学习。学生在自己的平板上作答，平台会自动统计全班的正确率，大屏幕上会显示出每一题的冠军，同时学生能在自己的平板上看到自己的得分和名次。

（2）无学习终端情境下实时检测和了解学习情况。

并不是所有学校都有条件支持学生BYOD，那么在条件有限的情况下，是否有成本、门槛更低的工具实现对学习效果的即时检测呢？类似于前文所述，教师要求学生用手势代替声音的教学策略，我们可通过操作一款名为“Plickers”的手机APP，帮助教师更为精准、迅速地获得学习结果。

Plickers（官网 https：//get.plickers.com）是一个免费的即时反馈系统，可以在学生没有任何信息化设备的情况下收集选择题的应答信息，教师只需要用到一部智能手机。使用时，教师出示问题（只能是选择题），学生把自己的卡片向上举起，教师在 Plickers 软件中使用摄像头进行扫描，软件会自动识别每个学生的选项信息，并在手机上实时显示出来，同时记录到网站的后台。

Plickers 官网提供卡片模板下载打印服务。使用前，教师需提前录入学生资料，让 Plickers 自动匹配学生资料后生成打印模板。Plickers 会对应不同的人数规模（最多不超过 63 人）提供不同的打印模板，普通 A4 纸上即可打印，成本非常低。Plickers 最大的优势是学生不需要任何信息化设备，只需举起手中的卡片，将自己的选项方向朝上就可以了。这对于物质条件相对较差的学校非常具有推广价值。同时，由于简单方便，不需要学生具备任何的操作基础，因此不用考虑学生的操作水平，也不用考虑设备的稳定性。

Plickers 的卡片设计得很巧妙。卡片的角上标有数字，可以与后台学生的姓名对应；卡片的四边分别标有 A、B、C、D 四个字母，学生将哪条边朝上举起，就表示学生选择了哪个选项（如图 3-31）。

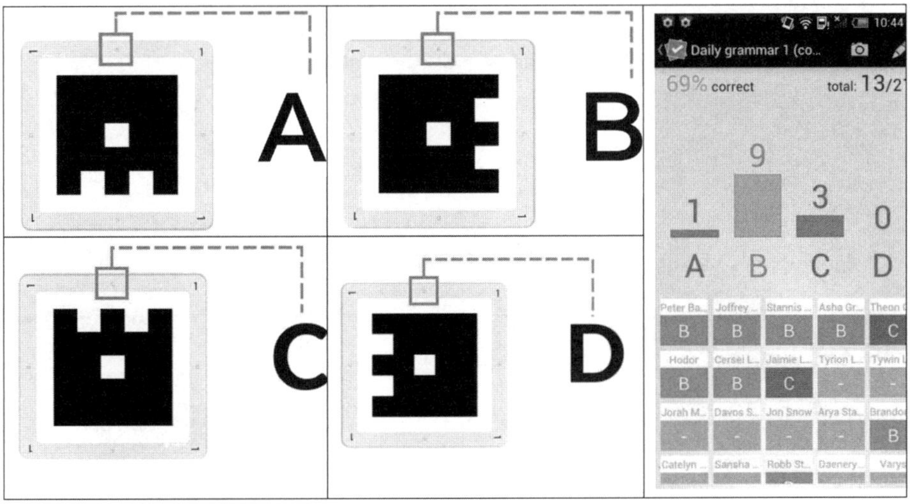

图 3-31　Plickers 对举牌学生答案进行统计

4. 课堂分组教学测评工具

答题竞赛是小组合作学习中一种常见的教学策略，能够有效地激发学生的学习兴趣，提升学生对知识理解和应用的准确性。在 BYOD 情境下，答题竞赛的形式更为丰富有趣，实施也更为方便。

例如，Quizalize 是一个以游戏化学习为理念的课堂互动系统，学生可以通过各种设备，包括电脑、手机和平板，登录 Quizalize 网站（官网 https：//www.quizalize.com/），以相互对抗的方式完成课堂作业。在游戏的过程中，平台记录了所有学生的回答情况，教师在后台可以查看学生的数据，以了解学生对课程知识点的掌握程度。网站会自动分析出需要关注的学生和问题，以便教师及时地调整教学策略，取得更好的教学效果。Quizalize 有别于一般的课堂互动、问答、数据分析系统，它不仅功能齐全，而且非常有趣。教师可以通过里面的 Team Game 功能，把学生分成两组进行竞赛答题，并将结果在大屏幕中展示出来（如图 3-32），这对提高学生积极性、活跃课堂气氛非常有帮助。

与此类似的工具还有 Quizizz，也是非常出色的形成性评价工具，可以在课堂上进行实时测验或给学生布置课外作业。

图 3-32　Quizalize 分组应用场景

三、虚拟实验

随着数字虚拟技术的发展和应用，经常可以看到 VR、AR、MR 等词，究竟它们之间有什么区别和联系呢？从用户使用感观角度可简单概括为：

VR（Virtual Reality，虚拟现实）：你看到的一切都是假象。

AR（Augmented Reality，增强现实）：你能分清哪个是真的，哪个是假的吗？

MR（Mixed Reality，混合现实）：你已经分不清哪个是真的，哪个是假的。

虚拟实验是指借助多媒体、仿真和虚拟现实（VR）等技术，在计算机上营造可辅助、部分替代甚至全部替代传统实验各操作环节的相关软硬件操作环境。实验者可以像在真实的环境中一样完成各种实验项目。虚拟实验近年来被广泛应用于物理、化学等学科教学中，对实验教学模式及学生学习方式产生了很大的影响。[1]

众所周知，生物是一门以实验为基础，以培养学生的生物科学素养为

[1] 亓芳 . 虚拟实验教学模式研究 [J]. 通讯世界，2019（8）：362-363.

目的的学科。在中学生物学教学过程中存在两个突出的问题：一是教师对于复杂的生命现象及生物结构，难以用语言清楚表达，即使借用生物模型、图片，提供了直观的画面，仍欠生动、真实；二是学生在实验操作中，实验时间难以把握，实验效果差，不能深入开展探究，难以深刻理解实验背后蕴含的生物学知识。同时，在传统的实验教学过程中，由于受到一定条件的限制，比如学校实验器材短缺、实验课时间不充足、缺乏专门的实验室教师等，使得实验教学无法正常开展，只能利用视频、课件来进行实验教学，学生无法直观地了解生物的结构，实验教学枯燥乏味。虚拟实验教学能够克服传统实验教学的不足，虚拟实验室可以用于操作练习，替代部分实验或实验分析；也可以用于现实中高危险性、难操作或实验设备昂贵等情况下的实验，或者在缺乏实验设备、环境或资源的情况下的实验。虚拟实验具备可重复性、不受时空限制、低成本和安全等特点，可以培养学生的认知、观察、思维能力和实验技能，成为改善实验教学的新手段。

（一）国家虚拟仿真实验教学项目

近年来，大规模在线教学模式得到应用和推广，但是缺乏实验教学环节的问题也比较突出，因而受到了越来越多的关注和研究。实物实验教学不但受实验室开放时间、空间和实验设备数量的限制，还存在微观结构不可及、信息演化过程不可视、无法支持大规模在线实验教学等问题。虚拟仿真实验借助虚拟现实、计算机仿真、多媒体和人机交互等先进技术手段，能够使实验者通过高度仿真的实验对象和实验环境在线完成实验项目。虚拟仿真实验不受时空限制，并且可以完成真实实验设备不具备或难以实现的教学内容，为大规模在线课程的实验教学提供了实现方法。

随着大规模在线教育的发展和完善，虚拟实验已成为在线课程实践的重要环节，虚拟实验平台的建设也成为教学改革的重要支撑。根据《教育部关于开展国家虚拟仿真实验教学项目建设工作的通知》（教高函〔2018〕5号），教育部在各省级教育行政部门推荐基础上，经综合评议和公示，认定了105个虚拟仿真实验教学项目为首批国家虚拟仿真实验教学项目。教育部依托国家虚拟仿真实验教学项目共享平台（实验空间，www.ilab-x.com），对国家虚拟仿真实验教学项目的对外联通和服务情况进行持续监管和严格审查，对每半年联通测试出现 10 次以上不能联通或免费开放服务内容未达标的实验教学项目，经相关整改仍无改进的，取消国家虚拟仿真实验教学项目资格[1]。

“实验空间”是一个汇聚全部学科专业，覆盖各个层次高校，直接服务于学生和社会学习者的实验教学公共服务平台，是国家虚拟仿真实验教学项目共享服务体系建设支撑平台。为推进国家虚拟仿真实验教学项目的开放共享和高效利用，提升国家项目在应用中的效果与效能，按照共享资源的服务范围以及空间联系，“实验空间”将打造国家、省、校三级共享应用服务体系，形成脉络分明的有机整体，达到项目广泛共享的最终目标。每个虚拟仿真实验教学项目都会呈现完整的宣传片、详尽的实验项目说明、无缝对接的实验跳转，力求给参与者提供一个简洁便利的实验通道。

虽然目前项目资源相对传统数字教学资源少，而且以高校为主，但考虑到国家的大力倡导以及地方政府和高校科研机构的持续推动，预计将激励更多优秀的虚拟实验项目进驻，初高中生物学教师可以持续关注“实验空间”的最新动态。

（二）PhET 仿真实验

除了国家公共教学资源、市场化后的公司产品资源外，网上还有一些由学术团体或公益团体分享的教学资源。PhET 是一个支持不同学段和不同学科虚拟实验程序的在线网站及离线使用软件。该网站由 2001 年诺贝尔物理学奖获得者卡尔·威曼在 2002 年创立，由科罗拉多大学的科研团队运营，旨在创建自由免费的数学和科学类互动程序，能够有效地激励学生在直观的、游戏化的环境中进行探索和发现，在世界范围内提高人们的科学、数学素养。

值得一提的是，2016 年 3 月一个名为“开放教育反应堆”（简称 OEF）的关注教育的非营利公益组织成立了，希望把关心教育的有心人聚合在一起，为教育做出力所能及的贡献。由于 PhET 上面的原始资源大部

[1] 教育部关于公布首批国家虚拟仿真实验教学项目认定结果的通知 [EB/OL].（2018-05-31）[2021-05-28]. http：//www.gov.cn/zhengce/zhengceku/2018-12/31/content_5440540.htm.

分都是英语脚本的，给英语水平不高的用户造成不便。为了更好地方便中国师生使用，OEF 成立了 PhET 简体中文项目组，聚集了大江南北的一线教师、大学生、中学生，从事翻译、校对、推广、调研工作，现在 PhET 网站上已经有几百个仿真程序被翻译成中文。

在实际教学中，结合一定的教学策略，一些教学研究小组还开发了相应的教学模式，提出了融合 PhET 仿真实验的教学方法，为基于仿真实验的教学应用提供借鉴。研究小组认为 PhET 在教师授课、作业、课堂小组活动以及实验中均可得到有效使用，且在引入课题、学习和强化概念、掌握技能、反思和评价等方面可以发挥特殊的作用。教学应用策略具体如下：

（1）教师授课。用 PhET 仿真实验进行演示或举例前，教师先提出与主题相关的问题让学生做出假设；当学生各自提出假设后，与小组成员讨论，最终形成小组统一的假设；教师了解不同小组对问题的假设后，进行呈现和分析；用仿真实验进行演示；学生写下观察到的现象，并与原假设进行比较；最后小组讨论异同，确认或纠正自己的假设，形成结论。

（2）小组活动。PhET 课堂小组活动的形式可以有多种。研究表明，两人小组合作进行仿真实验的操作和观察时，学习效果比较明显，学生参与性较强。在小组活动时，教师先给学生一系列问题引发其思考，使用预测、验证、确认（或调整思路）的方式，结合仿真实验的操作来组织小组活动的教学。

（3）作业。利用 PhET 仿真实验能够以嵌入式形式设计相关问题的功能，教师可以在课堂中或课后设计与实验内容相关的问题作为作业，引导学生深入思考。

（4）实验。PhET 仿真实验可以完成很多常规手段无法实现的实验，以及在现实条件下难以实施或操作的实验，比如有有毒气体参与、使用精密仪器、在非标准气压下进行、耗时长等。仿真实验变量可调可控，便于学生及时观察反应；可以用图表显示看不到的变量关系；学生能够在家里重复操作以验证课堂的观察并加强理解。因此，PhET 可以成为科学教学、实验教学中的有力补充。

（三）虚拟实验教学案例

虚拟的生物学（包括化学、物理）实验不能够替代真实的实验，但是虚拟实验在教学中有其独特的作用。实验教学通常可以分为验证性实验和探究性实验。在验证性实验中，应用程序可以让学生熟悉实验流程和操作注意事项，解决实验课时、实验器材耗材有限的问题。在探究性实验中，学生可以进行一些尝试，也可以对自己的假设先进行模拟尝试，然后再用真实器材进行观察。在生物实验教学活动中恰当地把真实实验和虚拟实验结合起来，发挥各自的优势，可以促进学生的认知得到全面的发展。以下呈现一个融合的实验案例。

Frog Dissection 是一款能用手机对青蛙实现模拟解剖的教学 APP，由印度一家企业开发，该公司还开发了其他几款类似的 APP，一款叫作老鼠解剖（Rat Dissection），另外一款叫作细胞与细胞结构（Cell and Cell Structure）。这类 APP 通过强大的可视化和探索性工具来帮助学生理解科学中抽象的主题，有助于学生理解高度抽象的知识，并为他们提供互动学习的平台。下面以 Frog Dissection APP 实验教学为例，辅助学生深入了解青蛙。

学科：初中生物学。

时间：30 分钟。

对象：八年级学生。

工具：Frog Dissection（官网 http：//frogvirtualdissection.com/）。

活动概述：通过 Frog Dissection 提供的教学功能深入认识青蛙。

功能 1

观看 APP 内的教学资源，了解两栖动物青蛙生命过程中每个阶段的变化。学生通过观察了解青蛙从受精卵变成蝌蚪并进行变态发育最终形成成体青蛙的过程。

功能 2

了解青蛙的各系统结构。Frog Dissection 通过增强现实技术提供了青蛙各个系统的立体结构图像。观察青蛙的循环系统时，可以看到静脉血和动脉血的流向。观察不同的系统，会有不同的文字介绍相应系统的组成、功能和特点。

功能 3

模拟解剖青蛙。学生根据提示完成插入解剖针、“工”字形躯干切法、固定解剖等操作后，应用程序展示出青蛙的心包腔和腹腔两个体腔，以及青蛙的主要内脏器官的立体结构图，并配有文字介绍相应器官的功能和特点。

设计意图：

利用增强现实技术，教师可以进行以学生为中心的教学设计，学生通过软件操作自行探究结构功能和变态发育过程，激发学习兴趣。教师还可以通过 APP 中的功能进行学习效果评价。

课前准备：

在前一次课堂的最后 5 分钟的作业指导环节，给学生布置预习作业：搜索关键词“Frog Dissection”，了解 APP 的安装和使用方法。

学生之间互相交流，尽快熟悉 Frog Dissection 的基本操作。

活动流程：

1. 学生观察青蛙变态发育过程，教师询问学生青蛙发育的过程和特点。

2. 教师将学生分组，学生自主观察、探究青蛙各系统结构。

学生分组在 Frog Dissection 中练习操作整个解剖过程，教师抽取部分学生进行演示并评讲相关注意事项。

活动资源：

视频：真实解剖青蛙的教学视频。

作业：整理实验观察记录表。

人教版教材中没有对两栖动物内脏结构的补充插图或文字介绍，教师利用 Frog Dissection 应用程序，可以针对这部分知识进行拓展讲授。同时，利用该程序及时反馈的特点，教师在实际授课时，可以以小组合作的形式，组织学生参与竞赛、演示等活动，充分调动学生的积极性。

以 Frog Dissection 为代表的一系列增强现实技术可以让学生跳出单纯以讲授法为主的课堂教学，突出学生的主体地位，给予学生足够的自主权，提高了教学的有效性，使传统课堂转变为智慧课堂。

第五节　开展与生物学融合的创客教育活动的能力

“创客”一词源自英语单词“Maker”，“创”指的是创造，“客”指的是一类人，创客的本意是指在兴趣和爱好的作用下把自身的创造思维和想法转变为实物的一类人。现在更多的是指兴趣主要集中在电子、机械、机器人、3D 打印等以工程化为导向的主题的人。同时，创客应该具备一定的基础知识和创新、实践、共享、交流的能力和意识。[1] 创客在融入我国的文化生活后，它的内涵和意义得到了进一步的丰富和改变。随着信息全球化和科学技术飞速发展，社会对创新型人才的需求也越来越多，培养创新型人才的研究和实践探索成为各国教育学者的研究热点。创客教育在创新型人才培养方面具有独特的优势，因而受到教育研究者的广泛关注。

创客教育起源于美国。为了提高学生在 STEM（Science，Technology，Engineering，Mathematics）四大领域的能力与成绩，美国于 2009 年大力提倡创新教育，呼吁学生成为知识的创造者。2012 年，美国政府启动“创客教育计划”，以培养学生的实践能力与创造能力，为学生成为创客提供教育支持。美国的创客教育是一种强调“动手做、做中学”的教育，其推广能够更好地优化接受 STEM 教育的学生的成绩，培养创新型人才。我国的创客教育通常以 STEAM 活动为载体，STEAM 中各个字母分别代表科学（Science）、技术（Technology）、工程（Engineering）、艺术（Arts）和数学（Mathematics）。STEAM 活动是融合上述各个学科的跨学科实践活动。创客教育强调学生发现生活问题并运用多种学科的知识创新地解决问题，并且在解决问题的过程中学习、掌握相关知识。

创客教育是一种教育理念，强调学生动手实际操作。它注重开拓创新，鼓励学生协作分享，强调做、学、创三者合一。创客教育的特点主要表现

[1] 张茂聪，秦楠．再论创客及创客教育 [J]. 教育研究，2017（12）：81-88.

在五个方面：第一，鼓励学生动手做，这与近十几年来我国基础教育课程改革一直倡导的科学探究是一致的；第二，鼓励学生完成一件作品，这与典型的科学探究活动有些不同；第三，鼓励设定综合项目，让学生通过完成一个项目来实施跨学科学习，发展学生的 STEAM 素养；第四，开放性与创新性，即往往不设定标准答案，而是发挥学生的主动性、创造性，鼓励学生创作出个性化的科技作品；第五，鼓励学生团队合作、沟通交流、分享展示，使认知技能和非认知技能都得到发展。

中学生物学课程中会涉及一些比较抽象的知识，比如种子萌发的过程，学生直接观察存在一定的难度。教师可以直接搜索并下载“种子萌发过程”延时摄影的视频，在教学中帮助学生比较真实地观察这一过程，这样有助于学生建构概念。借助创客教育组织学生开展“应用延时摄影观测种子萌发”的活动，能够让有兴趣的学生真实地参与到拍摄和观察的过程中，能够激发学生的探究兴趣，培养学生的创新精神。开展这样的创客活动，对学校的信息技术环境、教师的信息技术能力等都提出了较高的要求。本节内容呈现了两类创客活动的案例，并介绍了开展这两类活动的信息技术条件，为教师提供参考。

一、创客活动与生物学融合案例：应用延时摄影观测种子萌发

延时摄影又叫缩时摄影、缩时录影，通常需要拍摄一组照片或视频后，通过照片串联或视频抽帧的方法进行后期处理，把几个小时甚至是几天、几年的影像过程压缩至较短的时间内并以视频方式展示。在延时摄影视频中，平时物体或者景物缓慢变化的过程因被压缩到一段较短的时间内，所以呈现出平时用肉眼无法察觉的奇异精彩的景象。通过延时摄影，可以将植物开花、种子发芽生长等需要几天甚至几周时间才能观察到的过程压缩到几十秒至几分钟，便于学生在课堂中观看，让学生对世间万物，特别是生物的成长变化有更深刻、直观的了解。[1]

---

[1] 张路亚 . 延时摄影：镜头里的变速世界 [J]. 知识就是力量，2016（11）：72-75.

图 3-33 种子萌发过程示意图

（一）生物学创客活动设计

1. 种子萌发过程的观察

种子发芽过程耗时非常长，正常情况下在一节课中不可能完整展示出来。教师通常展示各个发芽阶段的图片，因此不能给学生连续、直观的植物生长观测体验。通过延时拍摄技术，提前拍摄植物的生长过程，再编码生成时间长度合适的视频，方便在课堂上展示植物种子萌发的过程。

2. 探究光照对种子萌发的影响

为了了解光照对植物种子萌发有没有影响，设置了一个植物种子萌发的光照对比实验，并将它拍摄成延时摄影视频。

具体的过程如下：（1）自主学习。了解实验选取的种子在合适的条件下正常萌发的时间。得出的时间值为实验的拍摄时间。（2）实验设计。将数颗种子放在水分、空气充足且温度适宜的室内，室内 24 小时开灯，模拟种子在持续光照的环境中生长，并使用延时摄影拍摄整个实验过程。将数颗种子放在水分、空气充足且温度适宜的室内，室内关灯，模拟种子在黑暗的环境中生长，并使用延时摄影拍摄整个实验过程。（3）观察与摄影。将两段延时摄影进行对比，观察种子在两种情况下的生长情况。

（二）延时摄影的活动过程

延时摄影拍摄植物的生长需要非常长的时间，对拍摄设备的供电和防护都提出很高的要求。因此，选择在室内进行拍摄，方便取电，也避免下雨、大风等天气对设备及拍摄环境等的干扰。

在室内延时拍摄时需要充足的灯光照明，以保证较好的拍摄效果。特别是晚上，昏暗的环境会使拍摄设备对焦困难，造成画面模糊，画质变差。所以需要对拍摄场地进行灯光布置，确保拍摄时候光线充足。本实验选择一盏 LED 台灯作为辅助光源。但模拟种子在黑暗环境中生长的实验要求尽量关灯，这对实验过程中延时拍摄造成了困难。

另外，因为延时摄影是在较长一段时间内间隙拍摄照片再组合成视频，如果拍摄对象、画面角度等有变化，会造成画面跳动和移位，影响展示和对比观察的效果。因此，需要对拍摄的所有东西进行定位，一旦拍摄开始，就不能改变所有设备（包括被拍摄的植物）的位置，要尽量减少拍摄过程中的人为干扰。

为了解决上述问题，我们使用电子类创客开源工具 Arduino 常用的主控扩展板和传感器设计了一套植物生长延时拍摄控制系统。通过该系统控制延时拍摄时的灯光，使灯光只在拍摄期间自动打开，其他时间关闭。同时，考虑到植物生长过程中需要保持湿度而又不便人工加水，因此系统还加设了自动浇水功能。整个系统启动后无须人工干预，全程自动拍摄，保证画面稳定不受干扰。

1. 延时拍摄控制系统设计

（1）系统的拍摄控制时间可以自由设置，方便与延时拍摄软件的时间同步。因为植物生长时间长，延时拍摄的间隔时间也较长，所以设计系统控制的拍摄时长在 10 ～ 910 秒。只要设定好同步时间，开启系统的同时开始延时拍摄，只在拍摄的一刻打开台灯照亮植物。因为拍摄设备与控制系统都有独立的时间控制模块，因有计时误差而导致模块间很难保持同步，所以整个系统设置为拍摄前 5 秒开启台灯，并持续 10 秒，直到拍摄完成后 5 秒关闭台灯，如此重复。

（2）因拍摄前要调试拍摄角度和灯光照射方向以及曝光情况，延时拍摄系统需有灯光常亮按钮，用于前期灯光调试。

（3）整个系统可以实时监控土壤水分情况，并用抽水机为植物补充水分。当系统检测到土壤水分过少时，会自动开启抽水机，为植物淋水。

为防止淋水太多导致画面水位变化太大，影响画面的连续性，系统设置为每一分钟抽水 1 秒，直到土壤湿度传感器所检测的数值恢复正常为止。

（4）系统可以实时检测植物生长过程中的环境数据，如温度、湿度等。

（5）系统自带显示屏，在种子生长过程中可以将检测到的相关数据，如时间、温度、空气湿度、土壤湿度等显示出来，并通过摄像设备拍照，方便观察和记录。

2. 控制系统的硬件搭建

整个延时拍摄控制系统除核心部件 Arduino 主控扩展板（简称“扩展板”）外，还需要多种传感器来提供环境、时间等的监控数据，同时也需要输出设备来显示运行数据，执行运行命令。下面来看看各个传感器和相关配件。

（1）杜邦线。

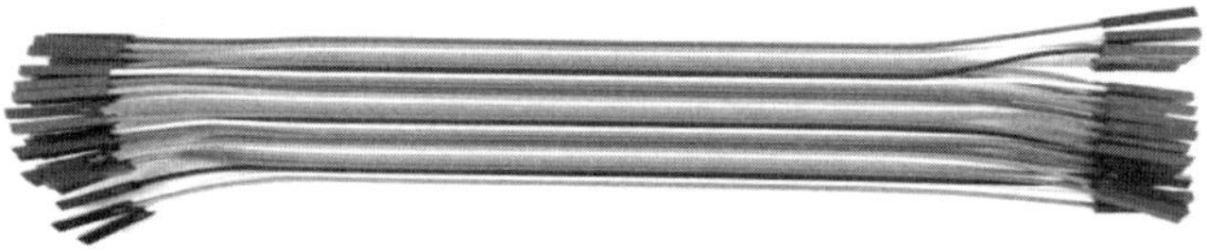

图 3-34 杜邦线

杜邦线是一种导线的名字，这种导线在两端各有一个母端插座，这个插座孔位刚好能够插在 2.54 mm 间距的排针上。在进行电路实验的时候，可以使用杜邦线进行快速连接，使用方便，免去了焊接的麻烦。本实验中的所有设备都是通过杜邦线与主控扩展板进行连接的。

（2）旋钮电位器模块。

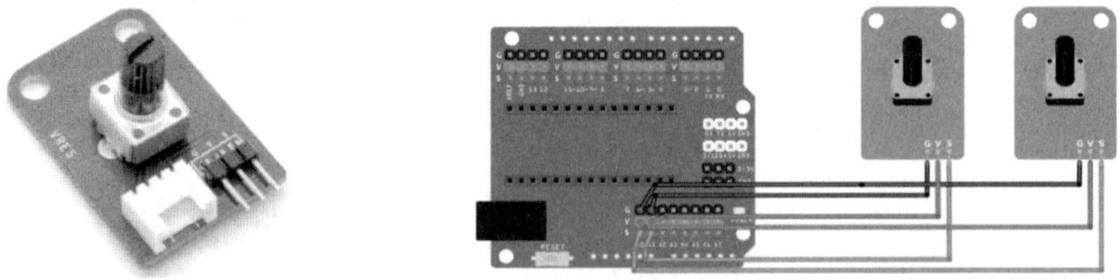

（a）旋钮电位器模块　（b）旋钮电位器与扩展板的连接

图 3-35 旋钮电位器模块及其与扩展板的连接

旋钮电位器模块本质上是一个旋转的滑动变阻器，最大电阻值为 10 kΩ。当旋钮转动时，电阻阻值产生变化，从而产生不同的电压信号。显然，模块可以输出多个不同的信号，因为输出的信号是模拟信号，所以需要接到 Arduino 的模拟输入针脚中。

可以看到，旋转电位器模块有三根针脚。G 是模块的接地针脚，V 是模块的正极，接 5V 电源，S 是模块的信号输出针脚。

在灯光控制系统中，需要用到两个旋钮电位器模块，一个为粗调控制，可以大范围地控制不同时间值；另外一个为精调控制，可以控制精确的时间值。两个模块的 S 针脚分别连接到扩展板的 A0 和 A1 针脚中，其中 A0 针脚为粗调控制，A1 为精调控制。其余的电源和接地针脚则分别接入到各自的针脚中。

（3）按键模块。

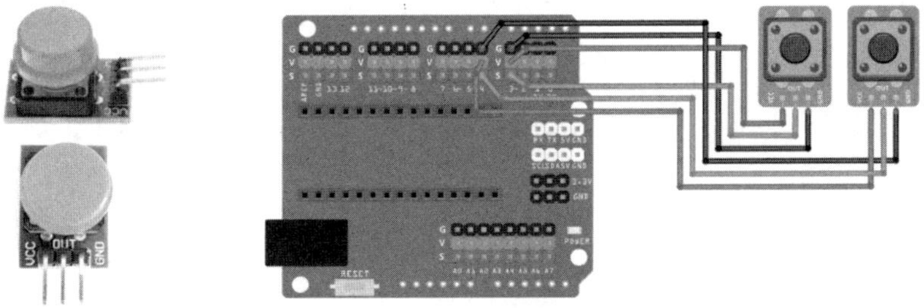

（a）按键模块　　（b）按键模块与扩展板的连接

图 3-36　按键模块及其与扩展板的连接

按键模块是 Arduino 创客作品中最常用的模块之一。按键模块本质上是一个开关，按下按键相当于闭合开关，松开按键相当于断开开关。

按键模块一共有三个针脚，其中 OUT 针脚是按键模块的信号针脚。当开关闭合，OUT 针脚与电源相连，此时它的电压与电源电压一样，输出高电平；当开关断开，OUT 针脚与模块接地相连，此时它的电压为 0V，输出低电平。可见，开关模块的输出信号是数字信号。本系统使用两个按键模块，输出针脚分别接到扩展板的 D3、D4 针脚，其余的电源和接地针脚则分别接入相应的针脚中。

在设计灯光控制系统功能时，一共使用了两个按键模块，一个是拍摄模式的启动 / 停止按键，另一个是灯光常亮模式的启动 / 停止按键。

（4）DS1307 时间模块。

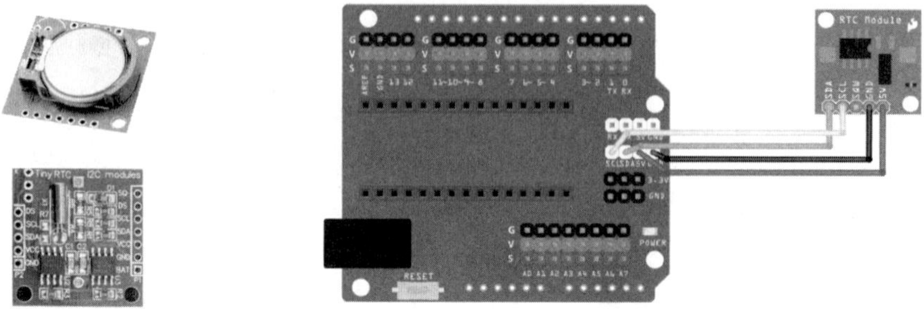

（a）DS1307 时间模块　　　　（b）时间模块与扩展板的连接

图 3-37　DS1307 时间模块及其与扩展板的连接

DS1307 时间模块是一款低功耗，具有 56 字节非失性 RAM 的全 BCD 码时钟日历实时时钟芯片，地址和数据通过两线双向的串行总线进行传输，芯片可以提供秒、分、小时等信息，每一个月的天数能自动调整，并且有闰年补偿功能。

可以看到，整个模块自带一颗 CR2032 纽扣电池，用于保证整个模块的程序运行。设置好时间后，只要电池有电就可以脱机运行，保证时间数据的准确。

该模块主要使用 I2C 总线连接扩展板。用杜邦线将 SCL、SDA、VCC、GND 四个针脚连接到扩展板上的 I2C 接口插座上即可。整个时间模块两侧都有上述 4 个接口，只要连接其中一边的接口即可，另外一边是用于串接其他 I2C 总线模块的。

（5）土壤湿度传感器模块。

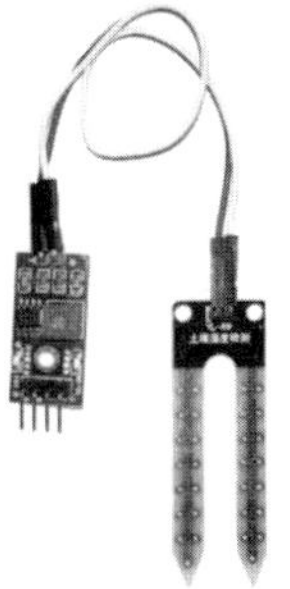

（a）土壤湿度传感器模块

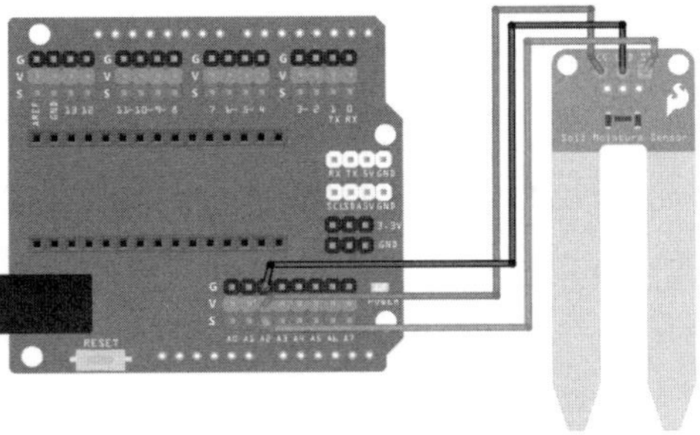

（b）土壤湿度传感器模块与扩展板的连接

图 3-38　土壤湿度传感器及其与扩展板的连接

土壤湿度传感器的工作原理非常简单：土壤中的水量变化会导致探头中的电导率发生变化。土壤湿度传感器悬空时（完全干燥时）A0 引脚输出为 1023，将土壤湿度传感器插到花盆的合适位置后（植物根部附近），A0 引脚输出值快速下降到某一稳定值。可见土壤湿度传感器的输出数值与湿度是成反比的。土壤湿度传感器输出的信号也是模拟信号，需要接到 Arduino 的模拟输入针脚中。

在本系统中，土壤湿度传感器的模拟信号输出脚 A0 接到扩展板的 A2 针脚中，VCC 和 GND 则接到扩展板对应的针脚中。

（6）DHT11 温湿度传感器模块。

（a）DHT11 温湿度传感器模块

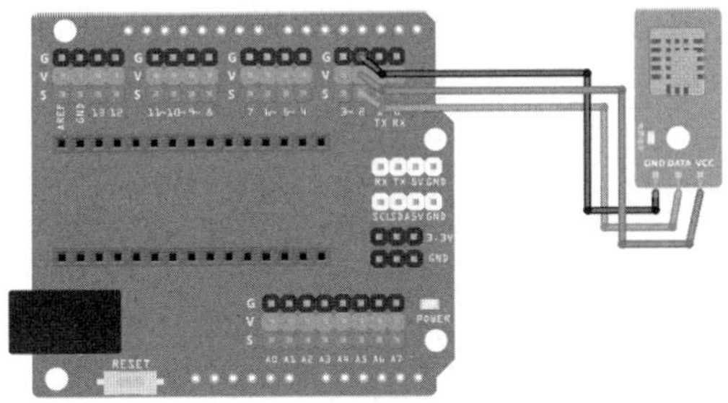

（b）DHT11 温湿度传感器模块与扩展板的连接

图 3-39　DHT11 温湿度传感器模块及其与扩展板的连接

DHT11温湿度传感器是一款有已校准数字信号输出的温湿度传感器。它应用专用的数字模块采集技术和温湿度传感技术，确保产品具有极高的可靠性和长期稳定性。该传感器的湿度精度为 ±5%RH，温度精度为 ±2 ℃；湿度量程为 20% ～ 90%RH，温度量程为 0 ～ 50 ℃。

DHT11 共三个针脚，DAT 针脚为模块的数据传输针脚，在本系统中接到 D2 针脚中，其余的电源和接地针脚则分别接入对应的针脚中。

（7）LCD1602 显示模块。

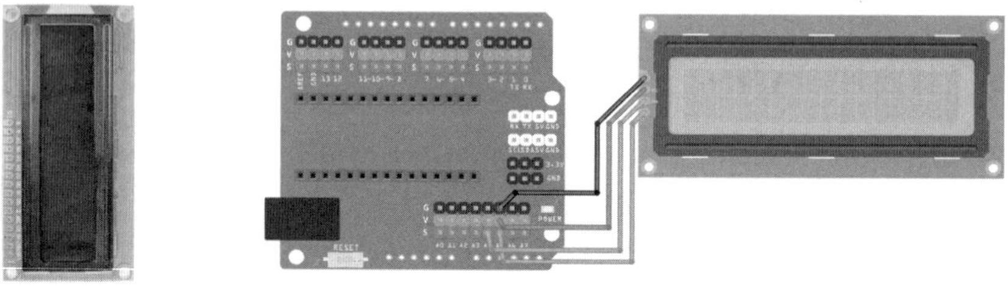

（a）LCD1602 显示模块　　（b）LCD1602 显示模块与扩展板的连接

图 3-40　LCD1602 显示模块及其与扩展板的连接

LCD1602 是一种工业字符型液晶，能够同时显示 32 个字符。LCD1602 液晶显示的原理是利用液晶的物理特性，通过电压对其显示区域进行控制。

Arduino 与 LCD1602 模块连接，需要连接 16 根数据线，基本占用了 Arduino 的所有针脚。但现在有部分 LCD1602 在推出时已经附带 I2C 转换模块，可以让 LCD1602 运行在 I2C 总线上，只需连接 4 根线就可以了。

要注意的是时钟模块也是使用 I2C 总线的，已经接在扩展板的 I2C 接口上了。那么可以把 LCD1602 模块的 SDA 和 SCL 针脚分别接到扩展板的 A4 和 A5 针脚中，这两个针脚是 Arduino 的 I2C 数据针脚，可以直接连接 I2C 设备。其余的电源和接地针脚则分别接入相应的针脚中。

（8）RGB 示意灯模块。

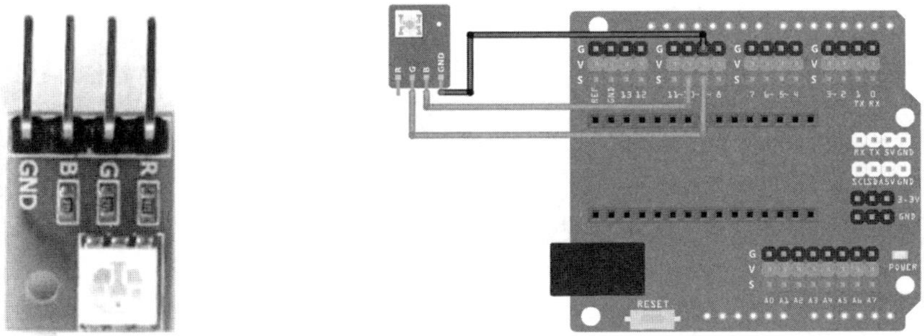

（a）RGB 示意灯模块　　　　（b）RGB 示意灯模块与扩展板的连接

图 3-41　RGB 示意灯模块及其与扩展板的连接

RGB 示意灯模块由一个贴片全彩 LED 制成，实际上是板载了红（R）、绿（G）、蓝（B）三种颜色的 LED 灯的模块，它们既可以独立发出单色光，也可以混合在一起发出不同颜色的光。将该模块接到 Arduino 的 PWM 针脚上，利用 Arduino 的 256 级模拟输出不同强度的光亮度，理论上可以混合出超过 1677 万种不同颜色的光。

RGB 示意灯模块一共有四个针脚，R 针脚代表红灯的正极针脚，G 代表绿灯的正极针脚，B 代表蓝灯的正极针脚，GND 代表上述三盏灯的共地针脚。使用时，分别将 R、G、B 三个针脚接到扩展板的数字输出针脚中，就可以通过程序控制针脚的高低电平，从而控制 LED 灯的开关了。

在本实验的灯光控制系统中，使用了 RGB 示意灯模块的两种颜色灯光作为系统指示灯。一种是拍摄模式启动指示灯（绿色），另一种是水泵的启动指示灯（蓝色），分别接在扩展板的 D9 和 D10 针脚中，GND 则接在扩展板的接地针脚。

（9）双路继电器模块。

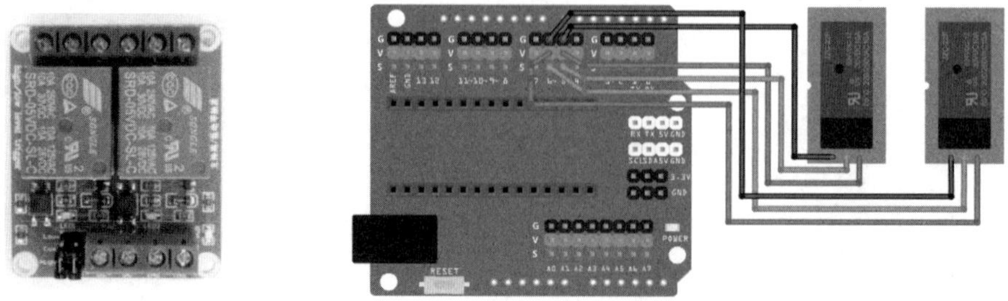

（a）双路继电器模块　　（b）以两个单路继电器模拟双路继电器与扩展板的连接

图 3-42　继电器模块及其与扩展板的连接

本控制系统最终需要控制的设备只有抽水机和台灯，这两个设备的工作电流远远高于 Arduino 可以供给的电流，因此不能将以上两个设备直接连到 Arduino 的数字输出针脚中用程序控制开关，而需要将台灯、抽水机接到独立电源中，利用可以受程序控制的设备作为电源开关以控制台灯和抽水机。这种受程序控制的设备就是继电器。

一般继电器指的是电磁继电器，也就是靠电磁力控制机械开关。继电器的作用本质是用一个回路（一般是小电流）去控制另外一个回路（一般是大电流）。电磁继电器一般由铁芯、线圈、衔铁、触点簧片等组成的。只要在线圈两端加上一定的电压，线圈中就会流过一定的电流，从而产生电磁效应，衔铁就会在电磁力的作用下克服弹簧的拉力吸向铁芯，从而带动衔铁的动触点与静触点（常开触点）吸合。当线圈断电后，电磁力也随之消失，衔铁就会在弹簧的作用下返回原来的位置，使动触点与原来的静触点（常闭触点）分离。这样吸合、分离，达到了电路的导通、切断的目的。对于继电器的常开、常闭触点，可以这样来区分：继电器线圈未通电时处于断开状态的静触点称为常开触点，处于接通状态的静触点称为常闭触点。

本控制系统使用的继电器为双路继电器模块，分别控制台灯和抽水机，Arduino 输出针脚 D5 和 D6 分别接到继电器模块的 IN1 和 IN2 接口，而继电器模块的 DC+ 和 DC- 则是模块的电源输入接口，分别接到扩展板的

+5 V 和 GND 针脚中。除了使用双路继电器模块外，还可以使用两个单路继电器模块，但要多接一组电源线路。

（10）USB 母座模块。

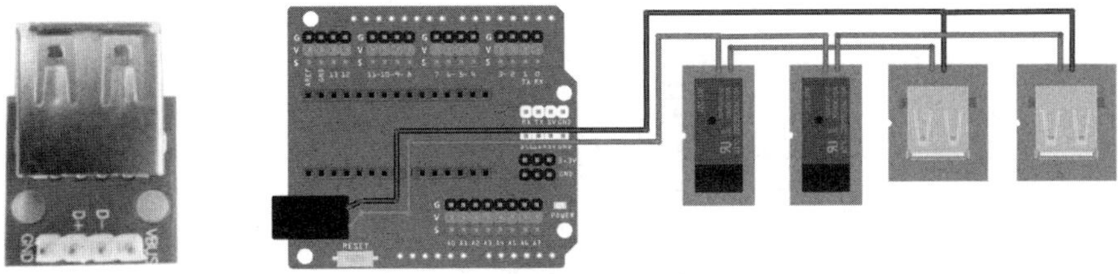

（a）USB 母座模块　　（b）以两个单路继电器模拟双路继电器与 USB 母座模块及扩展板的连接

图 3-43　USB 母座模块及其与扩展板的连接

本控制系统使用的台灯和抽水机是 USB 接口的，因此使用两个 USB 母座模块为设备供电。为了使外部电源能直接对 USB 底座供电，要在扩展板的电源插座正极焊接两条接线，分别接入两个继电器输出端的 com1、com2 口，再从继电器的 NO1、NO2（常开端）连接到两个 USB 母座模块的 VBUS 接口中，然后从扩展板供电底座的负极再引出两条线，直接接入 USB 母座模块的 GND 接口中。

（11）其他配件和实物组装全景图。

（a）6V 1A 电源适配器　　（b）USB 抽水机　　（c）USB 台灯

图 3-44　其他配件

电源：为本系统所有设备提供电力。综合所有设备的额定功率后，决定选择输出电压为 6 V，输出电流为 1 A 的电源适配器。

潜水式抽水泵：额定功率为 0.85W，能直接放在水桶里通过水管将水抽到花盆中。

USB 台灯：用于照亮拍摄物体，根据需要可以自由调节、固定角度，并且不需要开关，接通电源后能马上亮灯。

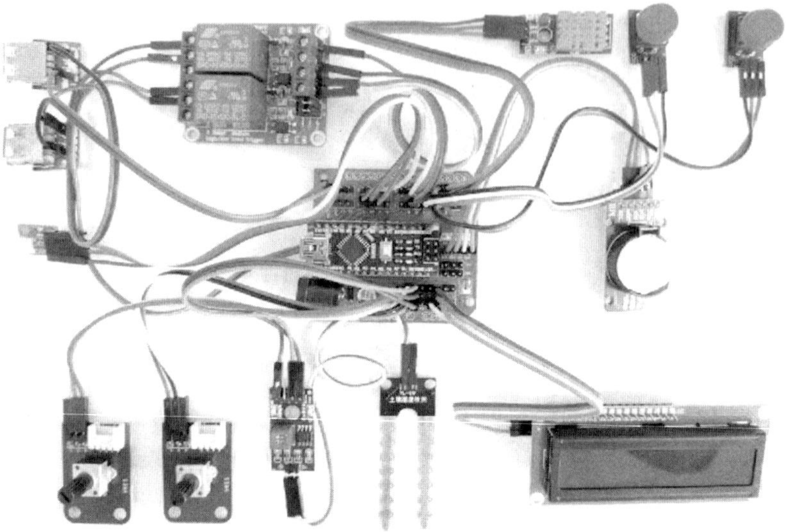

图 3-45 所有设备组装全景图

3. 控制系统的软件编程

利用 Mixly 进行图形化编程，编写的程序包含多个函数，每个函数包含 1 个功能。多个函数组合在一起，就能完成程序要求的全部功能。这样做的好处是容易调试，哪个功能有问题时只要检查相关函数就可以了，不需要检查整段程序。此外，容易扩展新功能，每次升级只需要添加新的函数就可以。

需要说明的是，每次编程都会使用各个变量来记录需要管理的数值，并用拼音对每个变量命名（因 Arduino 编程中不允许使用中文字符，使用英文命名不适合用于低年级教学），以便以后再看到该段程序的时候，能快速记起各个程序的作用以及其中的原理。因此下面的编程例子中，会出现大量以拼音来命名的变量，使用者可以根据自己的习惯进行相应的修改。（注：本案例图形化编程过程中，是以色块和颜色来区分相应模块和参数的。考虑到本书为黑白印刷，可能影响读者阅读和理解，故提供程序原图和源代码供参考。地址：http://note.youdao.com/noteshare?id=101541fbbcefbe9bed02dd65d6c3a81e&sub=D5234817296044B68E54D8BB8FF49319）

（1）设计流程图。

根据实验的要求，设计了以下流程图。通过各个模块，最终实现各个要求。整个系统分为三个主要模块：

拍摄模块：主要负责处理拍摄时的灯光控制。

自动淋水模块：主要实现土壤湿度的保持。

显示模块：显示系统运行时的各个参数。

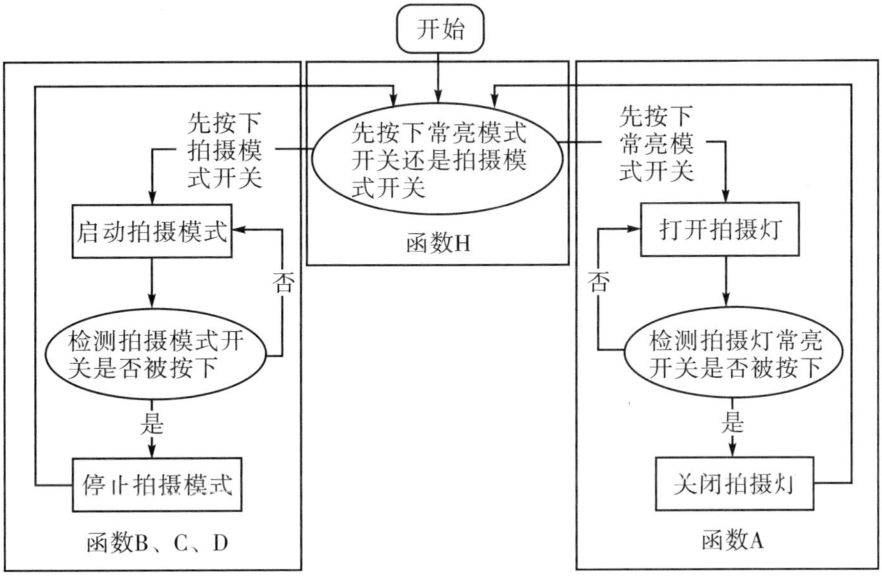

图 3-46　拍摄模块流程图（一）

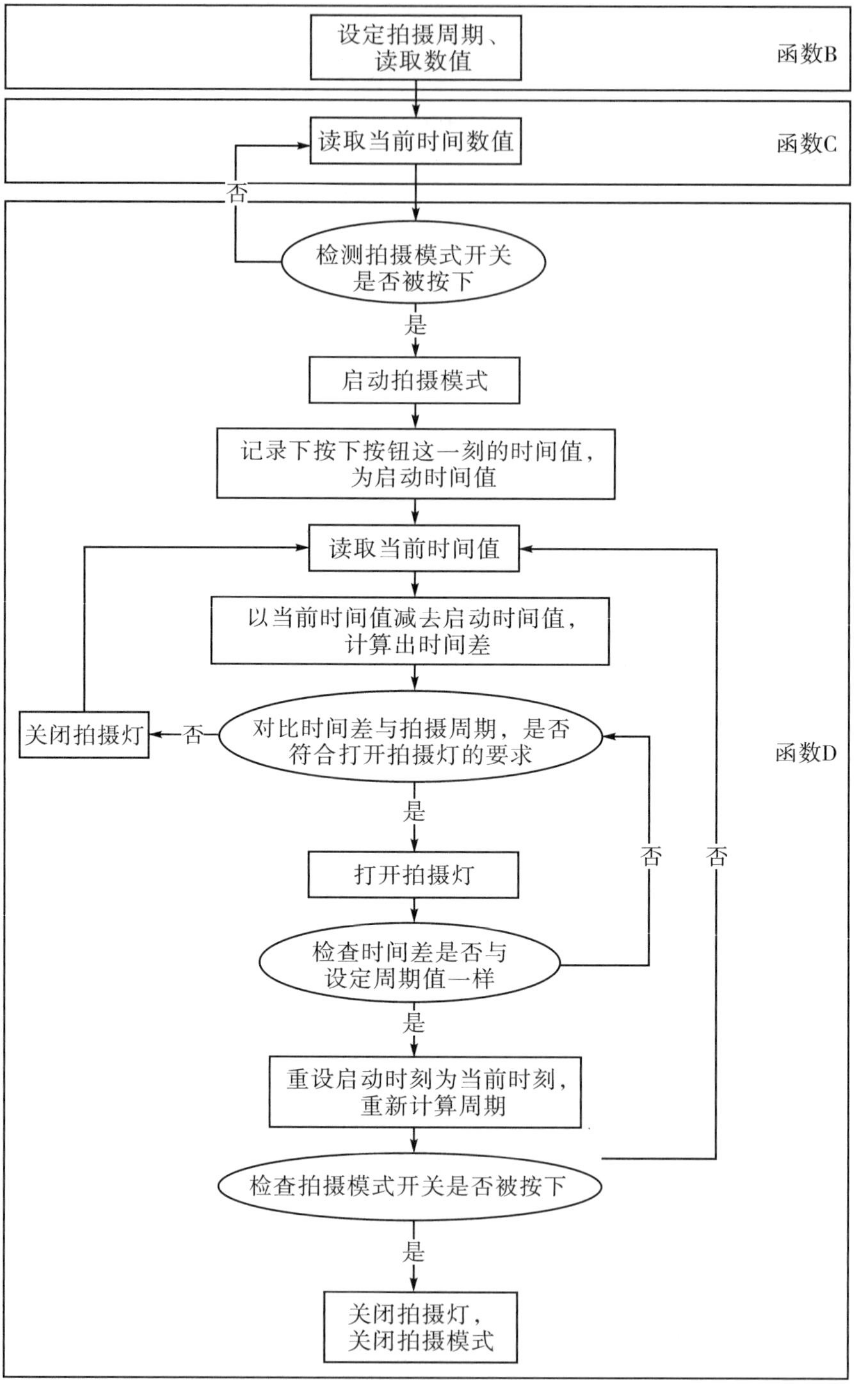

图 3-47　拍摄模块流程图（二）

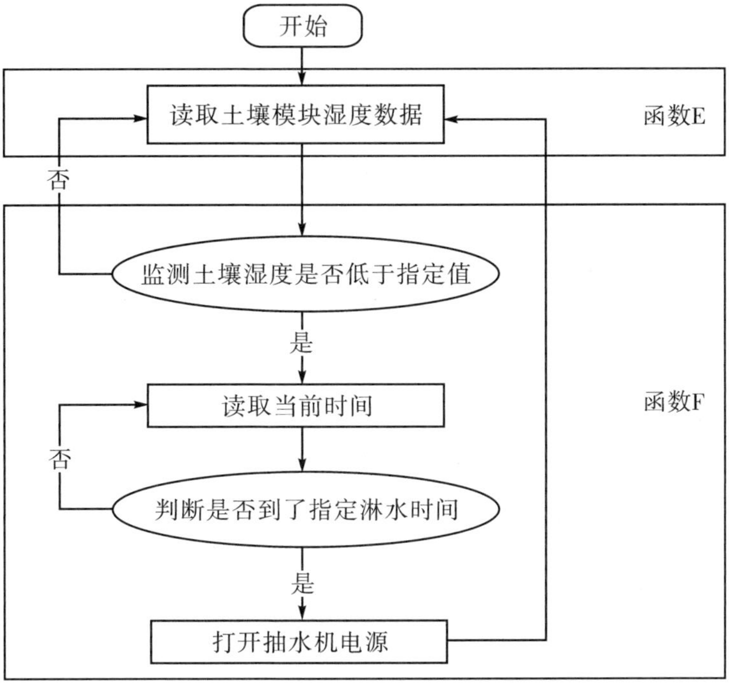

图 3-48 自动淋水模块流程图

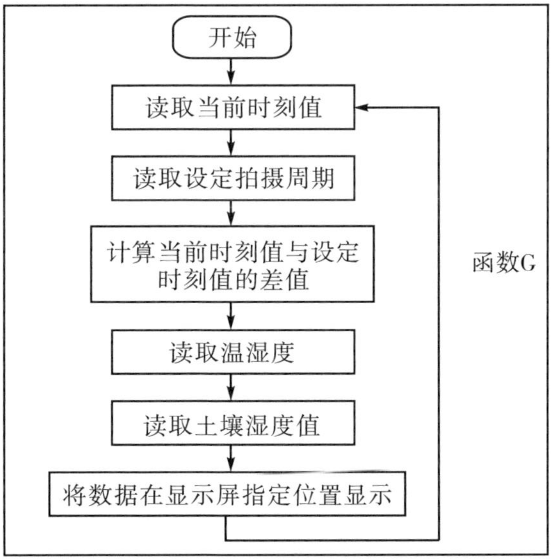

图 3-49 显示模块流程图

根据上述流程图，对功能模块进行逐个编程。

（2）设定时间模块。

控制系统的最核心功能就是通过计算时间控制台灯的打开和熄灭。因此，需要用到准确的时间信号。这里使用 DS1307 时间模块来提供时间信号。买回来的 DS1037 是没有时间数据的，需要先配置好时间模块。在传感器模块中找到 DS1307 程序定义和设定模块。DS1307 运行在 I2C 总线上，ArduinoI2C 总线的 SDA 和 SCL 线分别是 A4 和 A5。其他的时间按照当前的时间设置就可以了（如图 3-50）。需要注意的是烧录程序需要一定的时间，要把这个量提前计算好。

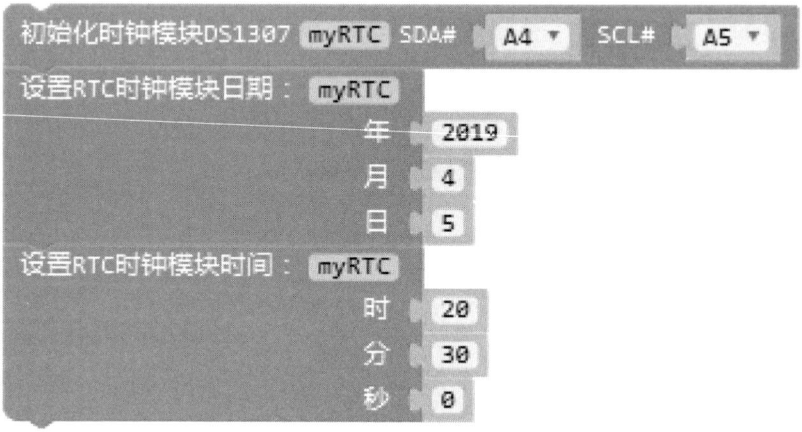

图 3-50　设置 DS1307 时间模块的程序模块

把上面的程序烧录到 Arduino 系统中，就可以设定好时间了。

随后，通过一段小程序检查时间是否正确设置（如图 3-51）。声明 nian、yue、ri、shi、fen、miao 这 6 个整型变量（变量只会是整数数值），分别读取时间模块中年、月、日、时、分、秒 6 个数据。再从串口中打印出来，通过串口监视器看结果（如图 3-52）。编程后重新烧录到 Arduino 中。

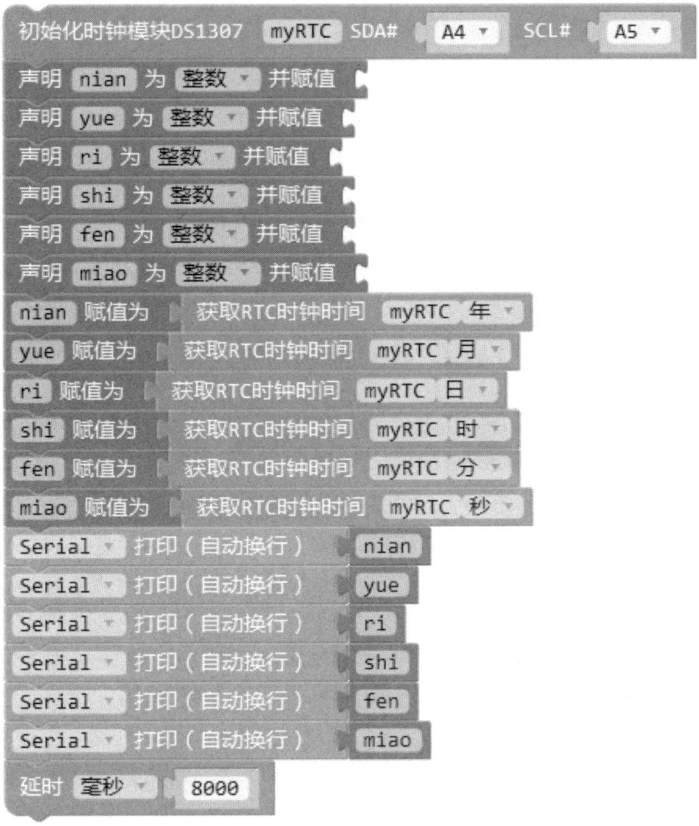

图 3-51　获取时间模块的数据，检查时间模块是否正确设置并正常工作

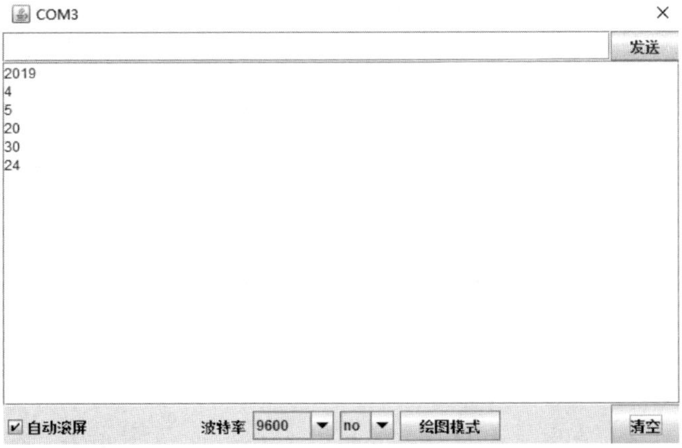

图 3-52　在串口监视器中检查时间数据

图 3-51 所示的程序是用于检查时间模块的，确认时间显示正确后可以删除。

（3）函数 A：灯光常亮函数。

通过接在 D3 的按键模块控制拍摄灯的亮和灭。按一下灯光打开，再按一下灯光熄灭，其实是通过 D3 控制连接在 D5 的继电器的通或断。当 D5 是高电平的时候，继电器闭合，台灯打开；当 D5 是低电平的时候，继电器断开，台灯熄灭。

利用一个信号，改变另外一个信号的过程叫作触发。通过按键控制继电器的断合，有两种方法。第一种方法是通过按键的电平来控制继电器的断合，例如按键高电平使继电器闭合，变为低电平时继电器不做任何改变，再变为高电平时继电器断开，如此不断变化。这种触发方式叫作高电平触发，同样，也存在低电平触发。这种方法的优点是编程非常容易，缺点是很难控制。因为电灯要长时间自动开启和关闭，使用高电平触发的话，就相当于有人站在系统旁边按着按钮才能打开拍摄灯，显然这不符合要求。第二种方法是利用按下按钮的一刻电平的变化来控制继电器的断合，例如按下按钮之前，按键模块的电平为低，按下之后，电平变为高。电平由低变高的一刻，叫上升沿；电平由高变低的一刻，叫下降沿。那么在上升沿时，继电器闭合，其他情况下继电器状态不改变；下一次上升沿时，继电器断开。继电器闭合，变为低电平时继电器不做任何改变，再变为高电平时继电器断开，如此不断变化。这种触发方式叫作上升沿触发，同样，也存在下降沿触发。这种方法的优点是准确，每按一次只改变继电器状态一次，缺点是编程稍微复杂。制作创客作品时，需要按照实际情况来选择不同的触发方式。下面按照上升沿触发的方法编程。

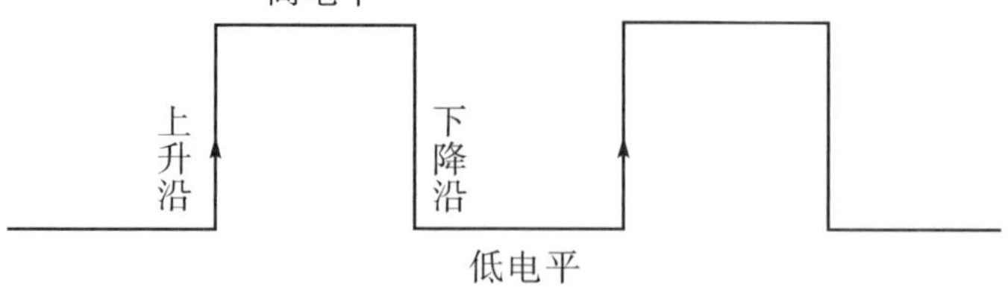

图 3-53 一个触发信号周期内的高电平、低电平、上升沿、下降沿示意图

怎样在程序上实现上升沿触发呢？如表 3-4 所示，在一个电平转换周期中，低电平时电平值为 0，同时增加一个电平标志为 0，高电平时电平值为 1，电平标志也是 1，而电平值从 0 转为 1 后，电平标志才从 0 转为 1。那在电平转换的一刻，会存在电平值为 1 而电平标志为 0 的情况，这种情况就可以表达为上升沿。同样道理，在松开按键的一刻，存在着电平值为 0 但电平标志为 1 的时刻，可以表达为下降沿。

表 3-4 用两个变量表示高电平、低电平、上升沿、下降沿

变量	松开按键	按下按键一刻	按紧按键	松开按键一刻
电平值	0	1	1	0
电平标志	0	0	1	1
电平状态	低电平	上升沿	高电平	下降沿

整段函数的编程如下：

先声明两个整型变量：changliangdianping，changliangbiaozhi。changliangdianping 用于读取接在 D3 的按键模块的电压值，只有 0 或 1 两种状态。changliangbiaozhi 作为电平标志，只有 0 或 1 两种状态。

再声明一个叫作 changliangzhuangtai 的布尔变量，该变量控制台灯的亮和灭。一个布尔变量拥有两个值——true 或 false，它们可以通过逻辑关系互相转换，从而完成台灯的亮和灭的转换。

图 3-54 声明各个变量，并将按钮电平值赋值给相关变量

在上升沿过程中，当电平信号为 0 时，电平标志肯定为 0。图 3-55 所示程序代表按钮没按下时的系统情况。

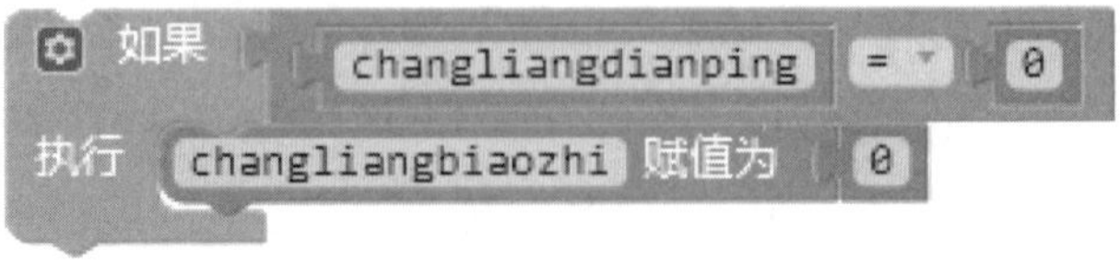

图 3-55　当按键没按下时的程序模块

当按键按下，低电平变为高电平，随后电平标志也变为 0。可以理解为当电平值为 1 而电平标志为 0（上升沿）时，程序执行需要的动作（变量 dengzhuangtai 的转换），然后电平标志变为 1。图 3-56 所示程序代表按键按下那一刻的系统情况。

图 3-56　按键按下，利用上升沿触发相关变量状态转变的程序模块

上面两段程序拼合在一起后，就构成了整个按键控制灯的程序了。

上面的程序中 changliangzhuangtai 这个变量控制着台灯的亮和灭。当 changliangzhuangtai 为 true（赋值 1）的时候，台灯亮（接继电器针脚的 D5 为高电平），反之则灭（接继电器针脚的 D5 为低电平），所以要多加一段程序（如图 3-57 所示）来表示。

图 3-57　常亮灯光控制变量不同时控制着针脚的不同电平

将所有模块拼接好，并放在一个声明为 changliang 的函数中，就完成该函数的编程，如图 3-58 所示。

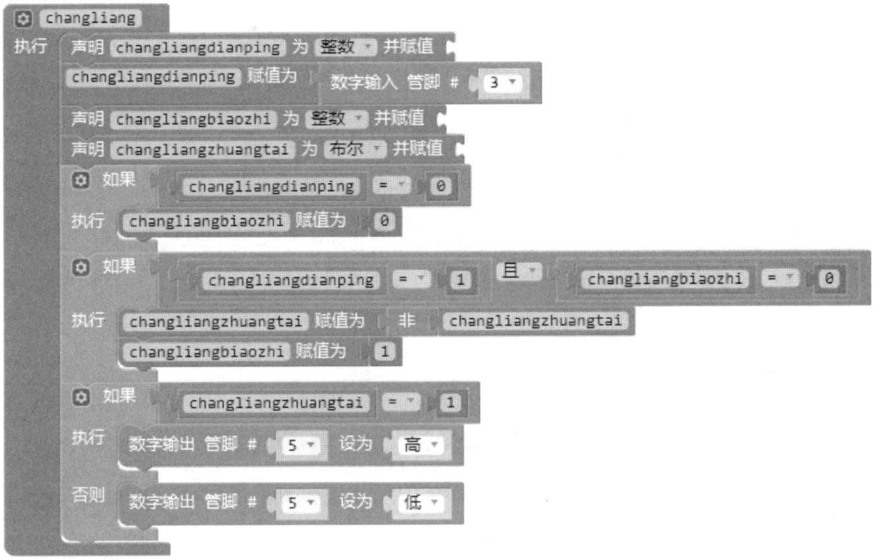

图 3-58　常亮函数的全部程序模块

因为这个函数里面包含变量 changliangzhuangtai，它存在着一个系统启动后是什么状态的问题，因此要为它设定一个初始值，表明系统刚启动不做任何操作时，它就是这种状态，做了其他操作后，它就按照程序里的设置来改变。在控制模块中拉出初始化模块，在里面声明一下变量 changliangzhuangtai 的初始状态。按照一般习惯，系统刚启动，台灯是不亮的，所以变量 changliangzhuangtai 应该为 false（赋值 0），如图 3-59 所示。

图 3-59　给相关函数的初始状态赋值

（4）函数 B：时间调整函数。

该函数用来读取两个旋钮电位器所各自表示的时间，其中一个时间是粗调，可以大范围地调整时间范围，使得系统可以满足多种时间需求，但是它很难调准一个数值。因此，使用第二个旋钮来精准调整。粗调旋钮的范围是 20 ～ 900，精调旋钮的范围是 -10 ～ 10。两个旋钮的数值之和就是调整出来的时间，范围在 10 ～ 910。

按照图 3-60 的方式，在变量模块、输入输出模块中各自拖入以下模块并拼好。图 3-60 是声明一个叫 xuanniucutiao 的整型变量，这个变量记录的是接在 A0 脚的旋钮电位器（时间粗调）的电压，数值在 0 ～ 1023。

图 3-60　读取旋钮 1 数值并赋值给相关变量

同样，图 3-61 所示声明一个叫 shijianjingtiao 的整型变量，记录接在 A1 脚的旋钮电位器（时间精调）的电压，数值在 0 ～ 1023。

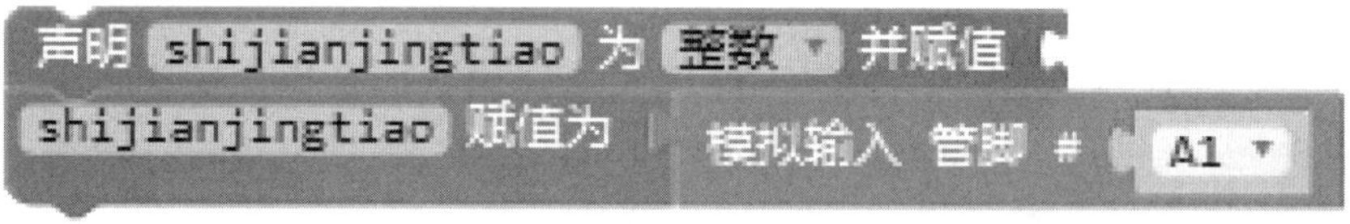

图 3-61　读取旋钮 2 数值并赋值给相关变量

按照图 3-62 的方式，在变量模块、数学模块中各自拖入以下模块并拼好。图 3-62 所示程序是声明一个叫 shijiancutiao 的变量来记录旋钮代表的时间，因为旋钮的电压数值为 0 ～ 1023，而代表的时间数值为 20 ～ 900，它们之间存在数值一一对应的关系，所以要用数学模块中的映射功能来求出相应数值。

图 3-62　映射旋钮 1 的值给相关变量

同样，时间精调也按照上述方法拖好模块，只是代表时间的数值为 –10 ～ 10，如图 3-63 所示。

图 3-63　映射旋钮 2 的值给相关变量

最后，声明一个叫 shijian 的函数，作为需要调整的准确时间，它的数值为 shijiancutiao 和 shijianjingtiao 之和，如图 3-64 所示。

图 3-64　求出确定的时间控制数值

将所有模块拼接好，放在一个声明为 shijiantiaozheng 的函数中，就完成了时间调整函数的编程，如图 3-65 所示。

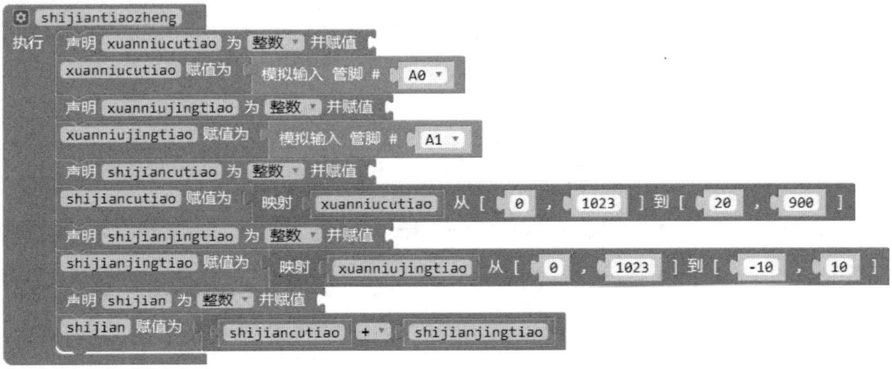

图 3-65　时间调整函数的全部程序模块

（5）函数 C：当前时间值计算函数。

该函数是用来计算某一时间的具体时刻的。要算出台灯打开和关闭的时间，其实就是算出现在的一刻离按下拍摄按钮的一刻过去了多久，也就是算出它们之间的时间差。为了方便计算，将一天中的某一时刻算为一天中的第几秒，那么每一秒都有一个独立的数值。换算方法：某一时刻=3600 × 时 +60 × 分 + 秒。例如 20 点 30 分 45 秒，按上面的算法可换算为 3600 × 20+60 × 30+45=73845，就是说它是一天中的第 73845 秒。

先声明好 DS1307 时间模块及 nian、yue、ri、shi、fen、miao 这 6 个整型变量，分别读取时间模块中年、月、日、时、分、秒的 6 个数据，如图 3-66 所示。

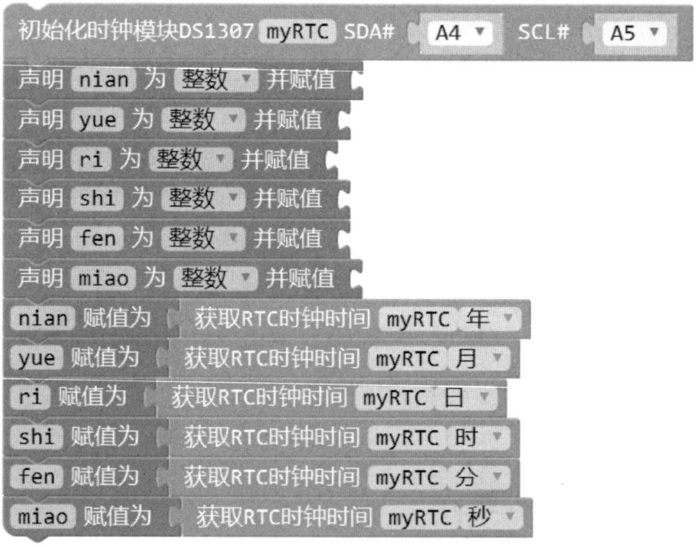

图 3-66 从时间模块中获取时间数据并赋值给相关变量

再声明一个变量叫 dangqianshike，用来记录当前时刻的数值，因为数值范围是 0 ～ 86399（3600 × 23+60 × 59+59=86399），已经超出整型变量的范围，所以这个变量需要用长整数变量，如图 3-67 所示。

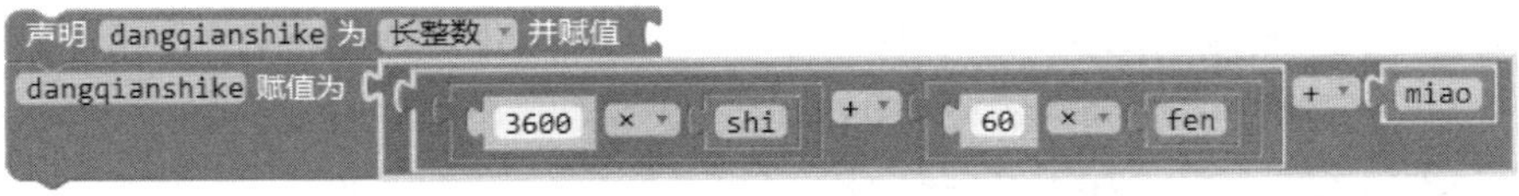

图 3-67　计算某一时刻的时间值程序模块

将所有模块拼接好，并放在一个声明为 shijianjisuan 的函数中，就完成了时间值计算函数的编程，如图 3-68 所示。

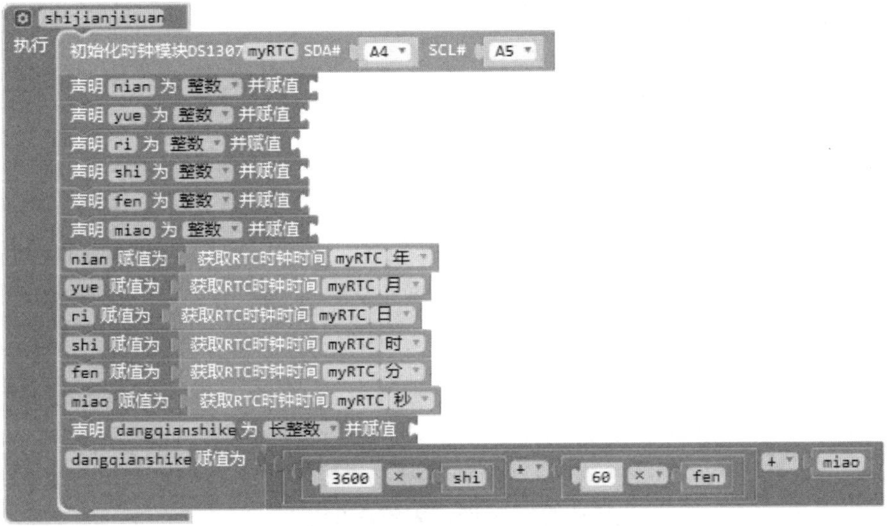

图 3-68　当前时间值计算函数的全部程序模块

（6）函数 D：拍摄启动函数。

按下接在 D4 针脚的按键模块，启动拍摄模式；再按下按键，关闭拍摄模式。整段程序的按键程序部分，和上面灯光常亮的程序类似，只是修改了部分变量名称和针脚号码。同时，按下按键时，将变量 anjianshike 赋值为现在的时间值，即变量 dangqianshike，如图 3-69 所示。

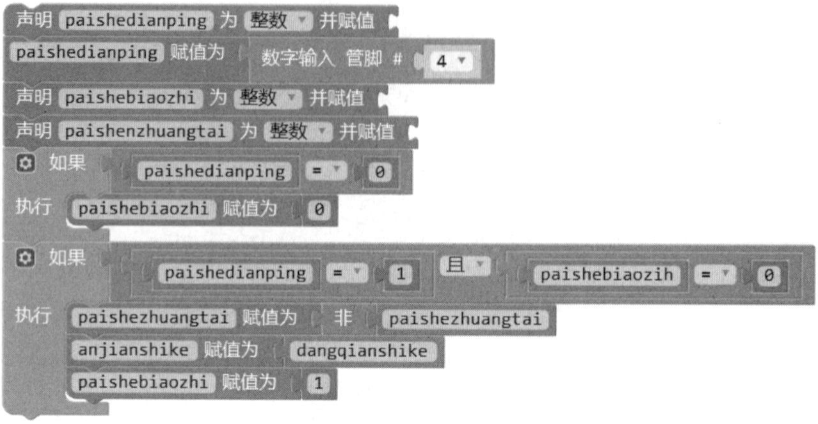

图 3-69　利用按键 2 控制拍摄程序的触发程序模块

从以上的程序中可以看到，按下 D4 的按键后，赋值变量 paishezhuangtai 为 1，再按一下，赋值该状态为 0，不断循环。所以变量 paishezhuangtai 控制着拍摄期间的台灯灯光变化。下面，来对 paishezhuangtai 为 1 和为 0 时的系统功能进行编程。

假设设置的拍摄周期是 90 秒，即变量时间赋值为 90。

表 3–5　设定周期为 90 秒时，当拍摄程序启动时灯光的打开和熄灭的时间规律

时间范围	灯光状态	时间范围	灯光状态	时间范围	灯光状态
0 ～ 5 秒	亮	90 ～ 95 秒	亮	180 ～ 185 秒	亮
5 ～ 85 秒	灭	95 ～ 175 秒	灭	185 ～ 265 秒	灭
85 ～ 90 秒	亮	175 ～ 180 秒	亮	265 ～ 270 秒	亮

当按下按键后，首先灯会亮 5 秒，即 D5 针脚为高电平，随后 D5 转为低电平，直到变量 shijian–5 秒这一刻，之后又变为高电平，直到变量 shijian 结束，为一个周期。

得出规律后，就可以确定思路。声明两个长整型变量 anjianshike、shijiancha。当 paishezhuangtai 转为 1 的时刻，赋值变量 anjianshike 为 dangqianshike，即记录按下按键的时间值。然后每个程序周期，赋值变量

shijiancha=dangqianshike−anjianshike，即计算现在这一刻与按下按键时刻的时间差。当 0 ≤ shijiancha < 5 的时候，D5 为高电平；当 5 ≤ shijiancha < shijian−5 时，D5 为低电平；当 shijian−5 ≤ shijiancha < shijian 时，D5 为高电平；当 shijiancha=shijian 时，anjianshike 赋值为 dangqianshike，即重新设定新的一个周期。这个周期不断重复，直到拍摄结束（见图 3-70）。

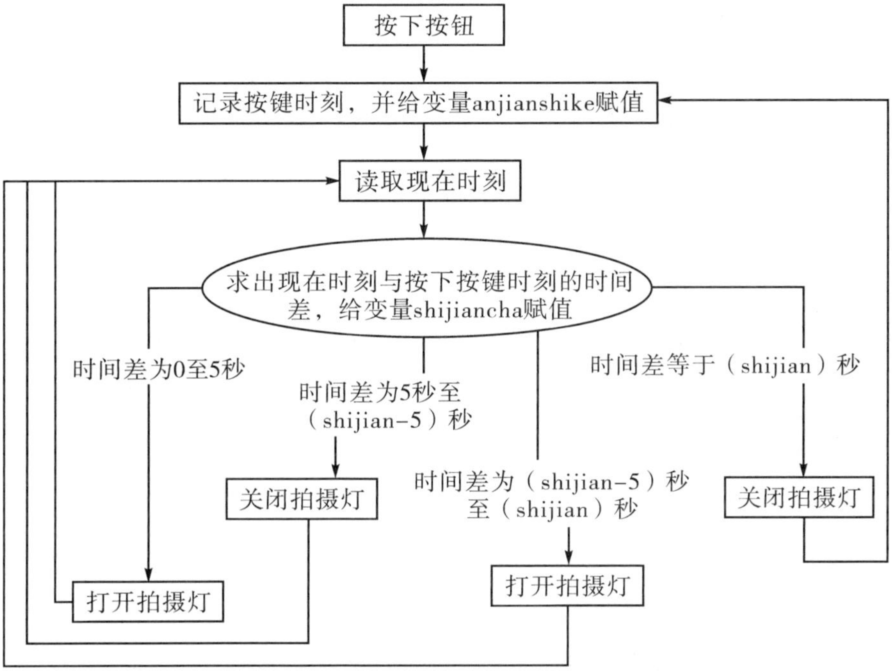

图 3-70 拍摄控制程序的工作流程图

首先，声明两个长整数变量，anjianshike 和 shijiancha。

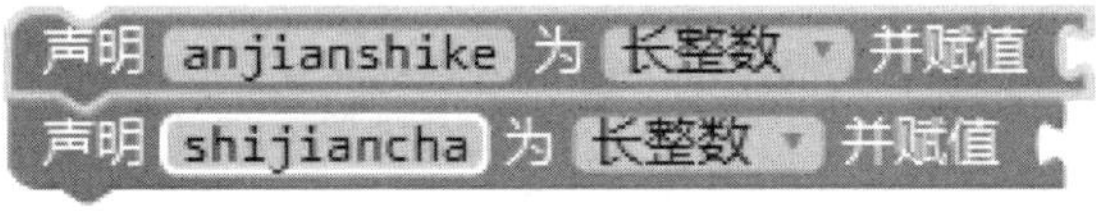

图 3-71 声明相关变量

每一时刻的时间差就相当于变量 dangqianshike 减去 anjianshike，把这个值赋值给 shijiancha。

现在所有的时间变量都是正数，因为当前的时刻一般要比按下按键的时刻要大。但存在一种情况，就是拍摄的时间横跨了晚上 12 点，就会出现变量 dangqianshike 比 anjianshike 小，求出的变量 shijiancha 为负数的情况。显然，程序会出现错误。

解决的方法也很简单，就是当 dangqianshike 小于 anjianshike 的时候，dangqianshike 的值加上 86400 就可以了（24 小时为 86400 秒）。程序如图 3-72 所示。

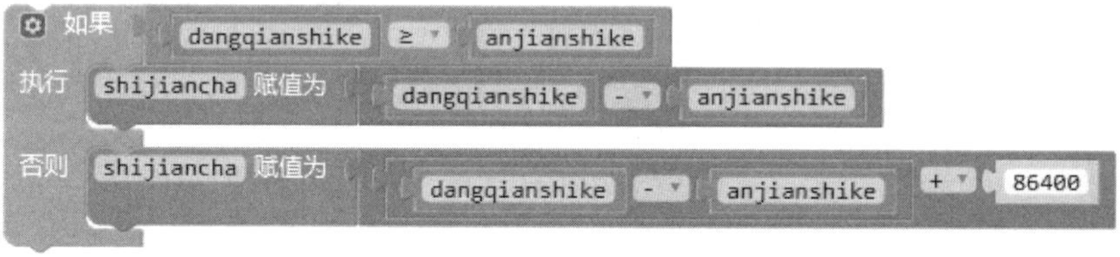

图 3-72 比较变量大小，确保跨日时程序正常工作

按照如图 3-70 所示流程图，下一步做的是对 shijiancha 这个变量的分类，设定在各个时间段中程序分别需要干些什么，如图 3-73 所示。

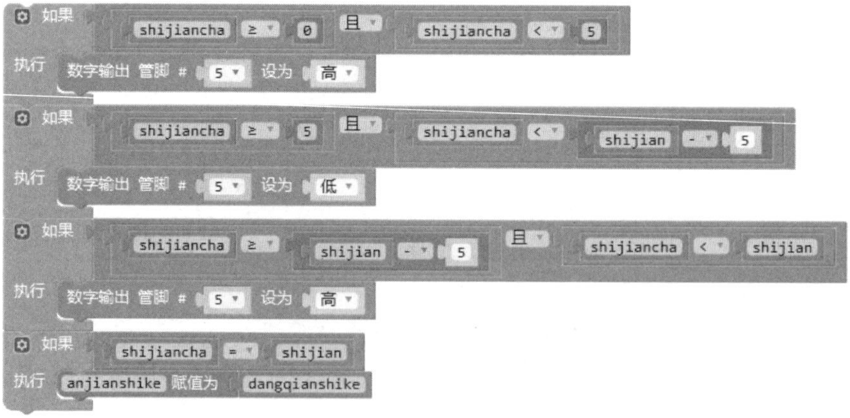

图 3-73 对 shijiancha 变量的分类

整个系统在 paishezhuangtai 为 1 时的编程如图 3-74 所示。

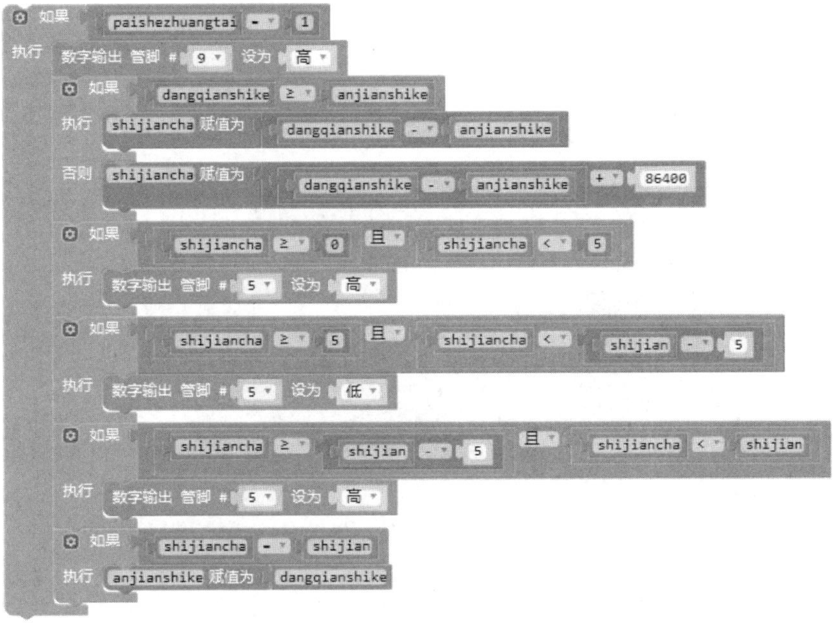

图 3-74　拍摄控制流程开始后的程序模块

变量 paishezhuangtai 为 1 时，系统要完成以上拍摄功能，而当再按一下按钮，显然要改为停止拍摄的模式，变量 paishezhuangtai 为 0。此时，拍摄台灯要关闭，同时部分状态参数也要清 0，如图 3-75。

图 3-75　拍摄程序关闭后的程序模块

将上面的模块拼接好，并放在一个声明为 paishe 的函数中，就完成了拍摄函数的编程（图 3-76）。

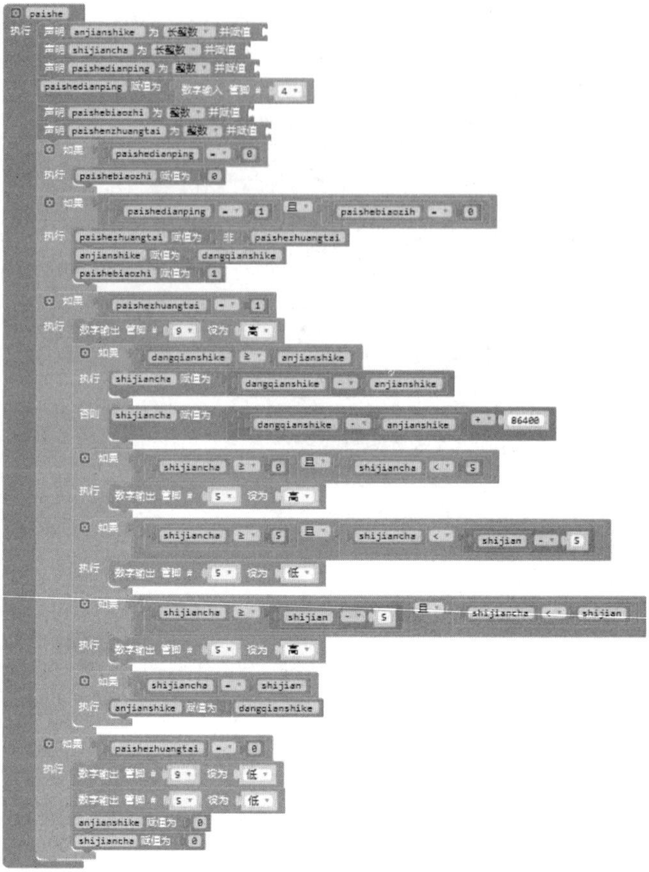

图 3-76　整个拍摄函数的全部程序模块

最后，paishezhuangtai 这个变量的初始赋值按照习惯应该也是在系统通电的时候为 0，也需要在初始化模块中加入，如图 3-77 所示。

图 3-77　拍摄函数中的相关函数的初始化赋值

（7）函数 E：温湿度函数。

该函数读取了 DHT11 温湿度传感器中的温度、湿度以及土壤传感器的电压数值。

声明 wendu、shidu、turangdianya、turangshidu 四个变量，分别代表温度、湿度、土壤传感器电压、土壤湿度。

图 3-78 声明变量

温度和湿度通过接在 D2 脚中的 DHT11 传感器获得，该传感器的程序模块在传感器模块中选择，拼接好的程序如图 3-79 所示。

图 3-79 将温湿度传感器的数据赋值给相关变量

土壤模块连接到 A2 脚中，读取的是 1024 级电压 turangdianya，要通过数学模块中的映射来对应 0 ～ 100 的湿度值 turangshidu。通过测试，发现土壤湿度传感器的数值在空气中为 1023，在水中为 0。因此土壤湿度和传感器数值是成反比的，在程序中要将对应的数值改为 100 至 0。

图 3-80 将土壤传感器的数值映射到相关变量中

将所有模块拼接好，放在一个声明为 wenshidu 的函数中，就完成了温湿度函数的编程，如图 3-81 所示。

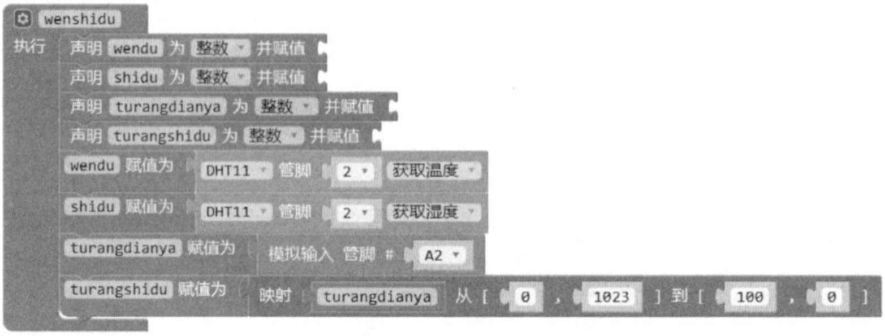

图 3-81　温湿度函数的全部程序模块

（8）函数 F：自动淋水函数。

按照需求，当土壤湿度传感器检测到土壤湿度小于一定值时，每 1 分钟自动淋水 1 秒，实际上是控制连接在 D6 的继电器接通，从而使抽水机通电抽水。

先测试一下土壤传感器，发现湿度小于 40 时需要淋水，并计划在每分钟的 31 秒时打开抽水机。同时，接在 D10 的指示灯（蓝色）点亮。其余时候抽水机关闭，同时指示灯熄灭。程序如图 3-82 所示。

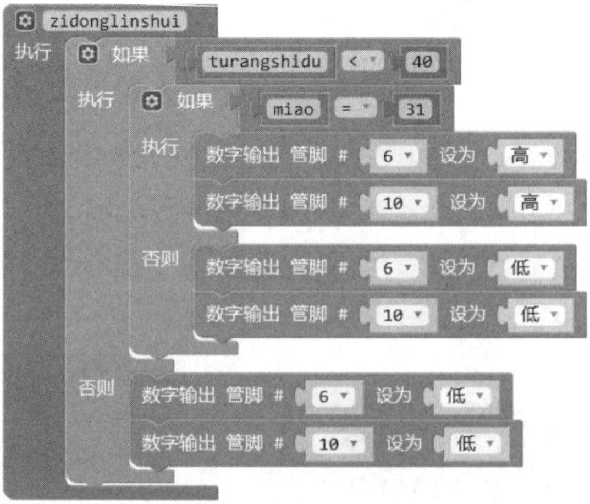

图 3-82　自动淋水函数的全部程序模块

（9）函数 G：LCD 显示函数。

拍摄过程中的重要数据需要在 LCD1602 中显示出来。LCD1602 显示器模块通过 I2C 总线和 Arduino 扩展板进行数据通信。前文说过，I2C 总线可以通过 2 条线连接多个设备与扩展板进行通信，这主要靠的是不同设备有着不同的地址。在 LCD1602 中，就有这样一个地址参数，需要编程的时候填写。一般来说，在购买 LCD1602 显示器时就会列明这个地址。如果没有，可以通过网上的一些程序查找出来。本例中，模块的地址为 0X25。

先要确定好整个显示器要显示哪些信息，计划如表 3-6 所示。

表 3-6　设计好 LCD1602 显示模块需要显示的数据并确定好位置

	1	2	3	4	5	6	7	8	9	10	11	12	13	14	15	16
1	2	0	:	3	0	:	4	5		1	2	0		1	0	3
2	T	:	2	3	C		H	:	4	5		%		6	0	

表中灰色部分代表 LCD1602 中每个显示模块的序号。可以看到，LCD1602 可以显示 1 和 2，共两行，每行 1 至 16，共 16 列的字符。需要留意的是，Mixly 对 LCD1602 模块的程序按中国习惯的表达方式做了修改，一般其他 Arduino 程序里 LCD1602 的序号是 0、1 两行，0 ～ 15 共 16 列。

白色部分代表需要显示的内容。

显示器第 1 行第 1、2 列显示变量 shi。

显示器第 1 行第 3 列显示时间分隔符号“：”。

显示器第 1 行第 4、5 列显示变量 fen。

显示器第 1 行第 6 列显示时间分隔符号“：”。

显示器第 1 行第 7、8 列显示变量 miao。

显示器第 1 行第 9 列不显示信息，为空格。

显示器第 1 行第 10、11、12 列显示的是设定的时间，即变量 shijian。该变量可以是两位数也可以是三位数。当是两位数时，第 10、11 两列显示信息，第 12 列空白；是三位数时，三列都显示信息。

显示器第 1 行第 13 列不显示信息，为空格。

显示器第 1 行第 14、15、16 列显示的是拍摄周期中已经过去的时间，即变量 shijiancha。该变量可以是两位数也可以是三位数。当是两位数时，第 14、15 两列显示信息，第 16 列空白；是三位数时，三列都显示信息。

显示器第 2 行第 1、2 列显示的是温度标志“T：”。

显示器第 2 行第 3、4 列显示的是变量 wendu。

显示器第 2 行第 5 列显示的是温度单位℃，因 LCD1602 没有相关符号，所以用“C”表示。

显示器第 2 行第 6 列不显示信息，为空格。

显示器第 2 行第 7、8 列显示的是湿度标志“H：”。

显示器第 2 行第 9、10、11 列显示的是变量 shidu。

显示器第 2 行第 12 列显示“%”。

显示器第 2 行第 13 列不显示信息，为空格。

显示器第 2 行第 14、15、16 列显示的是土壤湿度值，即变量 turangshidu。

给 LCD1602 编程的方法如下：

先要定义一个 LCD1602 模块，设定好地址，见图 3-83。

图 3-83　声明一个显示模块

LCD1602 模块每更新一次信息都需要清屏，所以在程序开头要添加清屏命令，见图 3-84。

图 3-84　添加清屏命令

根据需要显示的内容，添加好各个程序模块，见图 3-85。

图 3-85　设置各个位置需要显示的数据

将上面的模块拼接好，并放在一个声明为 pingmuxianshi 的函数中，就完成了屏幕显示函数的编程，如图 3-86 所示。

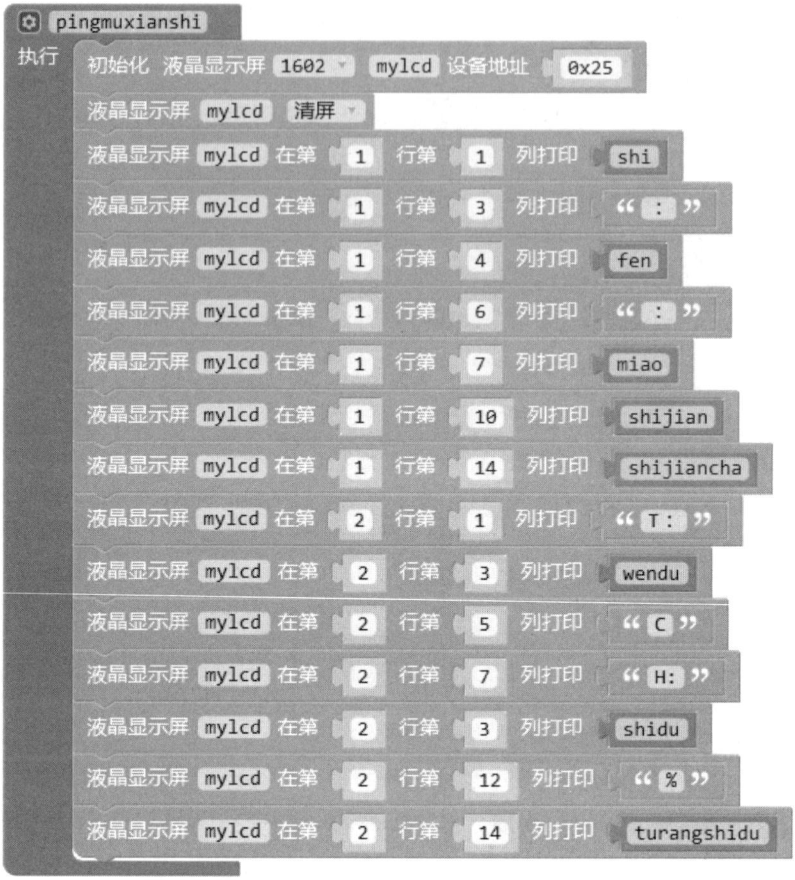

图 3-86 整个屏幕显示函数中的全部程序模块

要注意的是，LCD1602 显示信息后，还需要打开背光，照亮屏幕后才能看到屏幕信息。可通过程序设置背光的打开和关闭。点开程序的下拉菜单，就可以选择打开背光或关闭背光了，见图 3-87。

图 3-87 液晶显示屏的背光控制程序模块

考虑到一直打开背光会对植物的生长造成干扰，所以，设定在拍摄模式开始后，台灯打开的时候再打开背光，其他时候关闭背光。所以 paishe 函数要在相应的地方加上相关语句，paishezhuangtai 为 1 时的各个台灯打开时刻。见图 3-88。

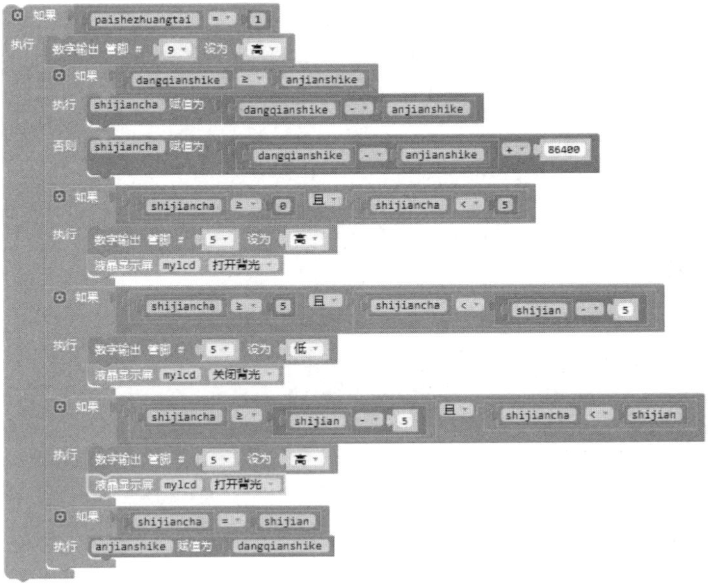

图 3-88　拍摄控制开始后，显示屏的背光状态与拍摄灯光的开关状态同步

paishezhuangtai 为 0 时，见图 3-89。

图 3-89　拍摄模式结束后，显示背光要打开

所以，paishe 模块程序如图 3-90 所示。

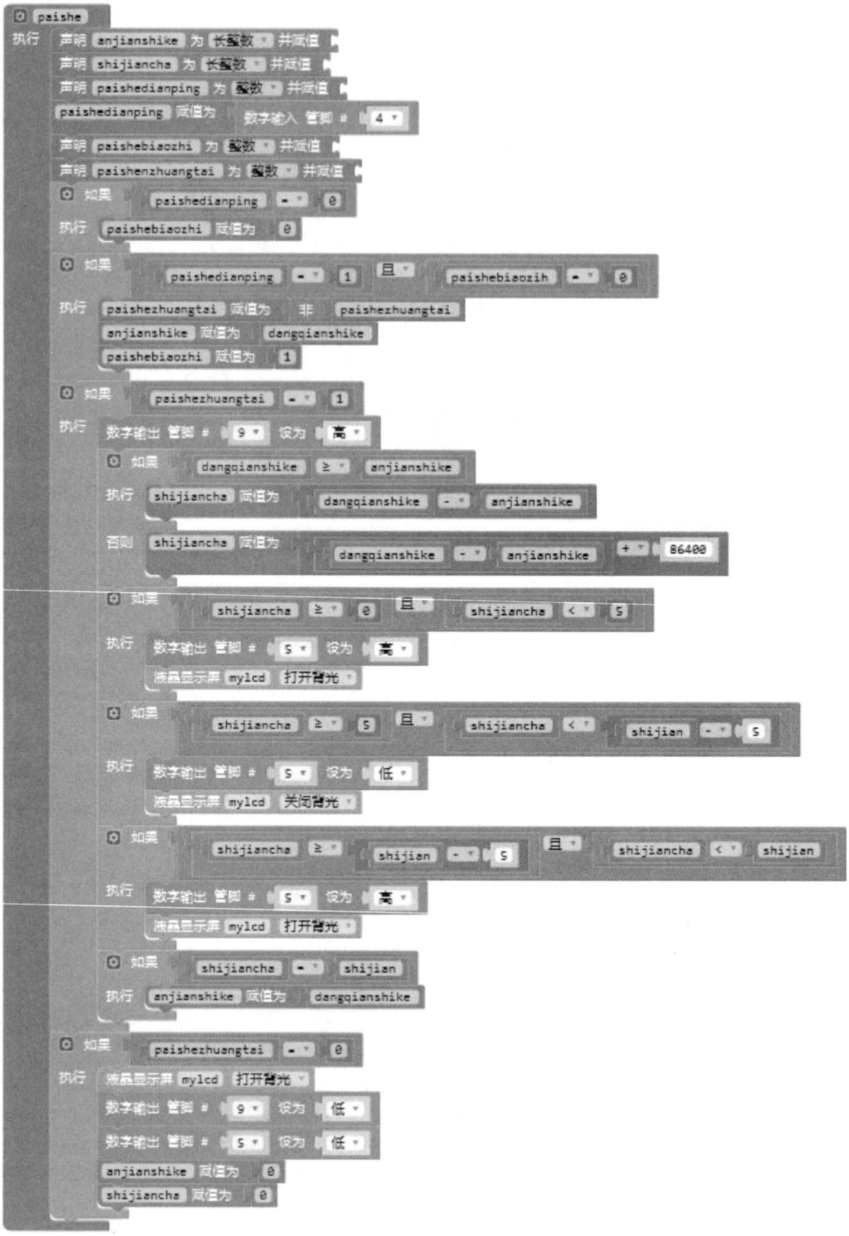

图 3-90　添加背光控制命令后的拍摄函数

至此，各个模块的函数全部编写完成。

（10）函数 H：函数运行。

现在要编写各个函数的运行情况。

其中 shijiantiaozheng 函数、shijianjisuan 函数、wenshidu 函数、zidonglinshui 函数、pingmuxianshi 函数在运行中没有逻辑冲突，可以直接运行。在函数模块中拉出相关执行函数即可，如图 3-91 所示。

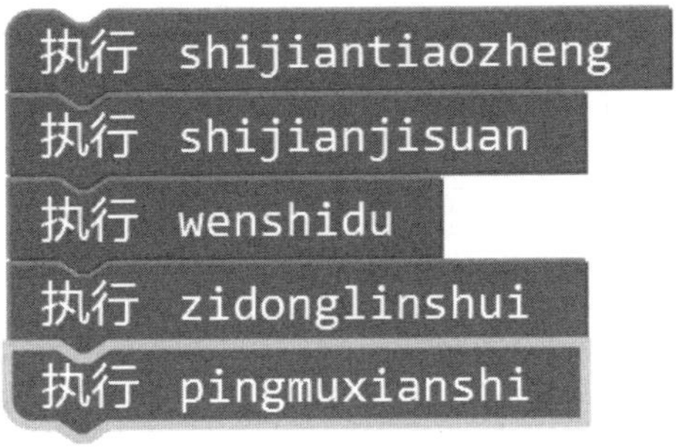

图 3-91　系统执行函数

changliang 和 paishe 两个函数都是控制拍摄灯光的，一个函数运行的时候，另外一个函数不能运行，否则，会引起冲突。

变量 paishezhuangtai 是拍摄模式是否开始的标志，当变量 paishezhuangtai 为 1 时，拍摄模式启动，不能运行 changliang 函数，变量 paishezhuangtai 为 0 时，可以运行 changliang 函数（如图 3-92）。

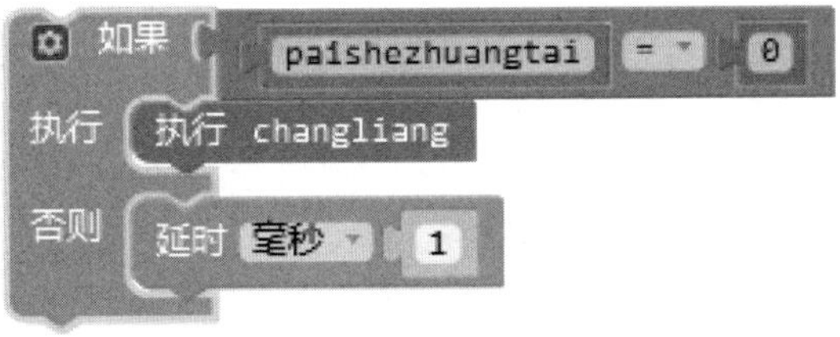

图 3-92　当拍摄函数不工作时，可以执行常亮函数

变量 changliangzhuangtai 是灯光常亮模式是否开始的标志。当变量 changliangzhuangtai 为 1 时，灯光常亮模式启动，不能运行 paishe 函数，变量 changliangzhuangtai 为 0 时，可以运行 paishe 函数（如图 3-93）。

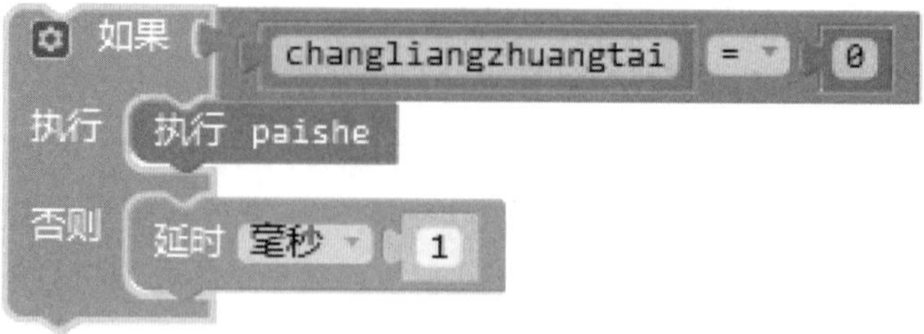

图 3-93　当常亮函数不工作时，可以执行拍摄函数

将所有运行函数拼接好，则完成了程序的编写（如图 3-94）。

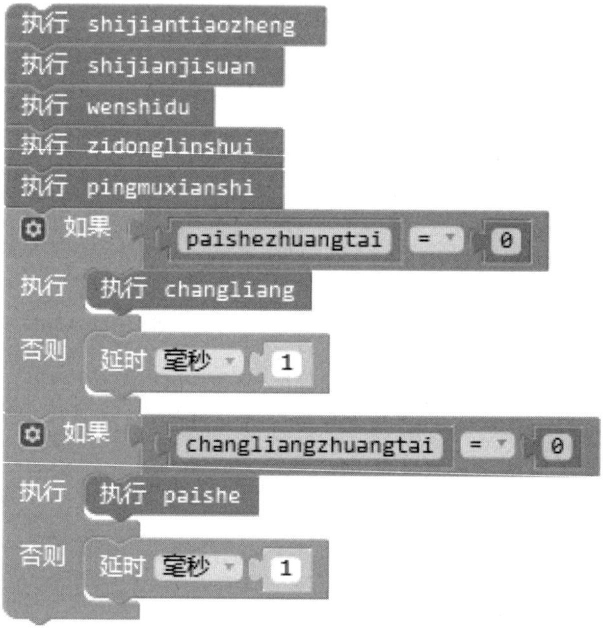

图 3-94　所有函数的运行设置

4. 控制系统的封装设计

当调试完整个系统，确认功能无误后，为了保护拼装的系统不易散架、掉线，同时防止其他外界干扰，需要对系统进行外壳设计和制造，以及传感器的组装。一般来说，进行外壳制造有两个方法——3D 打印和激光切割。它们各有优点，要按照实际情况进行选择。在对比了 3D 打印和激光切割

的优缺点后，本书选择使用激光切割的方式来制作控制系统的外壳。

切割整个系统的外壳的方法将在下一节创客工具中详细介绍，这里先展示已切割好的木板应该怎样封装。通常用螺丝、热熔胶、双面胶、扎线等工具固定所有传感器，最后用螺丝安装外壳（图 3-95）。

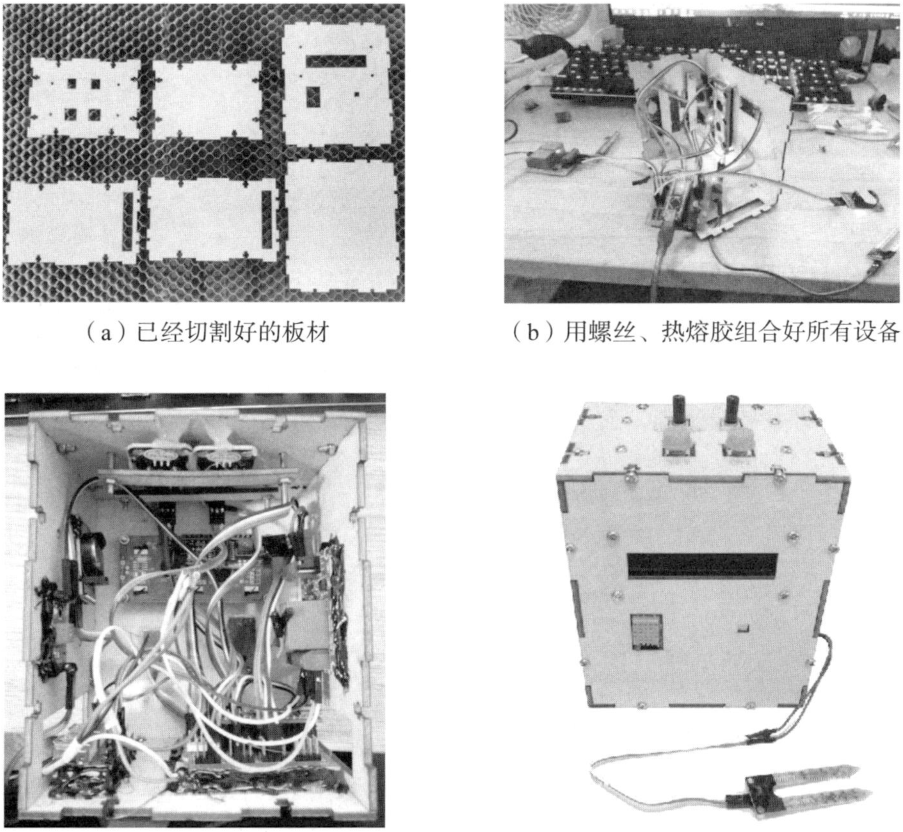

（a）已经切割好的板材

（b）用螺丝、热熔胶组合好所有设备

（c）用螺丝安装好外壳

（d）外壳制作完成

图 3-95　外壳制作

5. 拍摄延时视频前的准备

为了保证拍摄质量，拍摄前要先对场地进行布置，尽量减少周围环境对拍摄的影响。

寻找一处不易被干扰的地方作为拍摄场地，拍摄的背景最好是白色墙面，减少背景对拍摄主体的干扰。

为方便观测，使用透明的盒子作为花盆，用透明的玻璃砂作为泥土。在盒子边上埋入几颗种子，并倒入适量的水，见图 3-96。

图 3-96　用透明盒子和玻璃砂模拟花盆和泥土

水泵放入水桶中，水泵的出水管放在花盆上方并固定好，水泵电源插在系统的水泵插座中。台灯固定在桌面上，台灯电源插座插在系统台灯供电插座中。土壤湿度传感器插入玻璃砂中。最后系统接上电源，见图 3-97。

图 3-97　连接好整个系统

使用带摄像头的平板电脑作为拍摄设备。把平板电脑安装在三脚架上并调整好拍摄角度，连接好电源，保障长时间使用。

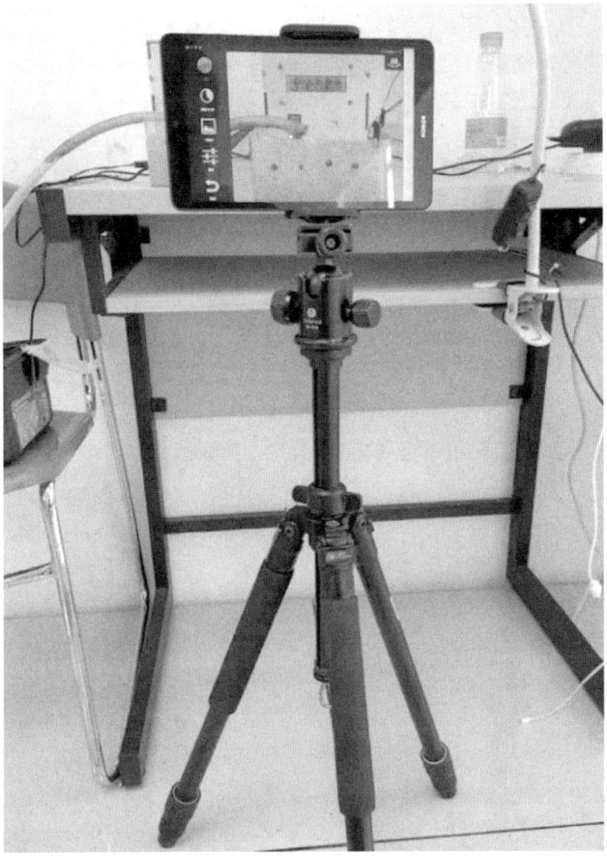

图 3-98 调整好拍摄的平板电脑

按下系统中台灯常亮按钮，打开台灯。从平板电脑屏幕中查看画面亮度，确保画面清晰明亮，同时不能有反光情况。

拍摄过程中要关闭室内的灯光，避免环境灯光对拍摄画面的影响。

6. 开启延时拍摄软件

延时拍摄软件非常多，很多手机和平板电脑的系统都自带相关功能。考虑到实验拍摄要求较一般，经比较，选用的延时拍摄软件为 Lapse It（官网 http：//www.lapseit.com/）。这款软件通过简单的设置即可使用，操作界面如图 3-99 所示。

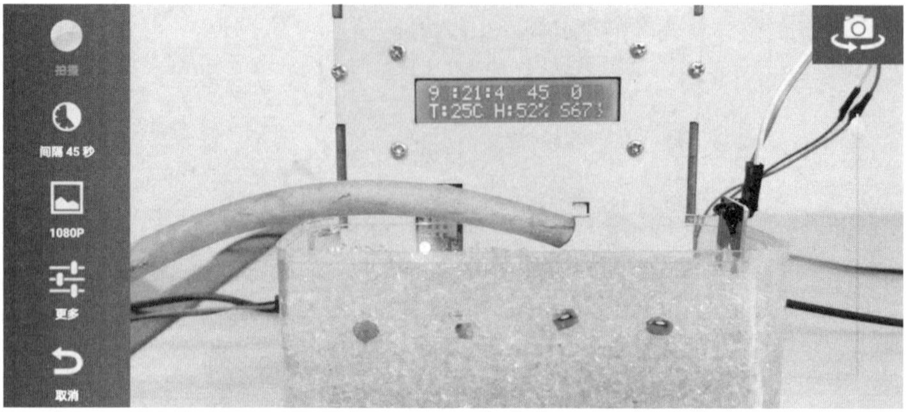

图 3-99 延时摄像软件 Lapse It 的界面

（1）调整好画面角度，拉动右侧变焦滑动条，使拍摄主体大小合适。

（2）点击“更多”，点击“对焦模式”，选择“Auto”，进行自动对焦，使拍摄主体更清晰。

图 3-100 选择自动对焦

（3）点击“更多”，点击“Flash Mode”，该选项是设置拍摄的闪光灯模式。因花盆为透明光滑材质，闪光灯将造成严重反光，影响画面，因此选择“Off”。

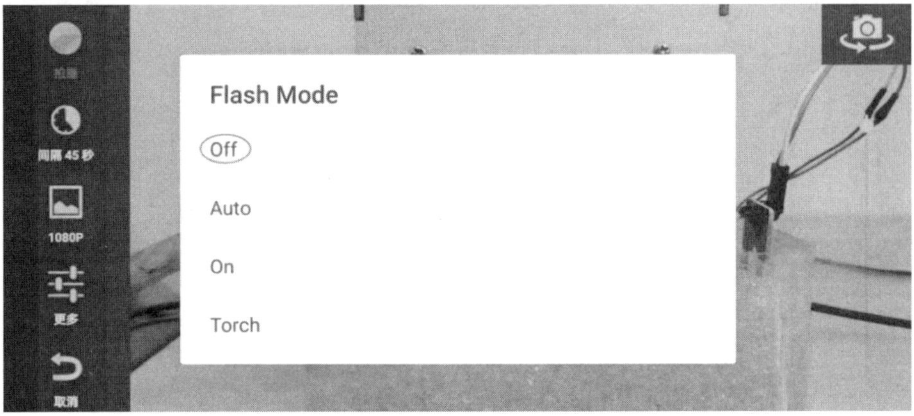

图 3-101　关闭闪光灯

（4）点击“更多”，点击“Lock Auto Exposure”，自动锁定曝光，使画面亮度保持不变。

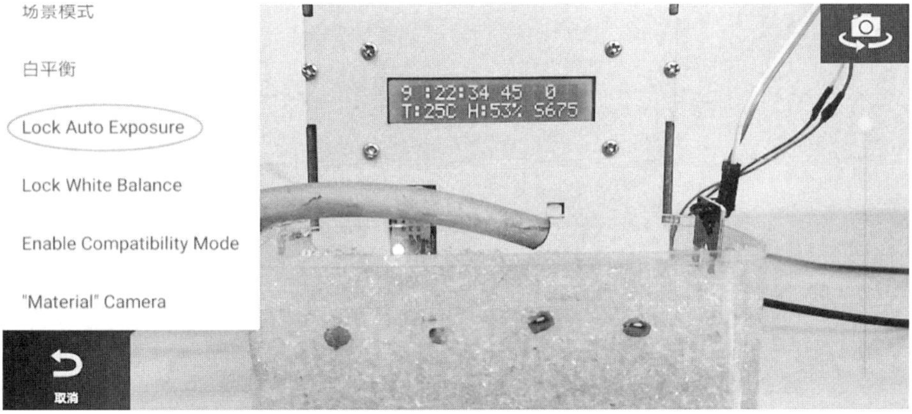

图 3-102　选择曝光锁定

（5）设置拍摄间隔。拍摄间隔可通过以下公式估算：预计拍摄时间（秒）÷ 预计播放时间（秒）÷ 24。例如，预计拍摄植物的生长时间为 1 周，制作成一个 2 分钟的视频，通过上面公式可以算出拍摄间隔为 210 秒。

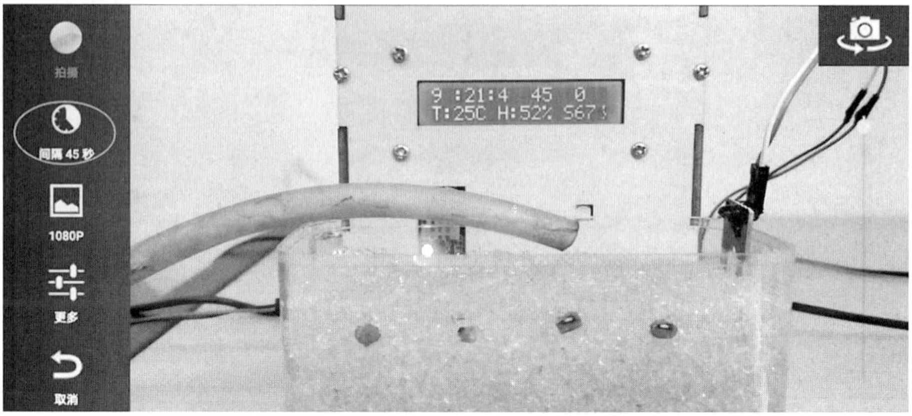

图 3-103　调整好拍摄的时间间隔

（6）调整拍摄系统的旋钮，使系统设置时间与 Lapse It 的拍摄间隔时间一致。

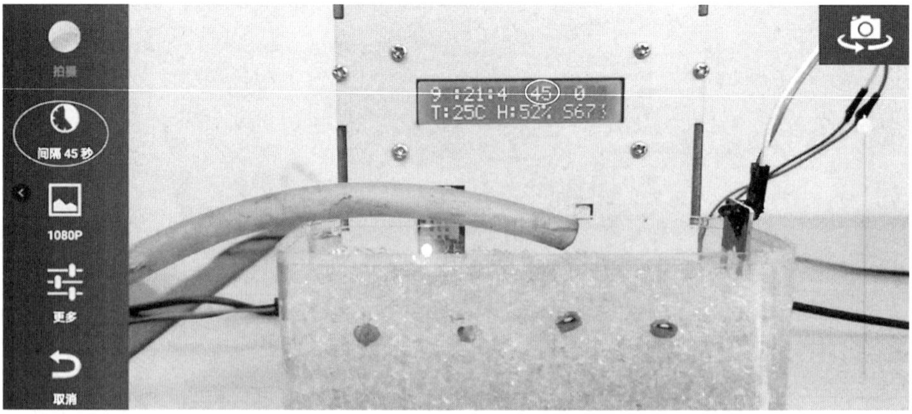

图 3-104　调整拍摄时间

（7）同时按下延时拍摄系统的按钮和 Lapse It 的拍摄按钮，开始拍摄。

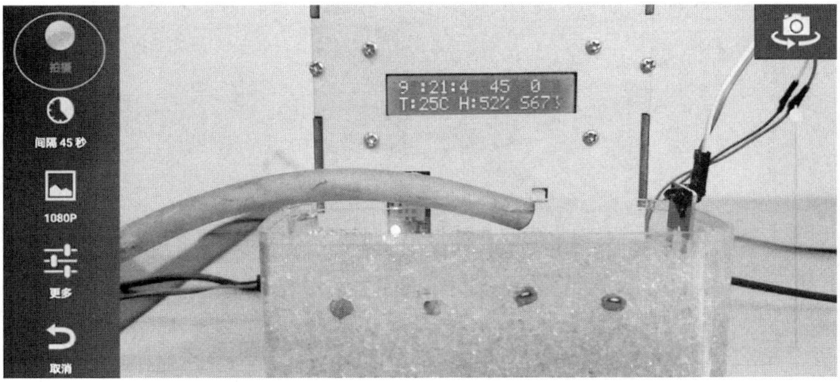

图 3-105　平板电脑与系统要同时打开

（8）拍摄期间，画面右下角会显示拍摄运行时间及已拍摄画面的数目。

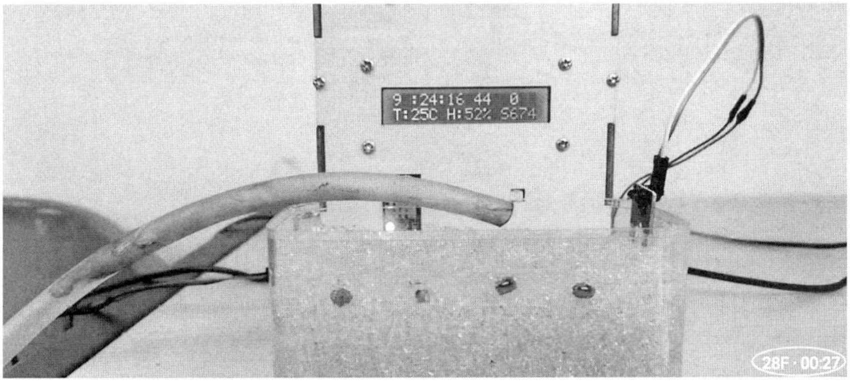

图 3-106　右下角的拍摄数据

（9）拍摄结束后，点击停止，进入拍摄渲染界面。

（10）点击“渲染”，可以拉动帧率滑动套调整生成视频的时间，填写生成文件名字后点击“渲染”，即可生成视频。

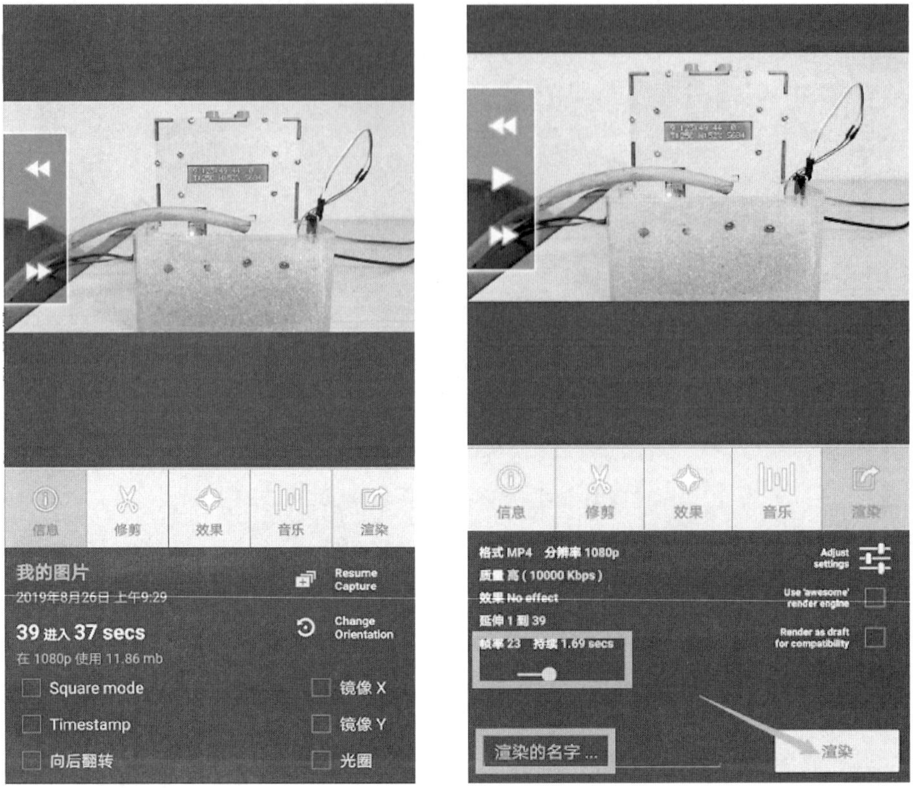

（a）拍摄结束后进入视频生成界面　　（b）设定好参数后可以开始生成视频

图 3-107　拍摄渲染界面

7. 对实验的延伸思考

除了前面介绍的创客传感器，还有很多不同类型的传感器可以在创客作品中应用。为拓展学生的学习思路，可以在后续观察种子发芽的实验中，设置更多的环境对比，如温度、空气湿度、土壤湿度等因素的对比，帮助学生探究种子萌发的条件。因此，小创客们可以通过增加一些配件对各个环境因素加以控制，从而达到对不同环境的对比观测。例如，多加一个旋钮电位器，通过旋钮设定土壤湿度变量来控制土壤湿度；多加一个旋钮电位器和红外线二极管，编写一段函数来控制空调，从而控制温度。通过程序控制不同环境因素进行对比，得出植物种子发芽的规律。

此外，还可以多加一个 ESP8266 无线模块，将整个系统接入网络。

利用网上的物联网平台，记录实时的环境数据，甚至是远程操控灯光、淋水系统的开启和关闭。

（三）编程工具的选择比较

创客活动坚持实践、创新、分享，这也意味着创客教育很难千篇一律。创客教育面临同一个现实问题，即不同的学生会提出不同的解决方案，不同的解决方案会涉及不同工具的使用。目前，根据不同的制作能力和任务，把创客使用的工具分为电子智能类、机械加工类和软件编程类。

种子萌发过程的延时摄影创客活动呈现了电子智能类工具 Arduino 与生物学教学相融合的过程。Arduino 是一款便捷灵活、方便上手的开源电子原型平台，包含硬件（各种型号的 Arduino 板）和软件（Arduino IDE）。Arduino 能通过各种各样的传感器来感知环境，同时通过控制灯光、电动机和其他装置来反馈、影响环境。

在使用 Arduino 设计创客作品的过程中，所搭建的硬件电路是依靠代码来工作的，两者是缺一不可的，如同人通过大脑来控制肢体活动。如果代码就是大脑的话，外围硬件就是肢体，肢体的活动取决于大脑，所以硬件实现取决于代码。

Arduino 官方推出的编程开发环境是 Arduino IDE，可以在 Arduino 的官方网站中下载并安装。但纯代码编写环境对初次接触 Arduino 且没有相关编程经验的学生来说显然过于专业，难以学习。为了解决上述问题，已经有不少第三方公司推出了面向 Arduino 的图形化编程程序，如 Mixly、ArduBlock、Linkboy、Mind+ 等。它们是以图形化积木搭建的方法进行编程的，这样的方式使编程的可视化和交互性加强，编程门槛降低，即使没有编程经验的新手也可以尝试给 Arduino 控制器编写程序。

Mixly（官网 http：//mixly.org）是由北京师范大学教育学部创客教育实验室开发的图形化 Arduino 编程软件。它界面简洁友好，使用简单，现已成为国内重要的创客教育编程软件之一。种子萌发过程的延时摄影就是使用 Mixly 对 Arduino 进行编程的。

很多人对编程学习往往心生恐惧，其实编程并没那么神秘。随着计算机高级语言的发展，特别是解释类语言（如 Python、Java、PHP、Ruby 等）

的不断完善，其执行方式趋于类似我们日常生活中的“同声翻译”，应用程序源代码一边由相应语言的解释器“翻译”成目标代码（机器语言），一边执行，可以动态地调整、修改应用程序，非常灵活。同时，这些计算机语言的语法非常接近人类的日常语言习惯。

对教师而言，有着快速从网上获取信息、分析数据、引入第三方套件应用功能、制作个性化教学资源等日常教学需求，因此学会一门简单的应用性编程语言将会终身受益。在此向非计算机专业的教师们推荐近年比较流行的 Python 语言。Python 是一门优秀的综合语言，在人工智能、云计算、金融分析、大数据开发、Web 开发、自动化运维、测试等方向应用广泛。

下面用自然语言形式来表达一些常用的计算机指令构件：

“做这个，然后做那个。”

“如果这个条件为真，执行这个动作；否则，执行那个动作。”

“按照指定次数执行这个动作。”

“一直做这个，直到条件为真。”

当然，通过组合这些指令构件，可实现更为复杂的操作命令，如下面这段用 Python 编写的小程序（也称为源代码）：

```
① passwordFile = open（’ SecretPasswordFile.txt’ ）
② secretPassword = passwordFile.read（ ）
③ print（’ Enter your password.’ ）
   typedPassword = input（ ）
④ if typedPassword = secretPassword：
⑤ print（’ Access granted’ ）
⑥ if typedPassword =’ 12345’ ：
⑦ print（’ It is probably not the best password.’ ）else：
⑧ print（’ Access denied’ ）
```

相信具备简单英语基础的人都能轻易读懂上面的代码。首先，打开 SecretPasswordFile.txt ①，读取其中密码②。然后，提示用户（通过键盘）输入一个密码③。比较这两个密码④，如果一致程序就在屏幕上显示“Access granted”（同意访问）⑤。接下来，程序检查密码是否为“12345”⑥，如果是就提示“这可能并不是最好的密码”⑦。如果密码不一样，程序就在屏幕上显示“Access denied”（拒绝访问）⑧。

可见，用 Python 语言写的程序就像自然语言构建的伪代码一样，“所见即所想”。阅读一段良好的 Python 程序就像读英语一样。同理，写 Python 代码甚至比写英语作文还要简单，它使你能够专注于解决问题，而不必纠结编程语言本身的语法，“所想即所写”。很多刚学习 Python 的人都觉得不可思议，原来怎么想怎么写就对了，操控计算机就像安排一名绝对服从、任劳任怨的知心助理一样容易！

另外，当今程序语言的发展已相当成熟，每种程序语言都能大体实现其他语言的基本功能，语言功能差异不大。Python 的过人之处在于其活跃的社区文化和强大的第三方模块支持，若需要使用第三方库，基本上都有 Python 的接口和解决方式，哪怕是一些功能较为特殊、标准库没有提供相应支持的模块，很大概率可以在一些网络社区里找到相应的开源项目。

以生物信息学为例，它是一门利用计算机技术研究生物系统规律的前沿学科。作为一个新的学科领域，它把基因组 DNA 序列信息分析作为源头，在获得蛋白质编码区的信息后进行蛋白质空间结构模拟和预测，然后依据特定蛋白质的功能进行必要的药物设计。基因组信息学、蛋白质空间结构模拟以及药物设计构成了生物信息学的 3 个重要组成部分。

基因组是生物体中 DNA 的完整集合。每个生物物种都有一个基因组，不同物种的基因组的差异很大。例如，人类基因组被排列成 23 条染色体，如果算上所有字符（单个 DNA 碱基对），每个人的基因组中将有超过 60 亿个字符。作为数据驱动的科学，基因组学广泛地利用机器学习来捕获数据中的关系并推断出新的生物学假设。但是，要想拥有从不断增长的基因组学数据中提取新发现的能力，就需要更强大的机器学习模型。通过有效利用大型数据集，深度学习已给计算机视觉和自然语言处理等领域带来了很大进步，并成为许多基因组建模任务的首选方法，包括预测遗传变异对基因调控机制（如 DNA 接受性和 DNA 剪接）的影响。

2020 年 12 月初，DeepMind 宣布其新一代 AlphaFold 人工智能系统在国际蛋白质结构预测竞赛（CASP）上击败了所有选手，能够精确地基于氨基酸序列，预测蛋白质的 3D 结构。其预测的蛋白质 3D 结构的准确性可以与使用冷冻电子显微镜（CryoEM）、核磁共振或 X 射线晶体学等实验技术解析的 3D 结构相媲美（见图 3-108）。这些看起来非常玄乎的研究，实质也是 Python 应用的强项。只要 DeepMind 将 AlphaFold 的功能封装成标准的类库，日后其他研究员就能通过 Python 直接调用。如 Dash Bio（官网 https：//dash.plotly.com/）生物信息 Python 库，自发布以来，在生物信息学家和药物开发人员中的使用量一直稳步上升，用于 Python 的开源应用程序构建软件 Dash 的交互式 Web 图形、Python 创作和易用性的结合使 Dash 成为生物信息学家工具箱的自然之选。

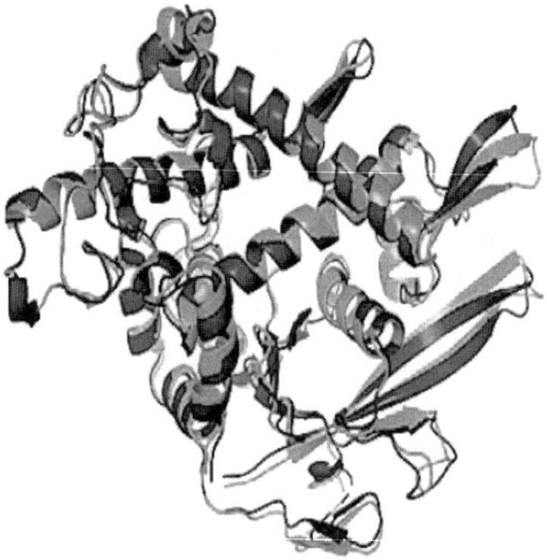

图 3-108　计算机预测的蛋白质结构与实验验证结果相似度非常高

比如，它可以探索 3D 状态下的小分子。这个 Dash 应用程序从数据库或 Python 中的 API 读取 PDB（蛋白质数据库）文件，然后在 Dash 中可视化 3D 结构。当单击原子、旋转分子或更改结构时，Dash 会触发 Python 回调函数，还可以突出显示单个原子（如蛋白质的活性位点）。

对于高端科研项目，Python 尚能集大家之所成，对于一般的教学课件制作就更不在话下了。本书中关于数字资源处理的各种小工具，运用 Python 基本都能解决，限于篇幅，这节就不一一介绍了。可见，合理使用 Python 的类库和开源项目，就好比站在巨人的肩膀上，能帮助教师快速地实现功能、解决问题，特别适合非信息技术专业的教师们入门使用。

二、基于机械加工类创客工具的生物模型构建

因为创客的跨学科融合性，在教学过程中除了之前介绍的创客辅助生物观测实验外，还可以利用创客中的一些工具和方法来进一步提高学生学习的兴趣和效率，如鼓励学生用数字建模和 3D 打印机制作生物模型。3D 打印技术和激光切割因其多学科的通用性和模型建构的灵活性，为创客在生物学教学的应用提供了新的方法和途径。

例如，观察植物或动物的细胞结构，学生在实验中可以通过显微镜看到洋葱细胞和口腔上皮细胞，或者利用视频看到细胞中的各个结构模型。如果利用 3D 打印，将动植物的细胞模型打印出来，学生可以更加直观地感知动植物细胞的三维结构。

又如，通过 3D 打印技术打印五碳糖、碱基和磷酸基团等结构，动手制作 DNA 双螺旋结构，模拟 DNA 复制和转录过程，可加深学生对知识点的理解，充分激发学生的学习兴趣。[1]

再如，利用激光切割机切割生物骨架 3D 拼图，能轻松地将一些二维材料组合成立体的三维模型，提高学生的认知力和想象力。

[1] 胡海明，章腾勋 . 3D 打印技术在 DNA 模型制作中的应用 [J]. 生物学教学，2017，42（7）：31-32.

图 3-109　3D 拼图

（一）基于 3D 打印工具的模型建构

过去，教师在自制生物学教学模型时，尽管有很好的灵感和设计方案，但碍于材料及制作工艺的限制，往往不得不放弃，或制作出来的教学模型也比较简陋，难以在课堂教学中发挥模型应有的作用。3D 打印不仅可以快速打印课堂教具，对现有教具进行个性化修改，还可以与学生一起设计、制作教具，加深学生对知识点的理解。[1]

3D 打印技术最核心的部分是设计。3D 打印技术对建模软件的要求很低，如果一款软件能够导出 STL、OBJ 等可以用于 3D 打印分层的格式文件，那么它就可以用来进行 3D 打印设计。目前大部分的建模软件都可以满足这一要求。

[1] 郭建才. 3D 打印在教学中的应用 [J]. 中国信息技术教育，2016（8）：63-64.

1. 3D 打印建模软件

目前市面上可以接触到的三维建模软件可以分为两大类：一类是参数化建模软件，另一类是非参数化建模软件（也称之为艺术设计类建模软件）。这两类建模软件虽然都可以进行模型设计，但是在建模的方法和思路上有很大的区别。

参数化建模软件主要应用于工业零部件、建筑模型等需要以尺寸作为基础的模型设计。由于参数化是以数据作为支撑的，数据与数据之间存在相互的联系，改变一个尺寸就会对多个数据产生影响，所以参数化建模软件的最大优势在于可以通过对参数尺寸的改变来实现对模型整体的修改，从而快捷地对设计进行修改。这一点对于从事工业设计的使用者来说帮助非常大。

艺术设计类建模软件使用起来就没有参数化建模软件那么多的限制，相较于模型的尺寸，艺术建模更偏向于模型的外形设计。一般而言，艺术设计类建模主要通过对点、线、面细微的勾勒从而实现对模型的修改。相较于参数化建模软件，艺术设计类建模软件更适用于复杂工艺结构、复杂曲面结构，在应用方面也偏向于影视特效、游戏人物或场景建模等。

制作生物学模型并不需要大型复杂的 3D 建模软件，功能简单、学习容易、价钱便宜的建模软件更符合中小学师生构建教具模型的需求。以下是一些常用的 3D 建模软件介绍。

（1）Sketch Up。

Sketch Up 又名“草图大师”，是一款用于创建、共享和展示 3D 模型的软件。软件通过一个操作简单、内容详尽的颜色、线条和文本提示指导系统，不必键入坐标，就能帮助使用者跟踪位置和完成相关建模操作。就像人们在实际生活中使用的工具箱那样，在 Sketch Up 菜单里虽然只有为数不多的工具，但每个工具都可多样操作。

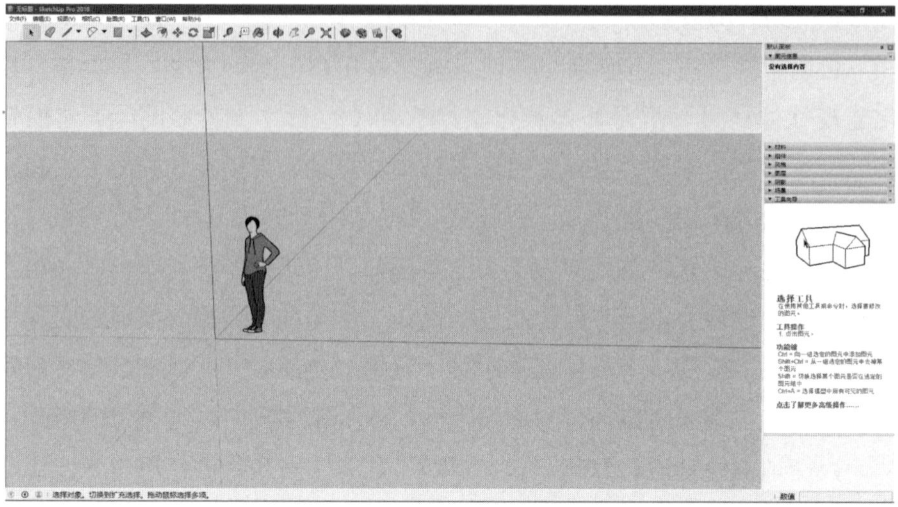

图 3-110　Sketch Up 软件操作界面

（2）Autodesk 123D 系列软件。

Autodesk 123D是欧特克公司发布的一套适用于普通用户的建模软件。该系列软件为用户提供多种方式生成 3D 模型：用最简单直接的拖曳 3D 模型并编辑的方式进行建模；直接将拍摄好的数码照片在云端处理为 3D 模型；为爱动手制作的用户提供了多种方式来发挥自己的创造力。

123D Design：一款免费的 3D CAD 工具，可以使用一些简单的图形来设计、创建、编辑三维模型，或者在一个已有的模型上进行修改。

123D Design 打破了常规专业 CAD 软件从草图生成三维模型的建模方法，提供了一些简单的三维图形，通过对这些简单图形的堆砌和编辑生成复杂形状。这种“傻瓜式”的建模方式感觉像是在搭积木，即使不是 CAD 建模工程师，也能随心所欲地在 123D Design 里建模。

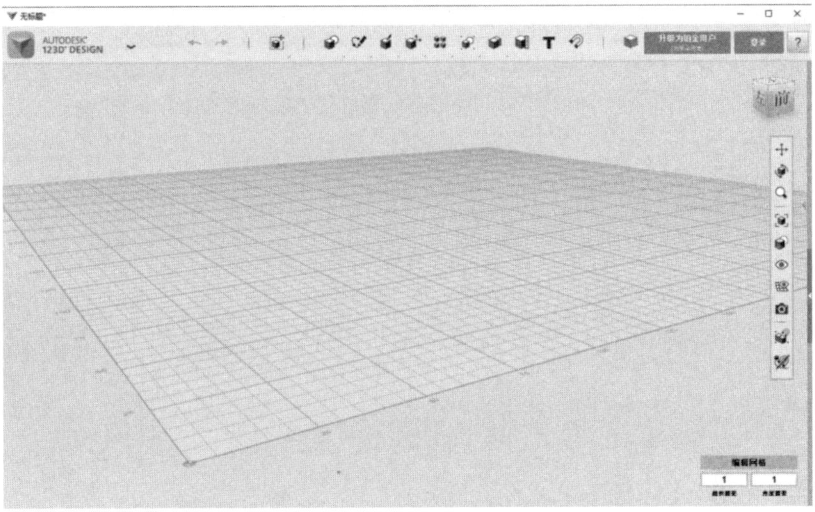

图 3-111　123D Design 软件操作界面

123D Catch：利用云计算的强大能力，可将数码照片迅速转换为逼真的三维模型。无论是使用手机还是数码相机拍摄而得的照片，都能利用 123D Catch 将其转换成生动鲜活的三维模型。通过该应用程序，使用者还可在三维环境中轻松捕捉自身的头像或度假场景。同时，此款应用程序还带有内置共享功能，可供用户在移动设备及社交媒体上共享短片和动画。

此外，还有 123D Make、123D Sculpt、123D Creature 等软件，可在不同的平台上处理 3D 打印过程中各个步骤的操作。

（3）3D One。

3D One 是国内首款青少年三维创意设计软件，致力于学生思维能力的提高，助力创新素质教育的发展。3D One 是一款基于“搭建积木”的方式，让使用者快速建立起模型的软件。该软件操作界面简单，支持专业级的涂鸦式平面草图绘制，可进行丰富实用的 3D 实体设计，提供多种多样的显示控制，还能通过内嵌于软件的社区网站下载 3D 打印模型。3D One 将这些强大的功能与简单易用的程序环境相结合，使学生更易上手。

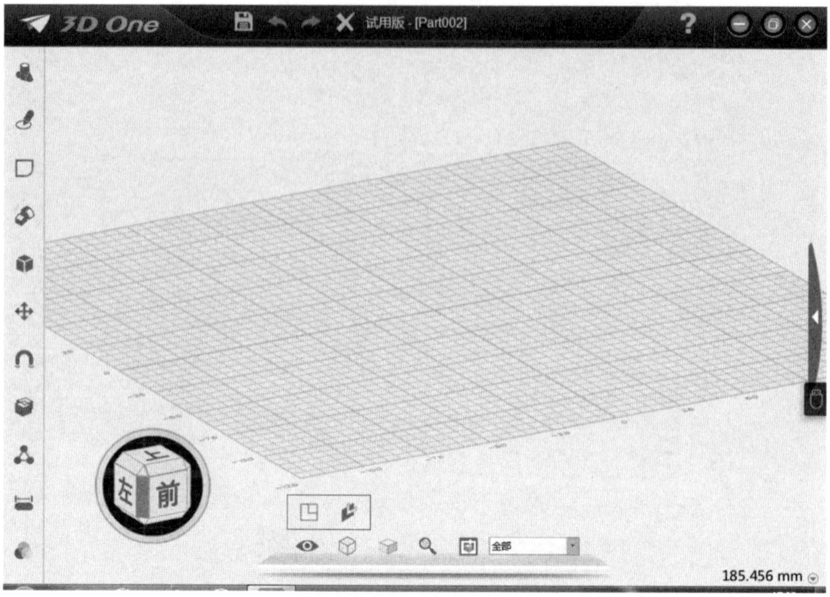

图 3-112　3D One 软件操作界面

2. 生物 3D 模型下载

虽然 3D 建模软件的使用都向着简单化发展，大部分软件都很容易上手，但对教师的信息技能和基本学科素养还是有一定要求，快速制作一个适合课堂使用的教具对大部分教师来说还是有一定难度的。好消息是，因为创客们基于开源、分享、合作、开放的理念，众多 3D 建模爱好者也秉持这一理念，所以很多创客会将建好的模型、教具在网上分享，在部分 3D 创意社区、论坛上都可以下载其他创客制作的高质量模型。

例如，在 3D One 的创意社区中，可以看到各种由其他创客制作的 3D 模型。只要在搜索栏中输入“生物”等关键词，就可以搜索出与生物相关的各种 3D 模型，其中不乏高质量的生物模型。

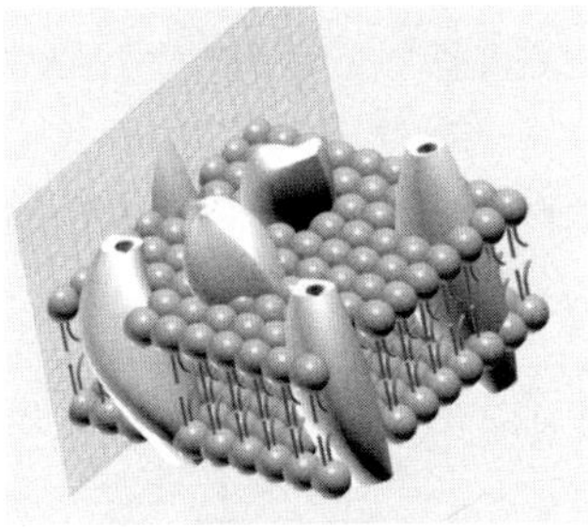

（a）细胞膜物理模型

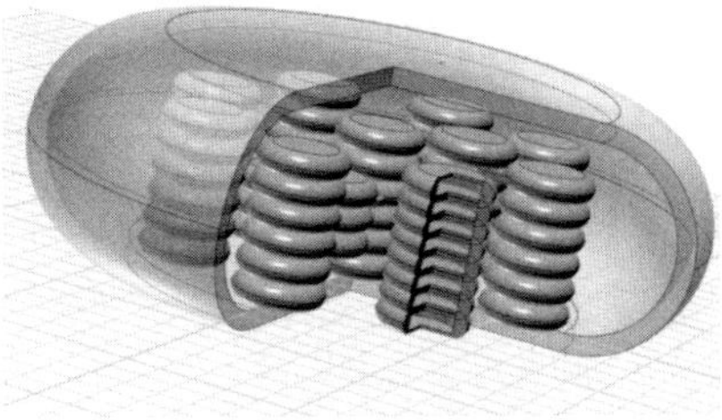

（b）叶绿体模型

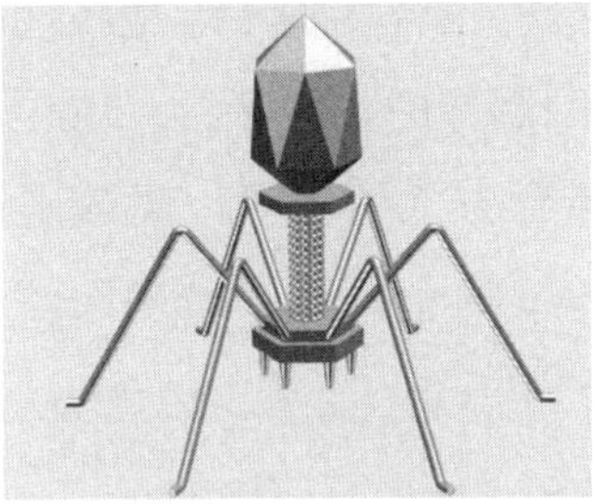

（c）噬菌体模型

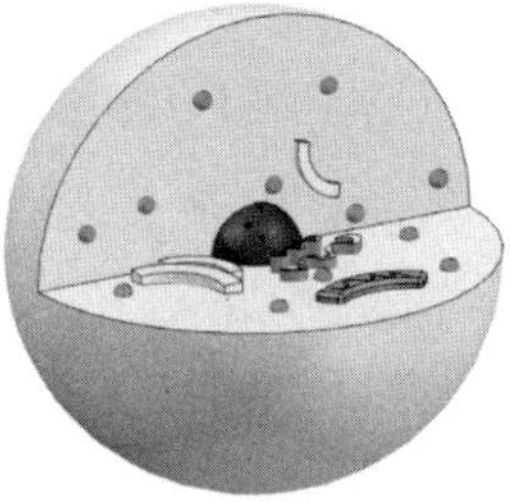

（d）动物细胞模型

图 3-113　四种生物 3D 模型

表 3-7 是一些较知名的 3D 模型库网址，教师可以通过网络搜索更多的模型素材，或者加入更多的创客社区共同交流分享，选择合适的模型后再自行打印使用。

表 3-7　三维模型资源

模型库名称	网址	备注
Sketchfab	https：//www.sketchfab.com/	目前全球最大的免费模型库
Turbosquid	https：//www.turosquid.com	专业模型，应有尽有，收费
动动三维	https：//www.ddd.online/	国内优秀模型资源库，模型精美，免费
Thingiverse	https：//www.thingiverse.com/	50 万个免费模型，分类齐全
Youmagine	https：//www.youmagine.com/	模型数量少于 Thingiverse，但质量较高
Pinshape	https：//pinshape.com/	知名 3D 打印网站
Cults3D	https：//cults3d.com/	模型较简单，适合 3D 打印

（二）基于激光切割机的模型建构

1. 外观设计和切割步骤

激光切割机用处非常多，以延时拍摄控制系统的包装外壳制作为例，介绍运用激光切割机进行外观设计和切割的步骤。

步骤 1：量好设备的尺寸、螺丝的孔距等，预计好整个系统外壳的尺寸。

步骤 2：根据外壳的尺寸，画出外壳各个面的平面图。

为了使组装的外壳牢固，这里使用了直接榫结合并加 T 字槽螺丝孔位的方式制作外壳。网上有很多提供外壳平面图制作的在线平台，用户无须安装软件，只需在网站上直接输入尺寸、结合方式等就可以生成平面图了。这里介绍通过 https：//www.makercase.com 这个网页平台来设计外壳平面图。

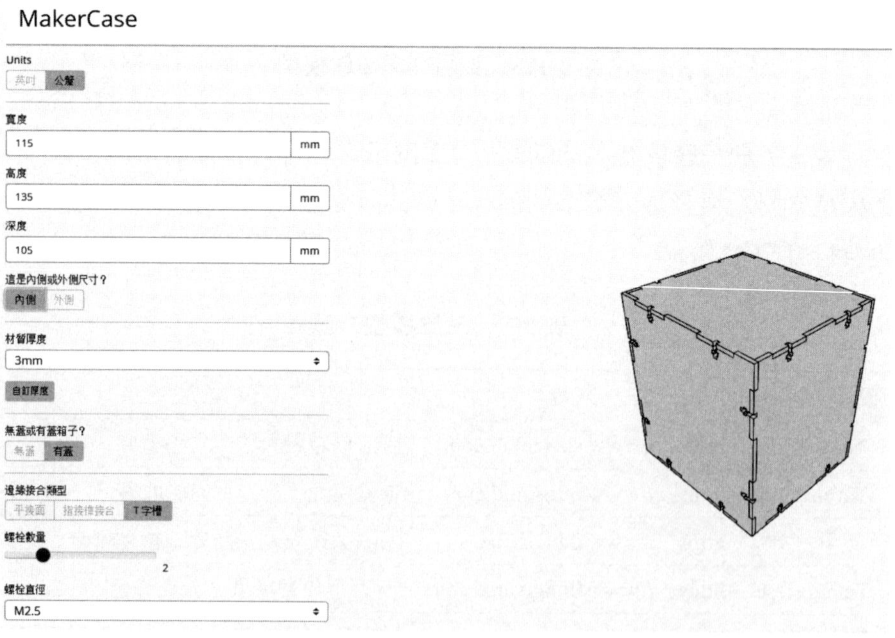

图 3-114　利用网页平台设计外壳平面图

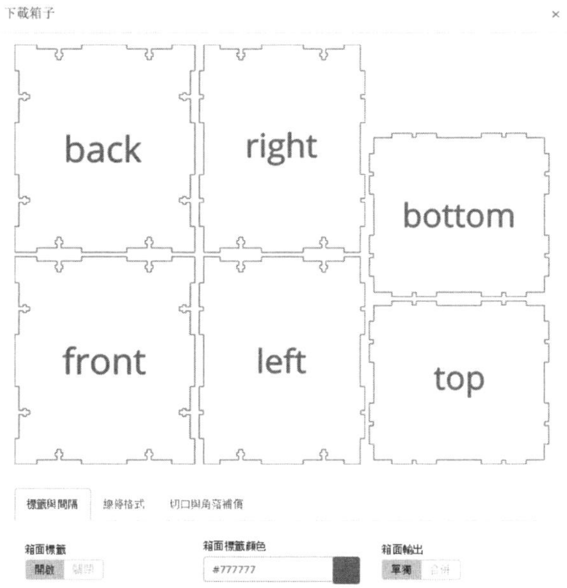

图 3-115　利用网页平台设计好的外壳

步骤 3：将平面图文件导入激光切割机配套的设计软件中，在需要打孔的地方（设备外露部分、线材进出孔位及螺丝安装孔位等）添加相应的孔位。

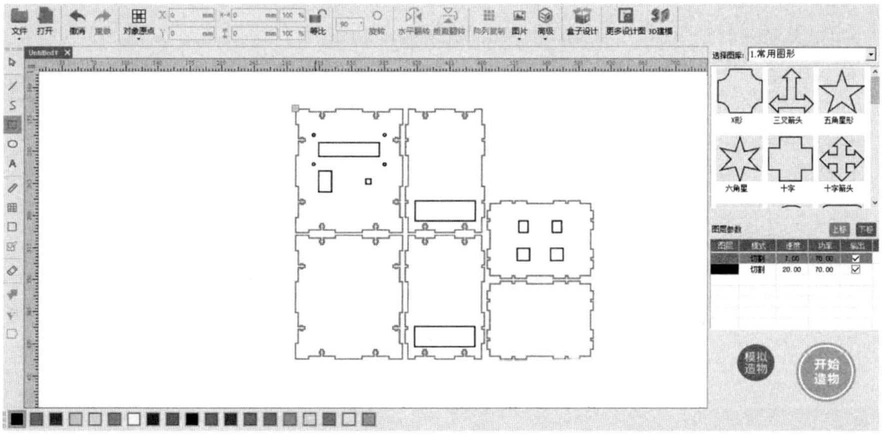

图 3-116　在激光切割机配套软件上标出需要打孔的地方

步骤 4：开始切割。

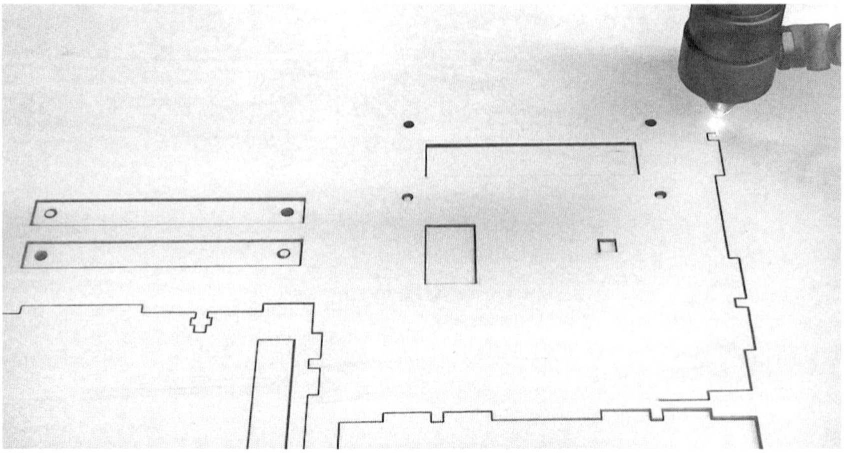

图 3-117 工作中的激光切割机

2. 应用激光切割机制作生物 3D 拼图

除了使用 3D 打印制作生物学模型外，还可以使用激光切割机来制作模型。下面介绍使用 Slicer for Fusion 360 来制作生物 3D 拼图。

Slicer for Fusion 360 是一款将 3D 建模转换成 2D 切割图案的软件。用户可通过它切割硬纸板、木料、布料、金属或塑料等材料，并将切割后的材料迅速拼装成实物，从而再现原来的数字化模型。Slicer for Fusion 360 可支持用户制作家具、雕塑或其他简单的样机。

可以从 Autodesk 的官网上下载 Slicer for Fusion 360，安装后打开软件即可直接导入 3D 模型文件。

（1）点击“Import”按钮，导入需要制作的 STL 模型文件。

图 3-118　导入需要的模型文件

（2）导入模型文件后，主界面会出现 3D 模型的外观。

图 3-119　主界面出现 3D 模型的外观

（3）调整模型的大小和单位。

图 3-120　调整模型的大小及单位

（4）选择制作3D拼图的方式。下拉菜单中有5个选项，其中Interlocked Slices、Curve、Radial Slices三项是用于制作3D拼图的，分别对应不同的效果。

Interlocked Slices（联结切割）：切出的片中带卡槽，片与片间可相互联结。

Curve（曲线切割）：沿着一条曲线，进行垂直切割。

Radial Slices（放射状切割）：以一个点放射状地切割模型。

实际应用中要根据不同的模型选择不同的切割方式。

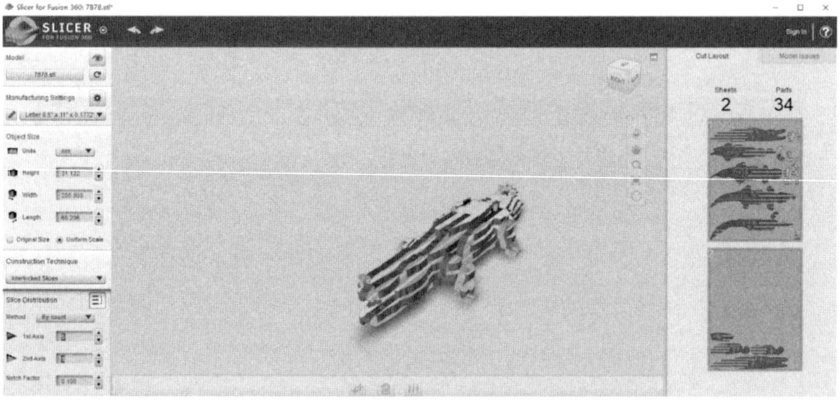

图3-121　Interlocked Slices 切割效果

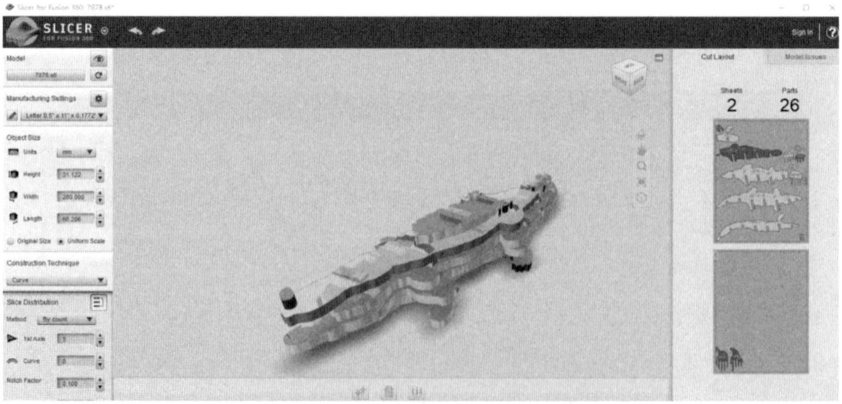

图3-122　Curve 切割效果

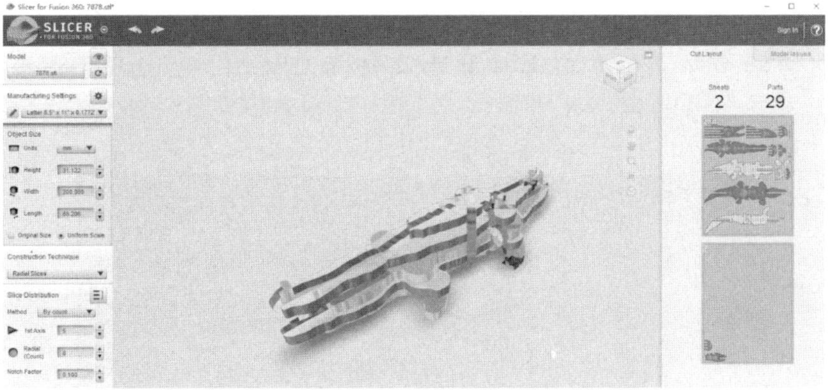

图 3-123　Radial Slices 切割效果

（5）选择使用 Interlocked Slices 的方式加工 3D 模型，并对模型切片的参数进行修改，如图 3-124 所示。

Method 表示修改的方式，是以 By count(多少层)还是以 By distance(层与层之间的距离) 来修改模型。

1st Axis 表示模型横向切多少层，层数越多越精细，但用料、拼合的难度也会增大。

2nd Axis 表示纵向切多少层。

修改上述参数后可以获得需要的模型。

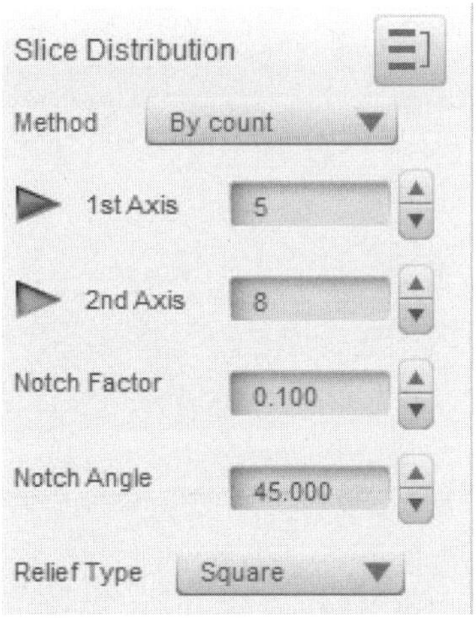

图 3-124　修改相关参数

（6）点击 Get Plans，生成需要的模型文件。界面随后会出现所有的切割平面，在下方选择导出文件为 DXF 后，点击 Export to My Computer，即可导出文件。

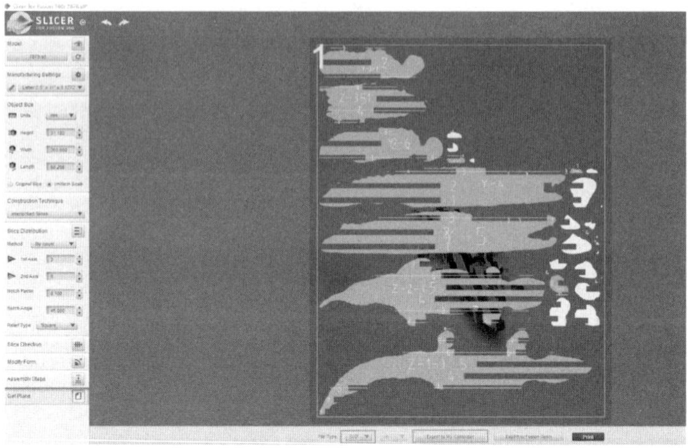

图 3-125　系统自动生成模型文件

（7）将生成的文件导入激光切割机的设计软件中，设定好相关参数即可进行切割。

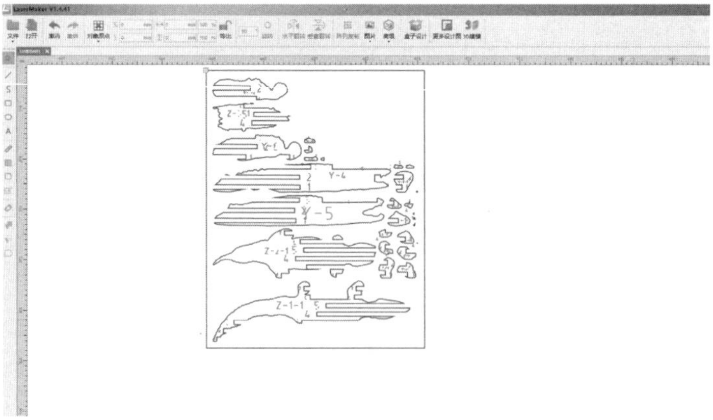

图 3-126　导入激光切割机设计软件中

除了切割成 3D 拼图外，Slicer for Fusion 360 还支持对 3D 模型的堆叠建模和折纸建模。在 Construction Technique 选项中，选择 Stack Slices，

则建立堆叠建模模型，所有分层将以堆叠在一起的方式进行切片处理。而选择 Folded Panels 选项，则模型将以折纸的方式建模。建议教师多用几种模式进行尝试和比较，以体验其中的乐趣。

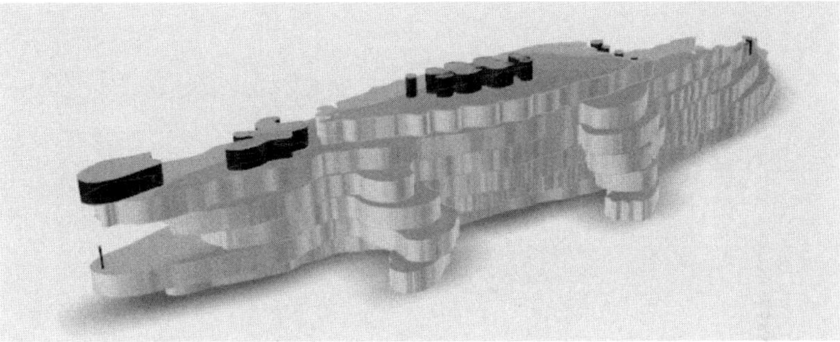

图 3-127　堆叠方式建模

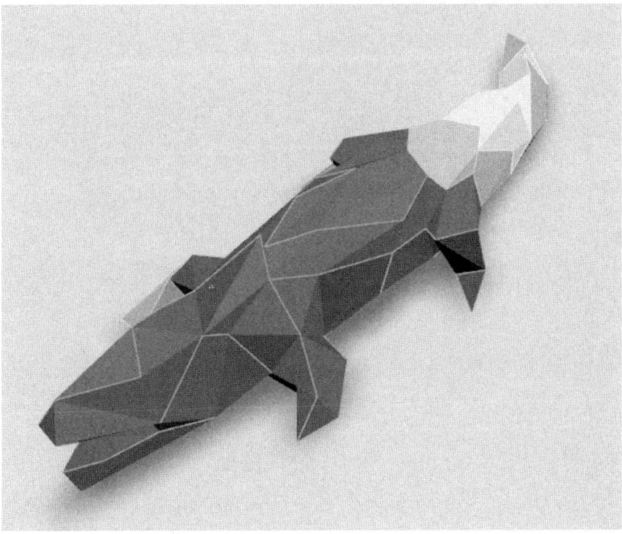

图 3-128　折纸方式建模

（三）基于虚拟技术的工具应用

1. 基于 AR 技术的测量工具应用

虚拟测量工具 AR MeasureKit 可以让手机化身为精准的测量尺子，能完美地应对各种长度测量、面积测量甚至体积测量。

MeasureKit 具有使用 ARKit 进行世界认识的高级内部算法。这允许应用程序提供流畅和准确的测量体验，比如标尺工具中的链接模式允许使用者在一个测量会话中快速将多个标尺连接在一起，并测量由链条包围的地板面积——可用于测量房间的一个区域。

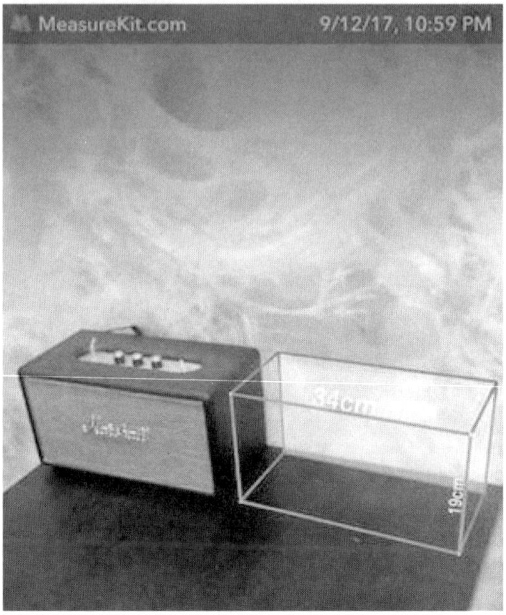

图 3-129 可视化的立方体测量

2. 运用手机扫描进行 AR 建模的工具应用

Qlone 手机软件通过 ARkit 技术，可将 iOS 设备变成一台 3D 扫描仪。

开始扫描前，需要打印一张码图（Mat），或是在 iPad 上打开 APP 提供的 PDF 文件，用作定位。可以自定义码图的大小，扫描越大的物体，就需要越大的码图。

做好准备后，将要扫描的物体放到码图中，并将码图完整地置于 Qlone 的取景框内（见图 3-130）。这时，能看到码图上的半球体。只需绕着物体转动设备，将半球体上的所有区域扫描完即可。完成扫描后，Qlone 会自动计算并生成一个 3D 模型。

确认模型大体无误后，可以在编辑界面对 3D 模型进行更细致的调整。

比如在模型上画上一些图案，或是对贴图有误的地方进行修补。如图 3-130 所示，点击右上角的 Texture 即可切换编辑方式，修改模型的精细度、大小等参数。

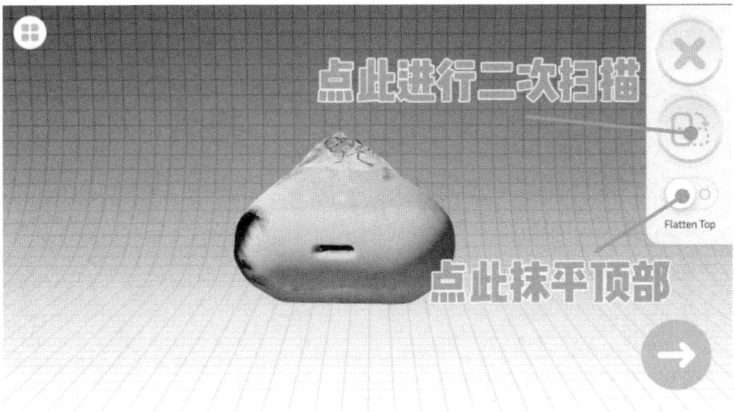

图 3-130　Qlone 扫描建模

在完成扫描和编辑后，就可以在 Qlone 的主界面看到作品了。可以使用 AR 把它带到现实中。在 AR 浏览的模式下，模型还会根据环境光照的变化而变化，从而更好地融入环境。

作为一款移动应用，Qlone 在扫描精度上自然不如专业设备，但可以通过对环境的布置来获得更高的精度。这里有一些扫描建议：

（1）确保环境有充足的光照。

（2）为不同大小的物品准备合适的码图。

（3）尽量不要使用单一、直射的光源，避免产生阴影。

（4）扫描时要注意身体和双手保持平稳，并且避免在杂乱的背景下扫描，因为会对建模结果形成干扰。

类似用手机扫描建模的软件还有很多，包括 Autodesk 的 123D Catch，SmartMobileVison 的 Scann3D，对人物形象有特效的 Sony 3D Creator 等，都能帮助用户轻松地通过扫描照片创建 AR 模型。

3. 用手机制作 MR 视频的工具应用

“视 +AR”是一款增强现实工具，是一种将真实世界的信息和虚拟世界的信息“无缝”集成的新技术，能将真实的环境和虚拟的物体实时地叠加到同一个画面中。

用户通过移动设备上的“视 +AR”软件可以很方便地体验增强现实技术：当你在看一张电影海报时，它可以直接变成电影预告片呈现在你的眼前；当你在杂志上看到一款喜欢的汽车时，一辆酷炫的 3D 汽车随即跃然纸上。其原理是通过扫描识别图，将识别图上传到“视 +AR”平台后，经过“视 +AR”平台分析记录，最终通过“视 +AR”移动端 APP 将虚拟的 3D 酷炫视觉效果叠加在识别图上。虚拟 3D 视觉效果可以完全贴合在识别图上，跟随识别图移动，从而达到现实和虚拟完美结合的视觉效果。

“视 +AR”可以展示的内容形式有视频、3D 模型、3D 动画、全景环视图、小游戏、交互按钮等。“视 +AR”的优点是使用特别简单，不需要专门的工具就可以展示各种 AR 效果。除此之外，“视 +AR”提供的资源比较多，很多资源都可以在教学中使用。本书已将人教版生物学八年级下册课本封面上传识别，并叠加恐龙动画特效，可扫描图 3-131 中的二维码（https：//www.bilibili.com/video/BV1LN411f7uy）观看微课教程，了解具体制作过程。

图 3-131　“视 +AR”案例制作微课演示

第四章

信息技术与中学生物学教学融合的课堂教学实践

本章通过具体的教学案例，呈现了不同课型中信息技术与教学融合的过程和效果。在概念教学、科学探究、生物科学史和 STS 教学中，信息技术的应用都是不可或缺的：在概念建构中，学生能够迅速获得充分的科学事实，并对证据进行审视与评价；在科学探究中，学生能够顺利融入探究情境，开展模拟性实验和虚拟实验等学习活动；在生物科学史和 STS 学习中，学生能够高效收集、整理信息，展开交流、讨论。信息技术与教学的融合，促使教与学的方式发生变化，形成新的教学生态。

第一节 概念建构

生物学概念是中学生物学教学的主要内容。学生的概念建构是一个基于事实和逻辑的学习过程。学生首先需要获得充分的科学事实，以事实为依据，通过科学思维方法等逻辑思维过程建立认识，再经由讨论过程，支持或反驳某一观点，对证据进行审视与评价，审慎地接受、合理地建构生物学概念。[1]

信息技术的融合为学生的概念建构过程提供了有力的支持。

一是为学生获得充分的科学事实提供支持：平板电脑等移动设备支持学生主动查找资料，获得科学事实；支持图片、视频、文字等多种形式呈现学习资源；支持学生对微观、抽象、动态的生物及生物学现象进行观察。

二是为学生对证据进行审视与评价提供支持：支持学生通过网络平台分享自己的观点和证据，支持师生、生生之间突破时间和空间的限制进行线上的交流和讨论等。

将理解科学本质和科学思维的发展作为中学生物学课堂教学所应达到的重要目标时，教师在教学中的地位自然会发生变化，从提供正确答案的权威角色转为学习活动的设计者、促进者和引导者。教师通过教学活动的设计，为学生搭建学习支架，在学习过程中进行引导、提问、鼓励等，帮助学生参与复杂的、富含数据资料的科学现象的探究。

下面通过两个教学设计呈现信息技术在学生概念学习中的作用：学生借助信息技术，运用科学方法获得数据和资料

---

[1] 谭永平 . 再论科学的本质与中学生物教学 [J]. 中学生物教学，2017（13）：8-10.

（事实），形成证据，与自己已有的知识和经验进行比较和选择，提出问题，进而得出观点。

案例一

“物质跨膜运输的方式”教学设计

授课教师：中山市华侨中学　敖飞成

一、教学目标

1. 通过对材料的分析，能从物质和能量观理解物质跨膜运输在细胞获取能量和营养物质、维持细胞正常代谢活动中的作用。

2. 通过对跨膜运输方式与细胞膜结构的联系的分析，能用结构与功能观分析细胞膜是怎样控制物质输入与输出的，阐明细胞膜具有选择透过性。

3. 通过对资料的分析和讨论，能举例说明物质跨膜运输的方式和特点。

4. 能以表格、思维导图等形式对几种跨膜运输方式进行分析比较。

二、教学重点和难点

1. 教学重点

物质进出细胞的方式。

2. 教学难点

（1）主动运输。

（2）构建物质跨膜运输方式的概念图。

三、教学策略

1. 教学背景

本节内容的主干知识是水、离子和小分子的跨膜运输方式——被动运输（包括自由扩散和协助扩散）和主动运输，以及能运输大分子的胞吞和胞吐。在之前的学习中，学生已经学习了细胞膜的成分、结构和功能，知道细胞膜主要由脂质（主要是磷脂）和蛋白质（在细胞膜行使功能时起重要作用）组成，磷脂双分子层构成了基本支架，蛋白质分子镶嵌或贯穿其中，具有流动性，能控制物质进出细胞，具有选择透过性。学生已经学习了渗透作用、细胞的吸水和失水、物质跨膜运输的其他实例，对水的跨膜运输方式有了基本的了解，对某些物质可以逆相对含量梯度运输有了初步了解，并总结出“细胞膜和其他生物膜是选择性透过膜”，“这种膜可以让水分子自由通过，一些离子和小分子也可以通过，而其他的离子、小分子和大分子则不能通过”。在此基础上，本节主要学习物质跨膜运输的具体方式有哪些，各有什么特点，有什么异同，有什么意义，细胞膜为什么具有选择透过性等。通过学习，加深对细胞膜的结构和功能的理解，为学习“细胞的能量供应和利用”打下基础。

2. 教学策略

（1）着眼于学科核心素养的培养。一是分析细胞获取营养物质和排出代谢废物的途径，从物质和能量观理解物质跨膜运输在细胞获取能量和营养物质、维持细胞正常代谢活动中的作用；分析脂溶性小分子的运输、气体的运输、水的自由扩散和通过水通道蛋白的协助扩散、葡萄糖和离子的运输等，从结构与功能观分析跨膜运输的方式与细胞膜结构的关系，构建概念图，帮助学生形成生命观念。二是借助问题串，通过对跨膜运输方式的比较分析、跨膜运输方式与细胞膜结构的关系的分析和图表分析等，发展科学思维。三是分析物质跨膜运输在社会生活中的应用，引导学生关注所学知识在生产生活中的应用，使学生具有通过科学实践解决现实生活中的生物学问题的意愿，发展学生的社会责任素养。

（2）合理利用信息技术。信息技术与生物学科的有机融合可以有效促进教学目标的达成。将图片、动画、视频整合到课件中，利用电子白板的交互功能进行配对、填空和概念图的绘制，方便快捷，能激发学生的兴趣，提高学生的参与度，充分调动学生视觉、听觉等多种感官，提高课堂效率。

四、教学准备

（一）教师准备

1. 信息技术应用

（1）本节教学的信息技术条件：希沃触控一体机。

（2）本节课使用的信息技术工具及资源：希沃白板5、Flash动画、视频、图片等。

2. 其他

制作多媒体教学课件。

（二）学生准备

组建4人学习小组，阅读材料，提前了解与本节学习内容相关的信息。

五、教学过程（第1课时）

教学内容	教师活动	学生活动	信息技术工具及资源	教学意图
引入	细胞是一个开放的系统，每时每刻都与环境进行着物质交换，有选择地吸收氧气和营养物质（葡萄糖、氨基酸等）并排出代谢废物（二氧化碳、尿素等） 细胞膜是控制物质进出细胞的门户，它是怎样控制物质输入和输出的呢？不同物质跨膜运输的方式一样吗？这与细胞膜的结构有什么关系呢？	观看、聆听、思考	投影	渗透物质与能量观，引发学生思考
任务一：自由扩散	投影人工合成的无蛋白质的脂双层膜对不同分子的通透性的图，引导学生思考和分组讨论，要求学生阅读课本相关内容 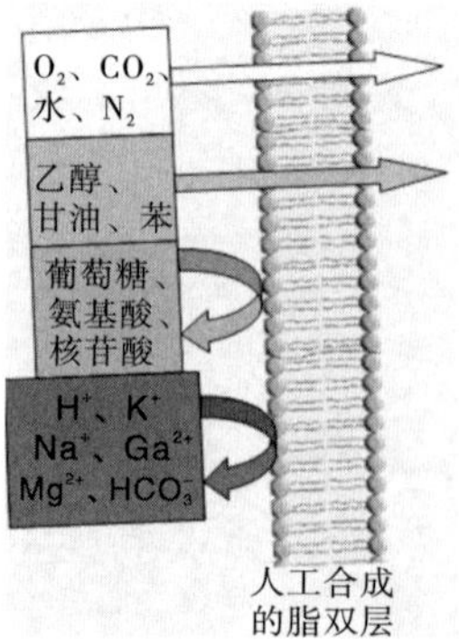 	观看图和动画，阅读课本，思考、小组讨论后，回答问题，总结出自由扩散的特点和实例	投影图和问题 展示人工合成的无蛋白质的脂双层膜对不同分子的通透性的图	分析自由扩散与细胞膜结构的关系，渗透结构与功能观

续表

教学内容	教师活动	学生活动	信息技术工具及资源	教学意图
任务一：自由扩散	1. 哪些分子可以通过？ 2. 它们是怎么通过的？ 3. 它们通过何种方式运输？ 4. 这种方式的特点是什么？ 播放自由扩散的动画 总结自由扩散的特点：简单的扩散作用，顺相对含量梯度运输，不需要载体蛋白协助，不消耗能量，运输速率取决于膜内外浓度差 总结进行自由扩散的物质 5. 从细胞膜的结构分析，脂溶性小分子能否通过这种方式运输？ 因为细胞膜的基本支架是磷脂双分子层，根据相似相溶的原理，脂溶性小分子可以通过自由扩散运输，如性激素 6. 从细胞膜的结构分析，水分子为什么能通过这种方式运输？运输效率高吗？ 在图片上标注磷脂双分子层的亲水部位和疏水部位，分析水分子能通过自由扩散运输是因为细胞膜具有流动性。磷脂分子是运动的，会产生空隙，水分子沿着空隙运输。但由于磷脂分子尾部对水不亲和，水分	小组讨论，分析脂溶性小分子的运输和水分子的运输，总结自由扩散与细胞膜结构的关系	演示自由扩散的动画 通过触控一体机标注磷脂双分子层的亲水部位和疏水部位	通过问题串，引导学生思考，发展科学思维 分析脂溶性小分子的运输和水的运输，发展科学思维

续表

教学内容	教师活动	学生活动	信息技术工具及资源	教学意图
任务一：自由扩散	子通过自由扩散运输的效率不太高 展示人工膜与生物膜的通透性图 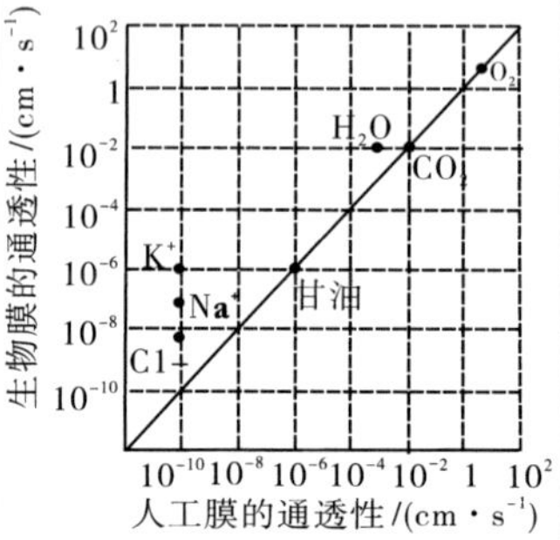 引导学生观察水在人工膜和生物膜的通透性差异，制造矛盾，说明水分子还可以通过其他方式运输，留有悬念	带着疑问进入下一环节的学习	展示人工膜与生物膜的通透性图	通过图和动画，借助触控一体机，一边看图一边进行标注和分析，将微观结构可视化，让静态图动起来，帮助学生理解
任务二：协助扩散被动运输	再次展示人工合成的无蛋白质的脂双层膜对不同分子的通透性的图，引导学生思考和讨论： 1. 其他物质不能通过无蛋白质的脂双层膜，但是能通过细胞膜运输各种物质，为什么呢？ 2. 人工合成的无蛋白质的脂双层膜与细胞膜在结构上有什么差别？ 3. 其他物质的运输可能与细胞膜上的什么成分有关？ 要求学生阅读课本，观看协助扩散的动画	思考、回答：细胞膜还含有蛋白质，可能与蛋白质有关 阅读课本，观看协助扩散的动画		分析细胞膜与人工脂双层膜的区别，渗透结构与功能观

续表

教学内容	教师活动	学生活动	信息技术工具及资源	教学意图
任务二：协助扩散被动运输	总结协助扩散的特点：顺相对含量梯度运输，借助载体蛋白，不消耗能量 4. 前面提到，水分子还有其他运输方式，是怎样进行的呢？ 要求学生阅读课本的科学前沿栏目“授予诺贝尔化学奖的通道蛋白研究” 展示水通道蛋白和离子通道的图和视频，讲解水通过水通道蛋白的原理，介绍离子通道 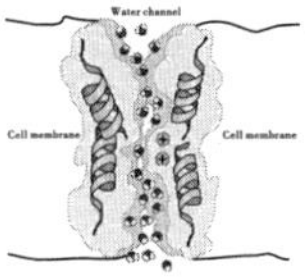 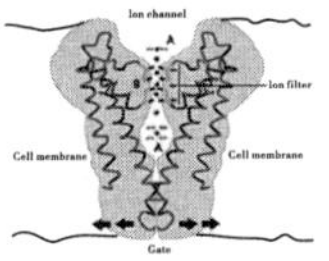 5. 一种载体蛋白或通道蛋白可以运输多种分子或离子吗？ 6. 通过载体蛋白的运输和通过通道蛋白的运输有什么差异？ 7. 协助扩散的速率受哪些因素影响？（浓度差、载体数量、温度等） 8. 自由扩散和协助扩散统称为被动运输，它们有什么共同特点呢？	小组讨论：协助扩散的特点和实例 阅读课本，观看水通道蛋白和离子通道的图 讨论、回答： 5. 不可以，有特异性 6. 被运输物质会与载体蛋白结合，载体蛋白会发生自身构象改变；被运输物质不与通道蛋白结合，通道要在特定刺激下瞬间开放	投影自由扩散和协助扩散的图、协助扩散的动画、水通道蛋白和离子通道的图，展示问题	设计问题串，引导学生主动思考，发展科学思维

续表

<table>
<tr><th>教学内容</th><th>教师活动</th><th>学生活动</th><th>信息技术工具及资源</th><th>教学意图</th></tr>
<tr><td>任务二：协助扩散被动运输</td><td>9. 物质只能顺相对含量梯度运输吗？</td><td>带着疑问进入下一环节的学习</td><td>通过触控一体机及时进行批注和讲解</td><td>通过图和动画辅助教学，提高教学效率，促进教学效果</td></tr>
<tr><td>任务三：主动运输</td><td>展示细胞内外 Na^+ 和 K^+ 浓度的表格
<table><tr><th></th><th>细胞内浓度/（$mmol\cdot L^{-1}$）</th><th>细胞外浓度/（$mmol\cdot L^{-1}$）</th></tr><tr><td>K^+</td><td>140.0</td><td>3.0</td></tr><tr><td>Na^+</td><td>18.0</td><td>145.0</td></tr></table>提问：
1. 研究表明，细胞可以通过钠钾泵吸钾排钠，那么运输方向是顺相对含量梯度还是逆相对含量梯度？
2. Na^+ 和 K^+ 的运输是被动运输吗？为什么？
3. Na^+ 和 K^+ 通过钠钾泵的运输是什么方式呢？
要求学生阅读课本的主动运输部分，投影钠钾泵的图，展示主动运输的动画和钠钾泵的视频
4. 主动运输有哪些特点？有哪些实例？</td><td>分析表格数据，回答问题
小组讨论，总结出主动运输的特点：逆相对含量梯度运输需要载体蛋白协助，需要消耗细胞内化学反应所释放的能量（通常由 ATP 水解供能）</td><td>展示表格和问题
投影图片，演示主动运输的动画，播放钠钾泵的视频

通过触控一体机及时进行批注和讲解</td><td>分析主动运输的意义，渗透物质和能量观

通过图表分析发展科学思维

通过表格、图片、动画和视频辅助教学，提高教学效率，促进教学效果</td></tr>
</table>

续表

教学内容	教师活动	学生活动	信息技术工具及资源	教学意图
任务三：主动运输	5. 主动运输对细胞和生物体有何意义？ 要求学生完成课本中的技能训练，回答相关问题 6. 一些离子、小分子等可以通过自由扩散、协助扩散或主动运输进出细胞，那像蛋白质这样的大分子是如何进出细胞的呢？	主动运输的意义：保证了活细胞能够按照生命活动的需要，主动选择所需要的营养物质，排出代谢废物和对细胞有害的物质 技能训练： K^+ 和 Mg^{2+} 主动运输进入 Na^+ 和 Cl^- 主动运输排出 带着疑问进入下一环节的学习		
任务四：胞吞胞吐	提问： 1. 分泌蛋白是如何释放到细胞外的？ 复习已学知识，联系新学内容，让学生阅读课本，学习胞吞与胞吐 2. 胞吞、胞吐过程的实现与细胞膜的结构特性有什么关系？ 3. 人体的白细胞能吞噬入侵的细菌、细胞碎片及衰老的红细	阅读、思考、回答问题： 1. 胞吐 2. 细胞膜的流动性是胞吞、胞吐的基础，胞吞、胞吐过程中膜的变形也体现了膜的流动性	投影	通过对胞吞、胞吐与细胞膜结构特性的分析，渗透结构与功能观

续表

教学内容	教师活动	学生活动	信息技术工具及资源	教学意图
任务四：胞吞胞吐	胞，这是细胞的什么作用？对于人体有什么意义？	3. 胞吞作用，对于人体有防御功能，并有利于细胞新陈代谢的正常进行		
总结提升、构建概念图	提问： 1. 细胞膜是怎样控制物质输入和输出的？自由扩散、协助扩散、主动运输与细胞膜的结构有什么关系？ 2. 胞吞、胞吐的结构基础是什么？ 3. 物质输入、输出对细胞有什么意义？ 要求学生运用表格对跨膜运输的方式进行比较 要求学生绘制跨膜运输方式的概念图 示范如下： （也可构建细胞膜的结构与功能的概念图） 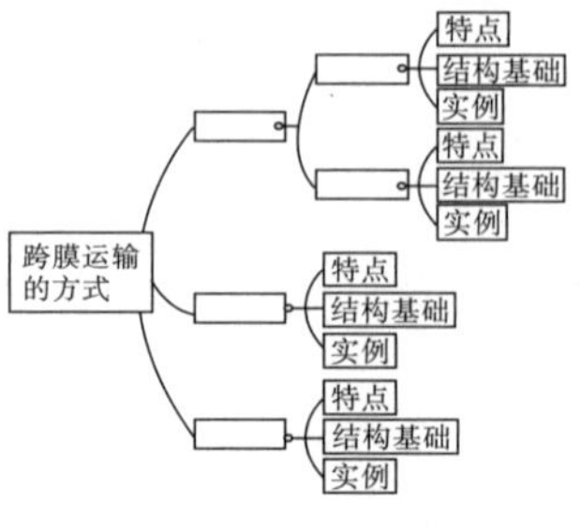	小组讨论、回答问题 绘制表格，进行比较和整理 绘制概念图	投影问题 用希沃白板5绘制表格和概念图	通过总结，强化结构与功能观、物质与能量观 通过列表比较，发展科学思维 通过构建概念图理清概念间的关系 利用希沃白板辅助绘制表格和概念图，方便快捷

【案例评析】

物质跨膜运输的方式是在学生已经学习了细胞膜的成分、结构与功能和动植物细胞通过渗透作用吸水和失水的基础上，对细胞膜的功能特性（选择透过性）和细胞膜的功能之一（控制物质进出细胞）的具体介绍，又是对细胞有选择地与环境进行物质交换获取能量和营养物质的学习，为后面学习细胞的能量供应和利用打下基础，具有承前启后的作用。

该节课有两大特点：一是高度关注学生生物学学科核心素养的发展，二是充分应用信息技术辅助教学，提高了教学效率，促进了教学目标的达成，具有一定的典型性和启发性。

1. 始终围绕发展学生生物学学科核心素养来开展教学

一方面，特别关注生命观念。一是通过达成三个次位概念（阐明质膜具有选择透过性；举例说明有些物质顺相对含量梯度进出细胞，不需要额外提供能量，有些物质逆相对含量梯度进出细胞，需要能量和载体蛋白；举例说明大分子物质可以通过胞吞、胞吐进出细胞）来形成重要概念（物质通过被动运输、主动运输等方式进出细胞，以维持细胞的正常代谢活动），进而有助于形成大概念（细胞的生存需要能量和营养物质，并通过分裂实现增殖）。二是将自由扩散、协助扩散、主动运输、胞吞、胞吐与细胞膜的结构相联系，分析脂溶性小分子通过自由扩散运输是以细胞膜的磷脂双分子层为基础，分析水能自由扩散是因为细胞膜具有流动性，磷脂分子在运动时会产生空隙，但由于磷脂双分子层中间是疏水的，水分子并不容易通过，引出水通道蛋白，再结合协助扩散需要载体蛋白或通道蛋白，主动运输需要载体蛋白协助，而且需要细胞内的化学反应提供能量，渗透结构与功能观。这样的教学有助于形成次位概念（概述细胞都由质膜包裹，质膜将细胞与其生活环境分隔开，能控制物质进出，并参与细胞间的信息交流），进而形成重要概念（细胞各部分结构既分工又合作，共同执行细胞的各项生命活动），从而有助于形成大概念（细胞是生物体结构与生命活动的基本单位）。

另一方面，着眼于发展学生的科学思维。课堂以能引导学生思考的一系列问题串展开，要求学生借助已有的知识和生活常识，利用教师展示的材料，结合技能训练栏目的图表分析，对问题进行思考和讨论，对自由扩散、协助扩散、主动运输、胞吞、胞吐的特点进行分析和总结，通过表格对各种跨膜运输方式进行比较，再引导学生构建概念图，培养学生的科学思维。

2. 充分应用信息技术辅助教学

该节课应用了 PPT 课件、希沃触控一体机、希沃白板 5、动画、视频、图片等资源。一方面，呈现形式丰富，从多个角度刺激学生的感官，吸引学生参与，有利于帮助学生集中精力学习；另一方面，通过动画、视频和图片展示，将微观的结构可视化，有利于帮助学生理解，使学生能将抽象的知识具体化，加深印象。另外，希沃触控一体机具有较强的交互功能，可以一边投影展示，一边进行批注和讲解，标注关键信息，解释疑难之处，方便快捷，能提高教学效率，也方便学生记笔记。最后，利用希沃白板 5 构建概念图（思维导图），操作非常简便，构建的概念图规范、美观。

案例二

“免疫调节”教学设计

（第 1 课时）

授课教师：中山市第二中学　高飞燕

一、教学目标

1. 通过观看病毒感染人体过程的 Flash 动画及阅读教材的相关内容，构建“人体免疫系统的三道防线”的模型，初步建立免疫系统具有防卫功能的观点。

2. 通过“免疫军团”“人体免疫作战的过程”等微课学习资源包，采取小组合作交流的模式构建体液免疫和细胞免疫的模型，并通过图文转换、完善模型、分析模型等环节逐步发展学生关于模型与建模的科学思维能力。

3. 通过了解新型冠状（以下简称“新冠”）病毒的主要传播途径和防控途径，树立关爱生命健康的意识。

4. 通过主流媒体了解“使用康复期患者血清治疗新冠肺炎”和“长春长生生物科技股份有限公司的问题疫苗事件”等社会热点，运用生物学知识理性看待免疫疗法和免疫预防。

二、教学重点和难点

1. 教学重点

掌握免疫系统的防卫功能；掌握体液免疫和细胞免疫的具体过程及相互关系，运用免疫调节的物质基础、结构基础和免疫调节特点，分析机体抵御病原体侵染的过程。

2. 教学难点

构建体液免疫和细胞免疫的概念模型。

三、教学策略

“免疫调节”是高中生物学中的难点。免疫调节的机制非常复杂，涉及的概念和术语较多，调节过程微观、复杂且动态，因此，本节课采取“课前自学→课堂内化→课后拓展”的翻转课堂教学模式。在课前，教师借助微课以及钉钉、猿题库、微信等平台，通过设计好的导学案指导学生进行个性化学习和小组合作学习，从而提高学生的自学能力、表达能力、思辨能力和团队协作能力。

在教学过程中以概念模型的构建为主线，利用自制卡片模具为学生搭建自主学习的支架，在每个任务环节中让学生参与人体免疫系统的三道防线的模型、体液免疫模型和细胞免疫模型的构建过程。在多次建模和析模的过程中，逐步培养学生模型与建模的科学思维。同时，学生在掌握知识的内在联系和领悟概念内涵的基础上，能从整体上构建“特异性免疫调节”的概念模型，实现知识的整体化，从而达到知识内化的目的。

本节课从新冠肺炎疫情这一社会热点问题切入，建立生物学知识与现实生活之间的联系。围绕新冠病毒入侵、治疗、疫苗研发和问题疫苗事件的拓展，引导学生运用生物学原理和方法参与社会热点议题的讨论，对免疫疗法和免疫预防做出理性解释和判断，有助于培养学生的社会责任感，从而达到提高学生生物学学科素养的目的。

四、教学准备

（一）教师准备

1. 信息技术应用

（1）信息技术条件：电脑室、投影。

（2）使用的信息技术工具及资源：微课、微信、视频、Flash 动画、交互式电子白板、钉钉、猿题库、手机实时投影。

2. 其他

制作多媒体教学课件、导学案等。

（二）学生准备

组建 4 人学习小组，通过课本、导学案和微课学习资源包提前了解与本节学习内容相关的信息。

五、教学过程

教学内容	教师活动	学生活动	信息技术工具及资源	教学意图
课前预习	设计导学案，制作“免疫军团”“人体免疫作战的过程”微课资源包，制作白板课件，通过钉钉家校本推送给学生；在猿题库设置初级、中级、高级“资格证考试”，顺利通过测试的同学可分别获得教师颁发的初级、中级、高级“免疫医师资格证” 布置小组任务：2020 年春节前后，新冠病毒在中国肆虐，现在有电视台邀请你做一个关于“当新冠病毒入侵人体后，机体如何进行免疫防御？”的科普讲座。要求小组合作录制讲座视频并发布到钉钉群，采用钉钉投票选出最佳“专家”小组	学生利用周末的时间下载学习资源，在导学案的引导下阅读教材，观看微课等资源，进行自主学习；根据自身学习能力完成不同级别的“资格证考试”；对自主学习中遇到的疑难问题，通过钉钉的填表功能反馈给教师	钉钉、微课、视频、猿题库	学生之间通过钉钉进行小组内个性化的探讨，这样不仅使学生对新学知识有一个初步的认识，还有利于培养团队合作意识

续表

教学内容	教师活动	学生活动	信息技术工具及资源	教学意图
课前预习	教师把学生反馈的问题收集归类，优化备课，制作电子白板课件			借助信息技术，采用APP自动评价和学生互动投票评价相结合的多元评价方式，对学生的学习情况进行评价和反馈
导入新课	播放抗疫短视频，介绍新冠病毒的主要传播途径和防控方法，引入新课	观看视频	视频	引入社会热点事件，激发学生的兴趣
任务一：构建人体免疫系统的三道防线的模型	播放病毒感染人体过程的Flash动画，提出问题： 1. 新冠病毒闯过了人体的几道防线? 2. 人体的这几道防线的组成有哪些? 3. 人体的这几道防线起到了什么作用?	通过观看视频了解皮肤黏膜和吞噬细胞都能在一定程度上抵御病毒的入侵，初步建立免疫系统具有防卫功能的观点 阅读教材资料，结合问题指引，通过小组合作讨论，构建人体免疫系统的三道防线的概念模型	Flash动画、交互式白板（“翻翻卡”功能实现从问题到答案的瞬时切换）	借助动画等直观的信息技术，变抽象为形象 通过环环相扣的问题引导，激发学生的思维

续表

教学内容	教师活动	学生活动	信息技术工具及资源	教学意图
任务二：构建体液免疫模型	播放学生课前录制的讲座视频（票数最高的），教师点评，提出问题，并发布活动任务： 1. 参与免疫作战的有哪些细胞？哪些细胞具有识别作用？ 2. 它们的作战方式分别是什么？ 3. 抗体是由什么细胞产生的？抗体如何发挥作用？ 4. 给每组学生分发一组教师自制的卡片模具，包含新冠病毒以及吞噬细胞、T 细胞、B 细胞、浆细胞、效应 T 细胞、记忆细胞、抗体、淋巴因子等各类免疫细胞和免疫活性物质，要求用箭头将卡片连接，配合简要连接词，构建体液免疫模型，随后进行小组间交流和评价 教师针对各小组模型进行点评，指出不足之处 据媒体报道，武汉金银潭医院使用康复期患者血清治疗新冠肺炎重症患者。为什么康复者的血清具有治疗效果？这种治疗方法有什么优点和缺点？	观看视频，思考问题 利用教师给的卡片模具，通过小组合作进行建模活动。学生首先整理卡片呈现的信息，不断地调整它们的位置，梳理它们之间的相互关系，搭配合适的连接词，构建体液免疫模型 倾听，改善模型 尝试用已具备的生物学知识解答实际问题	学生自制的视频、手机实时投影	手机实时投影各小组的模型，指导学生进行小组交流和互动评价，探讨图文转换，完善模型，逐步培养学生的模型与建模的科学思维能力 关注社会热点，理性看待免疫疗法，同时培养学生的社会责任感

续表

教学内容	教师活动	学生活动	信息技术工具及资源	教学意图
任务三：构建二次免疫数学模型	活动1：目前没有针对新冠病毒的特效药，钟南山院士表示，疫苗是解决疫情的根本，最终的群体免疫也要靠疫苗。请学生阅读有关二次免疫的内容，结合记忆细胞的作用及已学的免疫知识，为钟南山的话做出科学解释 活动2：提供体液免疫数学模型，要求学生在其中添加相关箭头和必要的文字说明，完成二次免疫中抗体浓度的变化情况 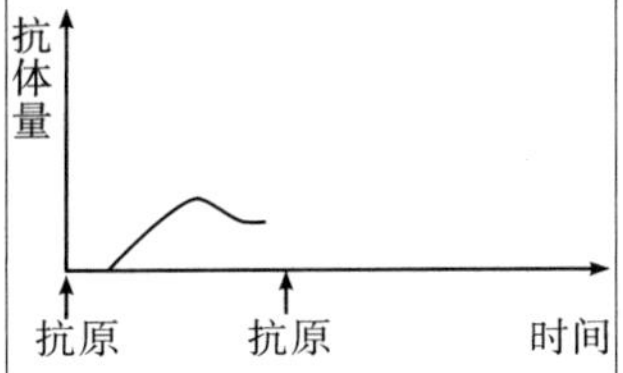 注入抗原的体液免疫反应	思考讨论，在体液免疫模型的基础上构建二次免疫的模型。尝试将生物学模型应用于新的实例和情境中来解释具体的生物学现象或规律 通过画图比较，总结二次免疫的特点	电子式交互白板（屏幕批注）、手机实时投影	在模型的完善过程中提升学生的科学思维和用生物学知识解答实际问题的能力
任务四：构建细胞免疫模型	体液免疫能消灭进入细胞内部的病毒吗？教师播放细胞免疫过程的动画，引导学生阅读教材内容，自主解决以下问题： 1.T 细胞受抗原刺激后增殖分化形成什么细胞？ 2. 效应 T 细胞如何消灭靶细胞？	类比推理，构建细胞免疫概念模型	Flash动画、手机实时投影	引导学生分组合作探究，多次进行建模评价等学生活动，有助于学生完成知识的吸收内化和逻辑思维能力的提升

续表

教学内容	教师活动	学生活动	信息技术工具及资源	教学意图
任务五：构建特异性免疫概念模型	请学生把体液免疫和细胞免疫的概念图构建在同一图中	思考体液免疫和细胞免疫的区别和联系，尝试构建更复杂的概念模型	电子式交互白板（图片拖曳功能）	通过归纳总结，建立概念模型，有利于构建完整的知识体系，形成局部和整体统一的观点
课后拓展	2017 年 11 月，长春长生生物科技股份有限公司生产的百白破疫苗效价指标不符合标准规定。这一报道引发了公众的不安。不少公众提出质疑："这类疫苗是否有毒？注射后有何副作用？假如注射了问题疫苗，有无补救措施？"假如你是疾控中心的工作人员，请你针对当时情况，用免疫学知识发布《效价指标不合格的百白破疫苗相关问题解答》，同时向公众科普免疫预防的相关知识	用漫画、自制采访视频、动画、角色扮演等方式进行，并发布到班级公众号进行投票	微信公众号，微信投票	知识的学习是为了应用，应用也是对知识学习的进一步检验

六、板书设计

1. 人体三道防线

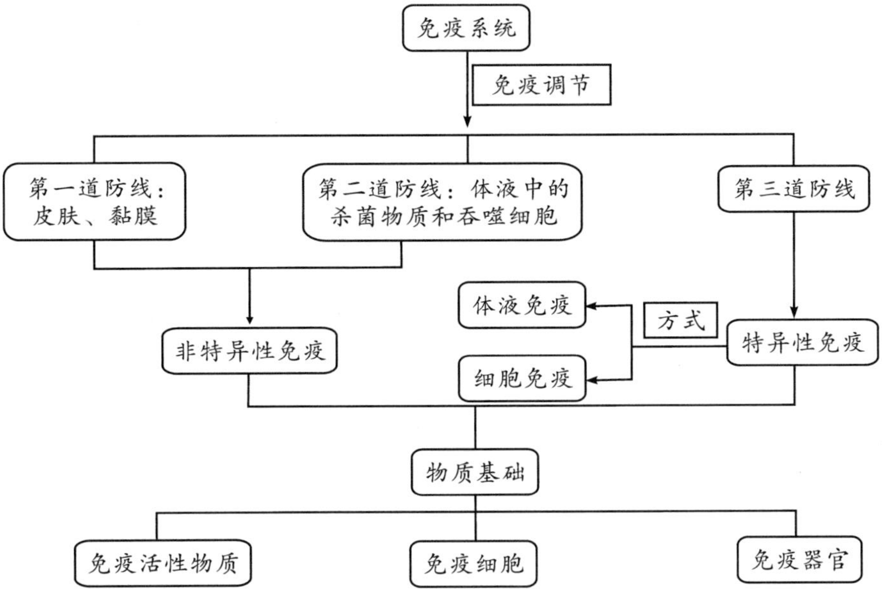

2. 特异性免疫过程

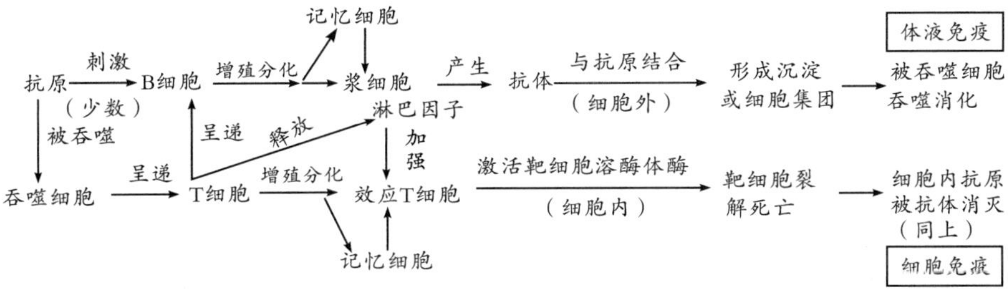

【案例评析】

课堂教学与信息技术的融合，催生了如翻转课堂、智慧课堂等新的教学模式，使高中生物学教学变得更加生动灵活，使个性化学习、合作学习落到实处，产生传统教学方法难以达到的教学效果。该节课以交互式电子白板和手机APP为平台，结合新冠肺炎疫情等社会热点，构建“课前自学→课堂内化→课后拓展”的翻转课堂教学模式。

1. 推送信息技术学习资源，实现个性化学习

免疫调节是高中生物学中的难点。免疫调节的机制非常复杂，涉及的

概念和术语较多，调节过程微观、复杂且动态。为突破教学难点，教师设计导学案，自制“免疫军团”“人体免疫作战的过程”等多个微课资源包，制作白板课件，通过钉钉家校本推送给学生，不同层次的学生根据自己的学习能力由易到难完成基础性知识的构建。学生之间、师生之间也可以通过钉钉进行小组内探讨和辅导交流，学生在互动交流中加深对知识的理解。

2. 巧用 APP，实现作业个性化和评价多元化

教师在课前课后，采用 APP 自动评价和学生互动投票评价相结合的多元评价方式。教师利用猿题库的在线测试功能，开设“免疫医师初级、中级、高级资格证考试”，不同层次的学生根据自己的学习能力参加不同级别的在线测试。借助 APP 功能，轻松实现分层教学。测试结束后，教师通过猿题库自动生成的测试报告，对学生的知识背景、学习能力、预习效果有了更深入的了解，使后续的备课更有针对性，更有利于课堂教学高效有序开展。

此外，在课前科普讲座的热身活动以及课后问题疫苗事件的拓展活动中，教师引入网络投票，以竞争评价机制提高学生在课堂活动中的参与度和积极性。

3. 模型构建，发展科学思维

教师在教学过程中通过引导设疑，以概念模型的构建为主线，以信息技术为辅助，利用自制卡片模具组织学生开展自主、合作、探究学习，让学生在观察、分析、推理、对比、实践中探索多个概念模型和数学模型的构建，形成初步的科学探究能力与实践能力。在多次建模和析模的过程中，逐步培养学生模型与建模的科学思维。同时，学生在掌握知识的内在联系和领悟概念内涵的基础上，能从整体上构建特异性免疫调节的概念模型，实现知识的整体化，从而达到知识内化的目的。

4. 社会热点进课堂，落实科学素养

新课改背景下，高中生物学新课标将注重与现实生活相联系作为基本理念。在该节课中，教师从新冠肺炎疫情这一社会热点问题切入，围绕新冠病毒的入侵、治疗、疫苗研发和问题疫苗事件的拓展，有目的、有步骤地深化知识体系，引导学生运用生物学原理和方法，对免疫疗法和免疫预

防做出理性解释，发展科学思维。把社会热点融入生物学课堂，既有利于激发学生关注科学研究、关爱生命健康，也有助于培养学生的社会责任感，从多维度体现对学生生物学学科核心素养的培养。

基于现代信息技术下的课堂以学生活动为主体，以教师引导为主线，很好地实现了高中生物学线上、线下课堂的有机结合。

第二节　科学探究

让学生像生物学家一样去探究，是中学生物学学习的重要目标。学生在学习过程中应亲历科学探究的过程，也就是基于情境和已有知识提出问题，基于一定的科学事实提出假设，运用观察、实验、建模等科学方法获得证据，并基于证据和逻辑得出结论的过程。

一、支持创设问题情境

有效的问题情境帮助学生提出有探究价值的问题，促进思维的发展。人教版初中生物学教材中，对学生提出问题能力的训练是循序渐进的，对于学生质疑能力的培养贯穿于生物学学习的整个过程当中。教学中要创设情境启发学生发现并提出问题，对此教师已达成共识，但是在教学实践中往往流于形式，表现为学生并未经过认真思考，只是将头脑中的疑问说出来，或是照搬书本上的问题当作自己提出的问题等。教师也习惯于将教材中的问题当作学生提出的问题，或是有目的地诱导学生提出教学“需要”的问题。

用教材中的问题或是教师预设的问题，实际上是忽视了学生的差异和个性化的需求，也剥夺了学生提出问题的权利。其根源可以追溯到教师的学生观：是否能将学生视为独立思考的个体？学生提出的问题反映的是个体的疑问和思考吗？

那么，什么是有效的问题情境？信息技术怎样支持创设有效的问题情境？以下教学片段有助于我们对此问题进行讨论。

教学片段：发现问题，提出问题

师：请同学们观察图片（PPT 上呈现两张图——兔的头部和猫的头部），对比兔子和猫的眼睛的位置，注意我们要观察和比较的是眼睛的位置。在观察和比较之后，你能提出什么问题？

生 1：为什么猫和兔的双眼位置不一样？

生 2：兔子和猫的眼睛好像不在同一个位置上。

生 3：为什么兔的眼睛在头部的两边，猫的眼睛在头部的前面？

生 4：兔子眼睛的位置看到的视野是不是更加开阔？

生 5：眼睛的位置和什么有关？

生 6：（兔子眼睛的位置）跟兔子的运动能力有没有关系？

生 7：是不是兔子和猫的食性不同，所以眼睛的位置不同？

生 8：兔子和猫的胡子一样吗？

在这个教学的片段中，问题的情境是什么？教师提供的素材就是问题的情境吗？

在此教学片段中，教师使用了教材中的图片作为学生观察的素材，要求学生首先对图片进行观察和比较，并且为了使学生的发言不偏离主题，在提问时强调了要观察和比较的是两种生物眼睛的位置。兔子和猫是生活中常见的两种动物，从学生提出的问题来看，学生对于它们的生活习性有一定的了解，比如，知道两者的食性不同，因而会将自己的经验和知识加入情境中来提出问题。学生的提问大致上可以分为两个层次：一是对图片呈现出的生物的眼睛的位置进行观察和比较后，发现两者的位置不同所进行的直接提问，探寻造成两者区别的原因；二是在前一个层次的基础上，增加了自己的生活经验和已有知识，并据此对两种生物眼睛位置不同的原因进行了推测，进而提出带有假设的问题。

由此可见，问题的情境并不能简单理解为教师单方面的创设，学生带着已有的经验和知识也参与了问题情境的创设。此外，问题情境不仅是材料，比如图片、视频、文字等，还包含了观察、比较等方法。学生提出问题的过程看似短暂，实际上包含了一系列思维活动：运用科学方法（观察、实验、比较），描述生物学事实（如兔的眼睛在头部的两边，猫的眼睛在头部的前面），结合自身经验和知识推测（如兔子和猫的食性不同），组织语言表达问题。

问题的提出应该来源于对自然现象的观察，是以观察到的事实为依据而产生的疑问。比如，生 8 的问题“兔子和猫的胡子一样吗？”，由于偏离了主题，教师在课上忽略了这个问题。课后教师与生 8 单独进行了讨论，了解生 8 为什么会提出这个问题。生 8 承认他当时没有注意到教师要求的是观察眼睛的位置，以为是观察兔和猫的不同。教师进一步追问为什么会关注到胡子，生 8 表示，因为家里养过猫，读过科普故事，知道猫的胡子就像是猫的“导航”和“雷达”，他想知道兔子的胡子是不是有同样的作用。由此可见，生 8 是依据他的生活经验和已有知识提出问题的，而且这个问题不乏探究的价值和趣味，遗憾的是他“跑题”了。

信息技术对问题情境创设的支持，不仅在于以图片、视频等形式呈现情境，建立与学生生活经验的联系等，还可以为教师调查了解学生的已有知识提供帮助，例如利用学习平台布置课前问题，收集和分析学生的回答，作为创设问题情境的基础。

二、支持实验教学

生物学是以实验为基础的自然科学。实验在培养学生科学探究能力、形成科学素养方面具有重要作用。实验是学生科学探究的重要方法，学生需要设计实验方案，动手操作，分析处理实验结果，获得证据，运用逻辑得出结论。在此过程中，学生不仅掌握了基本的实验技能，更重要的是锻炼了科学思维能力。

《普通高中生物学课程标准（2017 年版）》在教学建议部分对信息技术与实验教学融合提出了明确的要求，即“利用电子设备设计、完成模拟性实验；有条件的学校还可以充分利用多媒体、互联网及无线通信技术进行虚拟实验”，“开发课件、微课以及各种多媒体课程资源”。由此可见，信息技术能够为实验教学难点的解决提供支持。

以下的两个案例呈现了信息技术与中学生物学实验教学的融合，呈现了信息技术的优势，同时也关注到了技术的局限性。值得注意的是，讨论信息技术与实验教学的融合，并不意味着可以用技术手段替代学生的动手实验，学生亲历实验过程对其生物学概念构建、生物学实验技能训练、科学思维的发展以及学习兴趣的提升，具有不可替代的重要价值。

案例一

“细胞器——系统内的分工合作”教学设计

（共2课时）

授课教师：中山市华南师范大学附属中学　吴宇亮

一、教学目标

1. 说出分离各种细胞器的科学方法。

2. 举例说出几种细胞器的结构和功能。

3. 列举植物细胞与动物细胞的区别。

4. 用高倍显微镜观察叶绿体、线粒体在细胞中的分布和形态。

5. 制作人的口腔上皮细胞临时装片；制作藓类植物叶片的临时装片。

6. 探讨分泌蛋白的合成和分泌过程，确立“细胞器的结构和功能相适应”的观点、“部分与整体统一”的观点。

7. 搜集资料，感知前沿科技进步和技术革新，感性认识科学是不断进步的。

二、教学重点和难点

1. 教学重点

（1）几种细胞器的结构和功能。

（2）植物细胞与动物细胞的区别。

2. 教学难点

（1）几种细胞器的结构和功能。

（2）植物细胞与动物细胞的区别。

三、教学策略

本节课知识微观、抽象，教学时，首先引导学生联系生活经验进行类比，然后采用“识图→实验观察→解决问题→思维导图总结”的流程认识细胞内各个细胞器及其分工，期间深度结合多种信息技术手段。本节课计划用两个课时完成。

第 1 课时学习细胞器的结构、形态和功能。首先通过采用“功能→结构→分布”的思维顺序，达到从理性上认识线粒体和叶绿体，并初步体会生物体的结构与功能是相适应的。进一步使用矩道高中生物 VR3D 虚拟仿真实验室，让学生自主完成用高倍显微镜观察叶绿体和线粒体的实验，以增强学生对叶绿体和线粒体的感性认识，同时巩固使用高倍显微镜的方法。接着使用多张可自由旋转放大的 3D 细胞器亚显微结构模拟图，让学生自由观察其他细胞器的形态，通过讲解让学生熟知其功能。最后用思维导图软件，让学生自行总结本节课的知识点，培养其归纳概括的能力。

第 2 课时以分泌蛋白的合成和运输为例，让学生体会细胞器之间的分工和协调配合。通过小组合作解决预设探究问题，分析分泌蛋白合成并分泌到细胞外的过程。再次用思维导图软件概括此过程，明确各种生物膜在结构上的联系和功能上的分工协作，深入理解细胞是生物体结构和功能的基本单位。最后让学生互相交流自己课前查询好的资料，了解相关知识发展的新动向和一些科研方法，培养学生的阅读和分析能力以及信息搜集和处理能力。

四、教学准备

1. 信息技术应用

（1）本节课教学的信息技术条件：一体机。

（2）本节课使用的信息技术工具及资源：矩道高中生物 VR3D 虚拟仿真实验室软件、Flash 软件、思维导图软件、视频、一套可自由操控的 3D 细胞器演示图片等。

2. 其他

（1）制作多媒体 PPT 教学课件。

（2）导学案，分两个课时用。

3. 学生准备

提前预习。组建学习小组，课前布置小组作业：通过网络、报纸、杂志等渠道收集科学界对生物膜和生物膜工程研究的相关资料，经筛选后，课上交流。

五、教学过程

（1）第 1 课时。

教学内容	教师活动	学生活动	信息技术工具及资源	教学意图
实物导入	手拿一杯烧仙草，引入：一杯烧仙草中含有哪些东西？细胞内复杂的结构之间的关系就像这杯烧仙草。细胞质基质就像烧仙草中的奶茶，里面溶解着多种物质。 引出细胞质基质、细胞骨架和细胞器的定义 通过问题，引起学生对细胞器的感性认识，导入课程学习	回答：奶茶、珍珠、花生、红豆等 思考、讨论、回顾，填写导学案	PPT	紧密联系学生的生活实际，形象生动，为新课内容做铺垫
新授课一：细胞器的分工	提问：1. 要认识细胞器，首先要想办法分离各种各样的细胞器，用什么样的方法呢？ 引导学生阅读资料“分离细胞器的方法——差速离心法” 2. 分离出各种细胞器后，提问：如何观察？ 纠错后点出亚显微结构的特点 指导学生带着思考题阅读课文内容，使学生对各种细胞器有一个初步的认识	回答：用光学显微镜 阅读课文内容		阅读资料，培养学生分析信息的能力

续表

<table>
<tr><th>教学内容</th><th>教师活动</th><th>学生活动</th><th>信息技术工具及资源</th><th>教学意图</th></tr>
<tr>
<td>任务一：双膜结构细胞器</td>
<td>1. 线粒体
屏幕展示资料，讨论分析：
德国科学家华乐柏在研究线粒体时，统计了某种动物部分细胞中线粒体的数量，见下表，思考探究下列问题。
<table>
<tr><td>平滑肌细胞</td><td>心肌细胞</td><td>常态肝细胞</td><td>动物冬眠肝细胞</td></tr>
<tr><td>260</td><td>12500</td><td>950</td><td>1350</td></tr>
<tr><td colspan="4">（1）心肌细胞的线粒体数量最多，这是因为________。</td></tr>
<tr><td colspan="4">（2）动物冬眠状态下肝细胞中的线粒体比常态下多，是因为________。</td></tr>
</table>
希沃白板展示3D线粒体亚显微结构模拟图，自由操作后，直观展示其特殊结构，并引导思考：
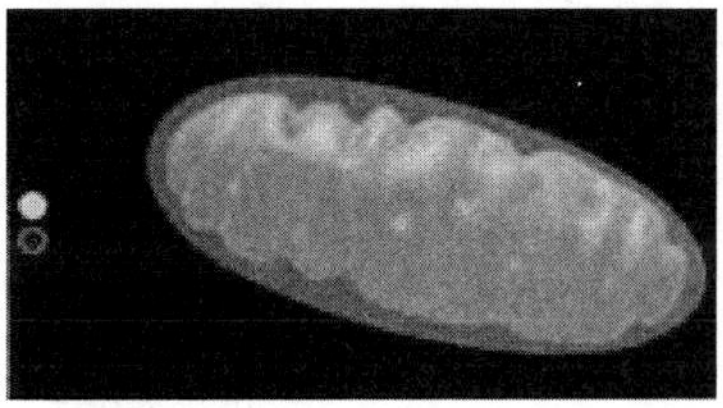
线粒体有什么功能？
↓
线粒体的结构是怎么样的？
↓
它的内膜有什么特点？它的结构和功能是怎样相适应的？
线粒体的分布是怎样的？</td>
<td>回答：（1）心肌细胞运动量大，因不停地收缩舒张，需能量多
（2）冬眠时，动物维持生命活动的能量主要靠肝脏提供，肝脏代谢加强，需能量多
多角度观看图片，自由旋转放大，观察其整体和剖面的区别
回答线粒体的特点功能
熟知线粒体的分布场所</td>
<td>希沃白板</td>
<td>通过分析资料，培养学生分析问题和获取信息的能力
通过直观感受，多角度了解线粒体的结构
初步建立细胞的结构和功能相适应的观点、部分与整体相统一的观点</td>
</tr>
</table>

续表

教学内容	教师活动	学生活动	信息技术工具及资源	教学意图
任务一：双膜结构细胞器	2. 叶绿体 屏幕展示资料： 叶绿体是绿色植物叶肉细胞中进行光合作用的细胞器 因此，有人把它比喻为“养料制造车间”和“能量转换站” 希沃白板展示 3D 叶绿体亚显微结构模拟图，自由操作后，直观展示其特殊结构，并引导思考： 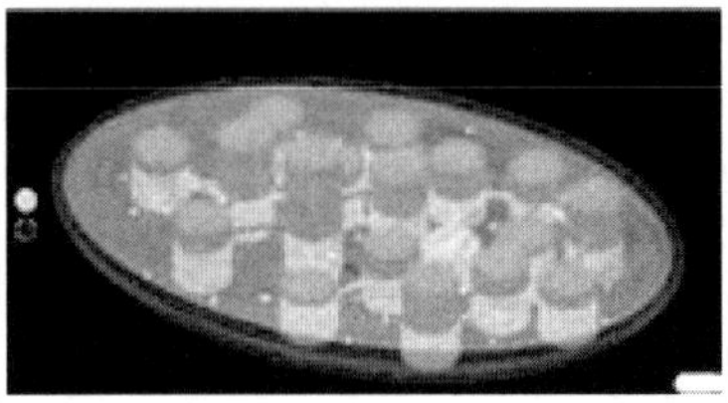 叶绿体有什么功能？ ↓ 叶绿体的结构是怎么样的？ ↓ 它的内膜有什么特点？它的结构和功能是怎样相适应的？ 叶绿体的分布是怎样的？ 线粒体和叶绿体这两种细胞器是我们最熟悉的，那么请同学们归纳出它们的异同点	多角度观看图片，自由旋转放大，观察叶绿体整体和剖面的区别 回答叶绿体的特点功能 熟知叶绿体的分布场所 学生观看幻灯片，结合课本内容回答两种细胞器的有关问题，完成表格	可 360 度旋转、可剖析的 3D 亚显微结构模拟图 PPT	通过直观感受，多角度了解叶绿体的结构 再次理解细胞的结构和功能相适应的观点、部分与整体相统一的观点

续表

教学内容	教师活动	学生活动	信息技术工具及资源	教学意图
矩道高中生物 VR3D 虚拟仿真实验： 用高倍显微镜观察线粒体和叶绿体	刚才我们通过图片和资料，了解了叶绿体和线粒体的分布、形态和功能，那么实际生物体中的细胞器是怎样的呢？请同学们阅读课本的实验：用高倍显微镜观察叶绿体和线粒体 自行分组使用矩道高中生物 VR3D 虚拟仿真实验室软件完成实验，熟悉操作步骤，并观察叶绿体和线粒体的分布和形态	学生分组动手操作两个实验	矩道高中生物 VR3D 虚拟仿真实验室软件	借助信息技术让学生多次动手操作。软件能有效引导正确的实验步骤，让学生在错误中进步，激发学生的批判性思维，提升学生解决问题的能力和实验操作能力
任务二： 单膜结构细胞器	利用希沃白板展示 3D 细胞器亚显微结构模拟图，自由操作后，直观展示其特殊结构，让学生通过观看、比较、讨论加深理解，掌握细胞内的其他细胞器的结构和功能 提出问题：内质网的分布、形态、结构、功能分别是怎样的？ 高尔基体的分布、形态、结构、功能分别是怎样的？	多角度观看图片，自由旋转放大，观察其整体和剖面的区别	可 360 度旋转、可剖析的 3D 亚显微结构模拟图	强化细胞的结构和功能相适应的观点、部分与整体相统一的观点

续表

教学内容	教师活动	学生活动	信息技术工具及资源	教学意图
任务二：单膜结构细胞器	液泡的分布、形态、结构、功能分别是怎样的？ 溶酶体的分布、形态、结构、功能分别是怎样的？			
任务三：无膜结构细胞器	教师继续展示电镜下的溶酶体、液泡和中心体的图片，引导学生观察，提出问题： 溶酶体、中心体的结构是怎么样的？它们分别有什么功能？	阅读课本，回答问题	PPT、图片	
学习整理	总结 1： 小组合作使用思维导图来总结 8 种细胞器。同时用 PPT 展示设计好的表格，引导学生完成。通过完成表格，归纳各种细胞器的结构和功能，使学生更好地掌握本节课的内容 总结 2： 教师分别播放动物和植物细胞的亚显微结构模拟图，简要回顾细胞器。通过对比，让学生找出动植物细胞的异同点，并制成表格	绘制细胞器思维导图	思维导图软件	通过画思维导图总结细胞器相关知识，培养学生归纳与概括的能力
课堂小结	完成表格	完成表格		

（2）第 2 课时。

教学内容	教师活动	学生活动	信息技术工具及资源	教学意图
视频复习回顾	通过微课“细胞实验室——细胞器”进行复习回顾。提出疑问：上节课学习了细胞器的分工，那么细胞器之间有什么关系吗？科学家是怎样研究这个问题的呢？引出新知	观看视频	视频	直观地感受整体的细胞。引起回忆：细胞器的不同结构和功能

续表

教学内容	教师活动	学生活动	信息技术工具及资源	教学意图
新授课一：分泌蛋白的合成与运输	介绍帕拉德对分泌蛋白合成和运输的设想，采用的科学方法和实证研究过程 资料分析： 通过糖尿病引入胰岛素，简单介绍分泌蛋白的背景知识。生物体内的分泌蛋白是如何合成并运输到细胞外的？	阅读资料，思考问题	PPT	通过资料的阅读和实际问题的引导，培养学生分析和理解问题的能力
小组合作探究	自主探究： 1. 学生分组，在教师指导下自主探究分泌蛋白的合成与运输过程 2. 经过 10 分钟的小组探究后，随机请几组代表回答探究的问题，其他小组进行纠正、补充 3. 教师进行总结：内质网上的核糖体在核酸的指导下合成各种氨基酸，这些氨基酸在内质网中连接成肽链，并初步进行折叠和包装后，以囊泡的形式运送到高尔基体，在高尔基体上，蛋白质被进一步修饰和包装，再以囊泡的形式运送到细胞膜内侧，最后被分泌到细胞外。这个过程需要消耗由线粒体提供的能量 Flash 动画演示整个过程	小组合作探究： （1）分泌蛋白是在哪里合成的？ （2）分泌蛋白从合成至分泌到细胞外，经过了哪些细胞器或细胞结构？尝试描述分泌蛋白的合成和运输过程		通过小组合作探究，提高语言表达能力和合作探究能力学生自主解决问题，培养其解决实际问题的能力和团队合作意识。体验合作学习的乐趣

续表

教学内容	教师活动	学生活动	信息技术工具及资源	教学意图
小组合作探究	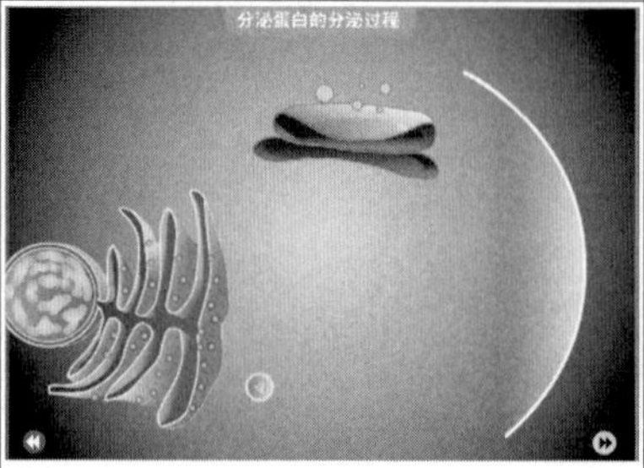 细胞作为基本的生命系统，正是通过细胞中各种结构（包括细胞器）在结构上的联系、在功能上的协调配合而形成统一整体的，进而完成各种生命活动等系统功能	（3）分泌蛋白合成和分泌的过程需要能量吗？能量由哪里提供？ 观看 Flash 动画	Flash 动画	渗透事物之间存在普遍联系的辩证唯物主义观点 科学的成功不仅需要探索精神和理性思维，也需要科学技术的进步，激励学生发展科学思维，逐步养成严谨、务实的科学态度
总结：构建思维导图	让学生自行使用思维导图软件总结分泌蛋白的合成过程 引导思考：各种细胞器之间除了明确的分工，很明显也有协调配合，那么它们彼此之间如何联系呢？ （1）直接联系：内质网的膜在细胞内可以跟外层核膜相连，向外可以跟细胞的细胞膜相连，且在合成旺盛的细胞中，内质网总是与线粒体紧密相依 （2）间接联系：借助囊泡。在分泌蛋白的合成与运输中，内质网的膜向外鼓出，形成囊泡结构，包裹未	学生自由扩充知识网络	思维导图软件	通过画过程图描述分泌蛋白的合成和运输过程，培养和发展学生的观察能力，提高分析、归纳的能力

续表

教学内容	教师活动	学生活动	信息技术工具及资源	教学意图
总结：构建思维导图	成熟的蛋白质到达高尔基体。高尔基体同样以囊泡的形式，包裹成熟蛋白质到达细胞膜，完成分泌的过程			
新授课二：生物膜系统	结构和功能相适应，那么生物膜系统结构之间的联系在功能上是怎么体现的呢？ 1. 细胞膜属于生物膜系统，所以细胞膜所具有的功能，生物膜系统同样也是有的 2. 线粒体内膜向内折叠形成嵴，扩大膜的表面积，在膜上有许多与有氧呼吸有关的酶，从而可以完成重要的化学反应	回答细胞膜的功能	PPT	认同生物膜系统在生命活动中的重要作用，形成“系统各组分分工合作可使效率大大提高”的理念
小组合作：展示生物膜系统成果	引导： 20 世纪 70 年代以来，各种新的物理、化学技术和方法的使用使得生物膜的研究已深入分子水平，并且取得了突飞猛进的发展，成为分子细胞生物学研究中的前沿领域之一。课前各小组进行了深入研究，下面请各小组汇报 1. 史铁生 2. 制药工艺 3. 生物导弹 小结：对学生的汇报进行简评	以小组为单位，交流通过网络等渠道收集的生物膜和生物膜工程研究的相关资料 1. 肾透析：采用透析型人工肾代替病变的肾脏，其中起到关键作用的血液透析膜是一种人	学生自制的 PPT	调动学生学习生命科学知识的兴趣，激发其好奇心和寻求真理的欲望，同时渗透 STS 思想 认同技术的革新和进步对科学发展的促进作用

续表

教学内容	教师活动	学生活动	信息技术工具及资源	教学意图
小组合作：展示生物膜系统成果		工合成的膜材料 2. 利用生物膜的特性，将磷脂层小球包裹着的药物运输到患者的病变部位，通过膜融合治疗疾病 3. “生物导弹”能自动导向，在生物体内与特定物质结合，其携带的药物起治疗作用	网络等多种信息媒介	通过查询资料，培养学生对生物学知识的迁移能力，分析和归纳信息的能力
小结	板书总结本节课知识			总结归纳
作业布置	完成导学案上的习题	课后完成习题		巩固，深化理解

六、板书设计

第 2 节　细胞器——系统内的分工合作

一、细胞质的结构和功能

- 细胞质
  - 细胞质基质
    - 成分：多种物质和酶
    - 功能：新陈代谢的主要场所
  - 细胞器：线粒体、叶绿体、内质网、高尔基体、核糖体、溶酶体、液泡、中心体

二、分泌蛋白的合成和运输（在总结时给出）

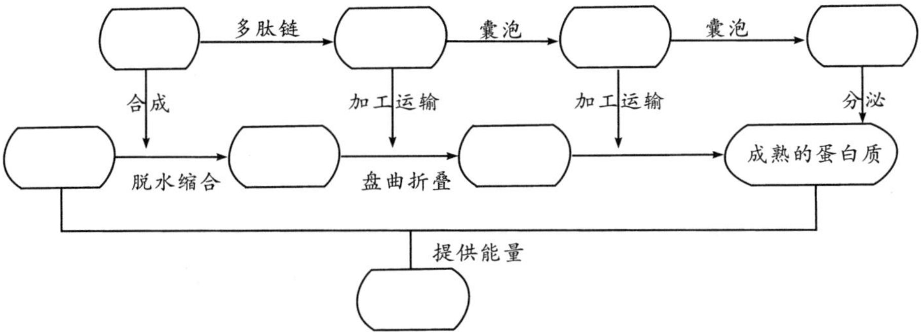

【案例评析】

该节课多处巧妙融合信息技术，以培养学生的科学思维为核心开展教学设计，教学效果明显。

1. 深化信息技术交融，锦上添花

课堂教学目标清晰，第 1 课时以细胞器的结构、功能为核心重难点。教师以烧仙草和有关心脏的资料分析引出新课，贴近学生生活实际，符合学生认知水平，使学生能够迅速进入学习状态，思维逐步活跃，同时也培养了学生分析信息的能力。为突破细胞器的结构这一重难点，教师展示了一整套提前做好的 3D 模拟图，学生可以通过 PPT 自由操作，通过切换立体和剖面结构或进行放大缩小的操作对细胞器形成具象认识。每观看完一种细胞器，教师能逐步补充该种细胞器的功能，并用引导性语言“叶绿体有什么功能？”“叶绿体的结构是怎么样的？”“它的内膜有什么特点？”“它的结构和功能是怎样相适应的？”等完成教学，学生在此期间能够很好地形成结构与功能相统一的观点。为完成能力目标，教师在课堂实验中创造

性地使用了矩道高中生物 VR3D 虚拟仿真实验室软件，以 3D 实验室的特殊操作方式让学生自己动手模拟实验。此软件开放性和探索性强，所以难度也较大，可以看到学生在进行实验时不断出错，不断纠正，进而逐渐熟练，最终观察到清晰的实验结果，感性认识线粒体和叶绿体。这样的教学有利于学生科学探究思维和逻辑思维的不断提升。在两个课时的最后，教师均让学生自行使用思维导图软件，构建知识网络。该节课充分发挥了学生的主体地位，教学设计较好完成了情感、态度与价值观目标。

在第 2 课时，教师首先以微课引入新课，对细胞器进行整体回顾。以小组合作探究突破分泌蛋白的合成与分泌这一重难点，设计了合适的探究任务，从课堂的完成情况来看，各环节时间把控得当。在进行总结时，以动画形象生动地展示整个过程，渗透事物之间存在普遍联系的辩证唯物主义观点。在第 2 课时前教师还设置了小组课前任务，在课堂上主要交流展示肾透析膜、磷脂小球给药、“生物导弹”等前沿科技，化被动为主动，在查找资料的过程中，不断调动学生的好奇心和寻求真理的欲望，也促进了其学习生命科学知识的兴趣。整堂课以学生为主体，以信息技术深化教学内容，最终较好地、顺利地完成教学任务。

2. 教学设计巧妙紧贴科学思维的核心素养，润物细无声

（1）加强概念教学，通过教学内容的完成，结合思维导图软件，让学生在课堂小结环节能顺利构建自己的知识网络，完成概念教学，培养学生概括、分析、归纳的习惯和能力。

（2）激励学生寻求真理，开放思想，培养其严谨的批判性思维。在第 1 课时中，以 3D 实验室的特殊操作方式让学生自己动手模拟实验。此软件开放性和探索性强，所以难度也较大，学生在不断出错、不断纠正的过程中逐步找到正确的道路，其科学探究思维和逻辑思维的形成得到了良性影响。在第 2 课时中，学生分组探讨分泌蛋白的合成和分泌过程，分析科学家的实验，学会了提炼证据、推理结果，强化思维逻辑。两个课时用循序渐进的教学设计，一环一环加深，引导学生确立细胞器的结构和功能相适应的观点、部分与整体统一的观点。

（3）有效激发学生的创造性思维。第 2 课时开始前，布置了小组合

作的搜集资料任务，在完成任务的过程中，学生能感知前沿科技进步和技术革新。在学习完第 2 课时的主体任务后，学生又能将这些资料迁移到课堂内容中，对生命科学有了更感性的认识。

3. 有机渗透情境教学法，化抽象为具体

教师使用多种手段让抽象的知识具体化、形象化，有助于学生感性认识的形成。如自由操作的 3D 模拟图片，以第一人称为视角的模拟生物实验室，以小组为单位重复探究科学家的实验以理解分泌蛋白的合成与分泌过程，都能够让学生脱离畏难情绪，身临其境地落实知识点。

科学课程的学习与其说是学习一种知识体系，不如说是学习一种思维方式。现代信息技术有良好的交互性，集知识性、技能性、综合性和应用性于一体，能够实现对学生的全面调动，带领他们进入学习的海洋，潜移默化地渗透科学思维的核心素养。

教师使用了多种信息技术手段并贯穿课堂始终，在进行教学设计时，始终考虑如何以两个课时尽可能地实现科学思维的多方面培养，PPT、微课、Flash 动画、矩道高中生物 VR3D 虚拟仿真实验室软件、一套可自由操控的 3D 细胞器演示图片、思维导图软件等都能较好地给学生渗透科学思维。学生能够从实验中获得批判质疑的精神，熟练实验操作，提升实验能力；能够从小组课前的数据收集中，感受科学的进步，激发探索欲，形成证据意识，并在展示和交流活动中充分培养概括、分析、归纳的能力；能从教师设计的细胞器的结构与功能相统一的数个环节中强化逻辑思维。

案例二

“种群数量的变化”教学设计

授课教师：中山市濠头中学　杨祖芳

一、教学目标

1. 说明建构种群密度增长模型的方法。

2. 通过探究培养液中酵母菌种群数量的变化，尝试建构种群增长的数学模型。

3. 用数学模型解释种群数量的变化。

4. 关注人类活动对种群数量变化的影响。

二、教学重点和难点

1. 教学重点

尝试建构种群增长的数学模型，并据此解释种群数量的变化。

2. 教学难点

建构种群增长的数学模型。

三、教学策略

课标中关于本节的具体内容标准为尝试建构数学模型解释种群的数量变动，因此引导学生用数学方法解释生命现象，揭示生命活动规律是本节教学策略的着眼点。数学模型是联系实际问题与数学的桥梁，具有解释、判断、预测等重要功能。引导学生建构数学模型，有利于培养学生透过现象揭示本质的洞察能力；同时，通过科学与数学的整合，有利于培养学生简约、严密的思维品质。在教学中，循着“现象→本质→现象”，或者“具体→抽象→具体”的思路，通过“分析问题→探究数学规律→解决实际问题→建构数学模型”的方法，让学生体验由具体到抽象的思维转化过程。

本节教学从“问题探讨”延伸开去：细菌的繁殖速度很快，如果在营养和生存空间没有限制的情况下，在短时间内，细菌的种群数量就能达到一个天文数字。教师给出表格，让学生计算相应数据，并依据数据画出细菌种群的增长曲线，让学生感受生物现象和规律可用数学语言（公式和曲线图）表达出来。接着，教师简要讲解数学模型的概念，强调数学方法的介入，使学生对大自然有更多的认识，如孟德尔遗传定律等也是经典的应用数学模型的范例。同时强调数学模型在生物学中也越来越表现出强大的生命力，它通过建立可以表述生命系统发展状况等的数学系统，对生命现象进行量化，以数量关系描述生命现象，再运用逻辑推理、求解和运算达到对生命现象进行研究的目的。

学生有了以上感性和理性的认识基础，教师再进一步阐述建构种群增长模型的方法。结合问题探讨的素材，介绍建构数学模型的方法，探索规律。通过大量观察和实验得出的规律是建构数学模型的基础，在这一基础上运用数学方法可将生物学问题转化为数学问题。引导学生提出假设，假设条件不同，数学模型也不相同。接着运用数学语言进行表达，即数学模型的表达形式。当呈现某数学模型时，教师要让学生认识到数学模型所蕴含的生物学意义。生物学中大量现象与规律是极为复杂的，存在着许多不确定因素和例外的现象，因此需要通过大量实验或观察，对模型进行检验和修正。

以细菌在理想状态下种群数量增长为例的教学中，总结出J型曲线数学模型，表明种群具有巨大的增殖能力。但是这一现象并没在自然界中发生，因为在没有人为干扰的稳定的自然环境中，各个种群在物理因素和生物因素的制约下，出生率和死亡率一般来说是平衡的，种群的个体数量是稳定的，由此引出S型增长曲线的数学模型。对S型曲线的应用的实际意义可以通过思考与讨论活动完成，比如灭鼠、保护大熊猫及合理开发资源的时期等。关于种群数量的波动和下降，可通过分析其影响因素结合案例生成。

四、教学准备

（一）教师准备

1. 信息技术应用

（1）本节教学的信息技术条件：网络教室、投影。

（2）本节课使用的信息技术工具及资源：GeoGebra软件、视频、图片等。

2. 其他

（1）PPT教学课件。

（2）导学案。

（二）学生准备

组建4人学习小组，通过课本和导学案提前了解与本节学习内容相关的信息。

五、教学过程

教学内容	教师活动	学生活动	信息技术工具及资源	教学意图
新课引入	播放理想状态下某种细菌的繁殖代数数量变化的视频	观看视频	视频	视频激发学习兴趣，直接导入新课
任务一：建构种群增长模型的方法	为了直观、简便地研究种群数量变动的规律，数学模型建构是常用的方法之一。数学模型是用来描述一个系统或它的性质的数学形式。以探讨细菌的增殖为例提出研究方法，引导学生结合研究实例体验其研究方法	根据教师给出的研究方法、步骤，结合细菌增殖的素材实例，推导数学模型构建的过程	投影、图片	将数学建模的研究方法与生物学具体实例结合，掌握科学的研究方法
任务二：构建数学模型种群增长的J型曲线	设计表格，计算1个细菌随时间变化的数量变化 数学描述形式包括数学方程式法和坐标曲线法。两者的区别：曲线图直观，但不够精确；数学公式精确，但不够直观 分析J型曲线： （1）条件 （2）数学模型 （3）特点 （4）实例	计算1个细菌随时间变化的具体数量，填写在表格里。分析每代分裂后的数据，归纳出数学方程式 $N_n=2^n$（N 代表细菌数量，n 代表分裂代数），再将数据转至坐标纸上绘制曲线，构建J型曲线。分析J型曲线的条件、数学模型特点及实例	投影、图片	思辨：两种数学语言的表达区别

续表

<table>
<tr><th>教学内容</th><th>教师活动</th><th>学生活动</th><th>信息技术工具及资源</th><th>教学意图</th></tr>
<tr><td>任务三：构建数学模型种群增长的S型曲线</td><td>过渡：自然界中有没有这种理想条件，能够使得种群数量变化呈J型曲线增长呢？
教师提供高斯实验数据，让学生修正模型，从而构建S型曲线数学模型
高斯把5个大草履虫置于0.5mL的培养液中，每隔24小时统计一次数据，经过反复实验，结果如下：<table><tr><td>时间/天</td><td>1</td><td>2</td><td>3</td><td>4</td><td>5</td><td>6</td></tr><tr><td>种群数量/个</td><td>20</td><td>137</td><td>319</td><td>369</td><td>373</td><td>365</td></tr></table></td><td>引出环境阻力的分析，绘制曲线。分析调整期，加速期、减速期、稳定期，得出环境容纳量，即K值</td><td>投影、视频、图片</td><td>借助信息技术实时反馈学生实验效果，直观分析问题</td></tr>
<tr><td>任务四：数学模型S型曲线的分析</td><td>分析S型曲线：
（1）产生条件
（2）增长特点
（3）种群数量变化曲线与种群增长速率之间的关系（及变式分析）
（4）S型曲线在生产中的应用</td><td>教师移动横坐标点，学生观察种群出生率和死亡率的差值，差值最大表示种群增长速率最大，即K/2
S型曲线的变式分析</td><td>GeoGebra软件、投影</td><td>培养数理逻辑思维</td></tr>
</table>

续表

<table>
<tr><th>教学内容</th><th>教师活动</th><th>学生活动</th><th>信息技术工具及资源</th><th>教学意图</th></tr>
<tr><td>任务五：分析两种数学模型的关系</td><td>用达尔文的观点分析两种数学模型的关系

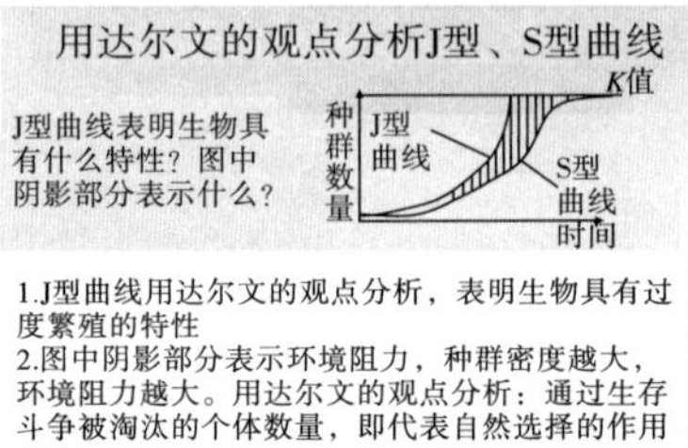
</td><td>尝试用达尔文的观点分析过度繁殖、生存斗争和适者生存间的关系，归纳环境阻力的类型，引出影响种群数量波动和下降的因素</td><td>投影、图片</td><td>培养学生自主阅读的习惯和逻辑推理能力

借助信息技术，学习相关基础知识</td></tr>
<tr><td>任务六：种群数量的波动和下降</td><td>以教材中东亚飞蝗种群数量的波动为例，分析种群数量波动和下降的原因
（1）影响种群数量变化的因素
（2）种群数量变化的类型
（3）影响结果</td><td>总结归纳影响种群数量变化的因素：
（1）内部直接因素：出生率，死亡率，迁入（出）率，年龄组成，性别
（2）自然间接因素：空间，气候，食物，天敌，传染病，自然灾害
（3）人为重要因素：对野生生物的乱捕滥猎，对种群数量的人工控制等</td><td></td><td>借助信息技术实时反馈学生分析图表、获取信息的能力</td></tr>
</table>

续表

教学内容	教师活动	学生活动	信息技术工具及资源	教学意图
任务七：研究种群数量变化的意义	（1）为野生生物资源的合理利用及保护提供理论指导 （2）为人工养殖及种植业中合理控制种群数量、适时捕捞、采伐等提供理论指导 （3)通过研究种群数量变动规律，为有害生物的预测及防治提供科学依据 （4）为引进外来物种提供理性的思考	根据教师给出的理论指导，举例分析其在生产生活中的实践价值	投影、图片	理论应用联系生活实际
任务八：实验探究	实验：培养液中酵母菌种群数量的变化 （1）怎样进行酵母菌的计数？对于压线的酵母菌，应怎样计数？ （2）从试管中吸出培养液进行计数之前，为何要将试管轻轻振荡？ （3）本探究实验需要设置对照实验吗？ （4）需要做重复实验吗？ （5）记录表格的设计 （6）如果一个小方格内的酵母菌过多，如何处理？	学生思考、讨论并回答问题	投影、图片	借助信息技术实时反馈学生的实验效果，直观分析问题
整理过程	提供检测反馈题目	独立思考完成检测题	投影	巩固反馈提升

六、板书设计

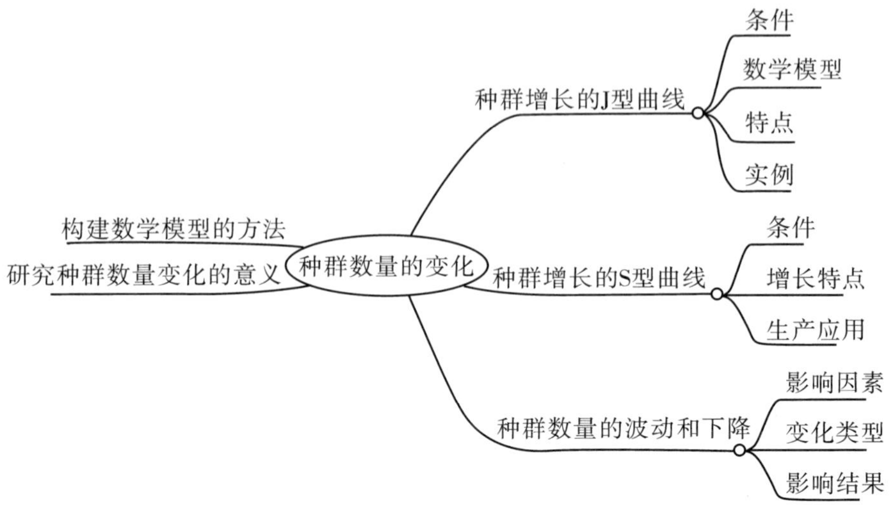

【案例评析】

该课立足于模型与建模，通过科学探究活动引导学生建构数学模型。培养学生的科学思维能力关键是培养学生提出问题的能力和学习思维的方法等。在整个教学过程中教师坚持做到“三自”——自主学习、自主探究、自主交流，倡导“三主”——以学为主、以练为主、以赛为主，鼓励“三动”——动脑、动口、动手。高中生最重要的学习方式是自主学习和感悟学习，还有就是小组讨论，有个人思考后的交流才能碰撞出思维的火花。

该节课采用以下几种信息技术辅助教学，增强教学效果。

一是播放视频，让学生观看细菌增殖过程的动态变化图，从感知上获取种群数量的变化。如何让其转化为数学规律的分析方法呢？此时引入模型建构的研究方法：观察研究对象，提出问题；提出合理的假设；根据实验数据，用适当的数学形式对事物的性质进行表达；通过进一步实验或观察等，对模型进行检验或修正。接着根据学生的计算，推导出数学方程式，进一步建立数学模型。但是数学方程式仍无法直观地呈现种群数量的变化，故引导学生根据细菌数量随时间变化的关系，尝试绘制坐标图，得出 J 型曲线图。教师通过图片的方式呈现自然界某岛屿环颈雉种群数量的增长，让学生将种群数量事实与数学模型建构联系起来，便于理解掌握两者间的关系。

二是借助模型的假设条件。当条件发生变化，如当种群遇到环境阻力的时候，教师利用视频播放高斯培养大草履虫的实验，与之前的理想实验条件下培养细菌相比，呈现数量增长上的变化。利用信息化技术手段让学生在脑海中将实验过程分析与数学建模有机结合起来，将生命现象与数学建模研究方法融合起来。

三是利用图表的方式加强科学思维的训练。如 S 型曲线种群增长速率的倒抛物线的分析，出生率和死亡率的差值与种群密度的关系，S 型曲线在生产中的应用（如虫害的防治），通过提高 K 值拯救受保护动物，生产上的捕获期应确定在种群数量略比 $K/2$ 多时，杀虫效果最好的时期则在潜伏期。在学生分析捕获点为何在较 $K/2$ 稍多一点的过程中，教师应加强科学思维的教学，培养学生批判质疑的精神和态度，培养学生逻辑思维的严谨性、全面性、深刻性和流畅性。

四是通过函数模型 GeoGebra 软件投影的方式，实时在线得到定量的数据变化，让学生切实感受出生率和死亡率的差值变化与种群密度的关系，更好地理解数学模型 S 型曲线在生产实践中的应用。

五是利用软件绘制板书概念图，以尝试建立数学模型为切入线索，构建数学模型解释种群的数量变动的思维导图，帮助学生在学习过程中找到抓手。

第三节 生物科学史与 STS

生物科学史蕴含着丰富的科学思想、科学方法、科学世界观、科学精神和科学态度。科学思想和科学理论总是不断地被验证、修改甚至被否定，被验证了的科学知识体系不断丰富和完善，具有持久性。科学不仰仗权威，纵观科学史，权威也不免出错，没有一个科学家可以代表绝对真理。学习生物科学史能使学生沿着科学家探索生物世界的道路，理解科学的本质和科学研究的思路和方法，领悟科学家的科学精神和科学态度。[1]

了解科学、技术、社会的相互关系，关注和参加与生物科学技术有关的个人与社会问题的讨论和决策，是生物学学科核心素养的重要组成部分，也是培养学生对自然和社会责任感的重要途径。STS学习也是学生认识科学事业，理解科学的价值和局限性，理解科学、技术与社会之间相互影响的途径。

生物科学史和STS的学习，是渗透在概念建构和科学探究的过程中的。在教学实践中，教师一方面要引导学生主动收集相关的信息，交流和讨论；另一方面也需要在学生讨论基础上，适当地总结和提炼，引导学生理解科学的本质，领悟科学与人文精神的交融，内化科学精神。

信息技术能够为问题的交流和讨论提供有效支持。前面我们提到了平等的讨论，那么充分的表达和交流能够实现学生对所讨论问题获得信息的平等，为理解彼此的意见奠定基础。好的讨论的先决条件之一就是参与者要对所讨论的问题充分了解。对于一件事情方方面面都了解透彻只能是一种理想，我们在教学中对此的期待是——教师为保障每个学生都有充分掌握资料的机会做出努力。

如何保证每个学生有公平的机会获得尽可能充分的信息呢？在信息技术的支持下至少在四个方面是可以作为的。

一是要明确讨论的问题，并且这个问题应该是有探究价值的，值得学生花费时间去收集资料。

二是教师尽可能为学生提供充分的资料，并保证每个学生都能获得。无论是印发学习单、给出阅读书目，还是运用信息技术推送微课或其他形式的学习资源，教师应该保证每个学生都有条件获得并有时间进行学习。由于学生的信息技术能力和学科知识有限，教师所提供的资料要能满足学生对问题讨论的最低需求。

三是在讨论之前，应该让每个学生都有陈述自己观点或获得的信息的

---

[1] 中华人民共和国教育部. 普通高中生物学课程标准（2017年版）[M]. 北京：人民教育出版社，2018.

机会，其他学生也因此有机会获得自己没有收集到的信息，这有利于学生对他人观点的理解和对自己观点的审视与修正。

四是要给学生充足的时间，这是讨论活动得以真正发生的最基本的保障条件。在教学实践中，教师总是会担心“如果把时间都花在讨论上，那就会减少对重要内容关注的时间”。“那些认为向学生传授书本知识非常重要、容不得半点耽误的老师都会觉得若采用讨论法就不会有足够的时间涉及全部内容。如果只让学生讲而不让学生辩论的话，至少可以保证这些知识能通过学生的发言表述出来。”[1]我们认为，重要知识与观念的掌握与讨论并不矛盾，讨论的过程就是学生构建重要知识和观念的过程。对于一些重要且较难的内容，学生用自己的话语和思维方式来解释，更容易吸引同伴参与讨论，从而更容易理解。重视讨论也并不意味着其他教学方法不重要。讲授、实验、自主阅读等方法，都有其价值和适用的范围。学生的学习需要调动多种感官，倾听、阅读、观看、动手等都能够刺激学生的思维，有利于他们的学习。比如讲授法，对于一些很难的知识，讲授法有其得天独厚的优势。教师要理解，讨论对于学生的科学思维和科学精神的培养有着不可替代的作用。

案例一

“光合作用的探究历程”教学设计

授课教师：中山市实验中学　吴学峰

一、教学目标

1. 阐述光合作用的概念及反应式。

2. 认识光合作用的探究历程和熟悉科学研究的基本方法。

3. 了解实验设计的原则和思路，并能运用到简单实验的设计中。

4. 感悟科学家的科学精神，培养科学的思维方式。

---

[1] BROOKFIELD S D，PRESKILL S. 讨论式教学法：实现民主课堂的方法与技巧 [M]. 罗静，褚保堂，译 . 北京：中国轻工业出版社，2002：13.

二、教学重点和难点

1. 教学重点

光合作用的发现及其研究历程。

2. 教学难点

学习科学家的实验方法和思路，培养科学的思维方式。

三、教学策略

光合作用是绿色植物最重要的生理作用之一，与生物生活环境的变化息息相关。教材在光合作用的发现史中主要介绍了海尔蒙特、普利斯特利、英格豪斯、萨克斯等人在光合作用发现过程中的几个经典实验。在这其中蕴含着科学探究的一般方法，是培养学生科学思维和探究能力的理想材料。本节课的学习旨在向学生说明科学上的每一项发现的背后都凝聚着无数探索者的智慧和辛勤劳动，学生通过学习能够更好地体会一个正确的科学结论是经过许多科学家不断探索和完善得来的，是来之不易的，也为学生后面学习众多的实验打下基础。

通过初中阶段的学习，学生对光合作用所需原料、条件等基础知识已经有了一定的掌握，对于光合作用发现史也有所了解，但对于科学探究的一般方法了解不多且不成系统。能力与思维方面，高中生虽然具备了一定的观察和认知能力，思维的目的性、连续性和逻辑性也已初步形成，但还很不完善，对新事物好奇，却又缺乏理性思考。高中生的分析、推理和抽象思维能力不强，在学习方法和认识水平方面还不够熟练。新课程强调过程，强调学生探索新知识的经历和获得新知识的体验，不能让教学脱离学生的内心感受，必须让学生追求过程的体验，包括思维的探究，实验的探究。探究活动有利于学生主动建构知识，发展能力，形成正确的情感态度与价值观。根据以上分析，结合学生实际，选用了直观教学法、引导探究法和互动讨论法进行本节教学。

四、教学准备

（一）教师准备

1. 信息技术应用

（1）本节教学的信息技术条件：多媒体课室、投影设备。

（2）本节课使用的信息技术工具及资源：微课视频、图片等。

2. 其他

（1）PPT 教学课件。

（2）导学案。

（二）学生准备

组建 4 人学习小组，通过课本和导学案提前了解与本节学习内容相关的信息。

五、教学过程

教学内容	教师活动	学生活动	信息技术工具及资源	教学意图
情境引入	引言：一棵幼苗为什么可以长成参天大树？ 总结学生的回答，提出光合作用的概念 光合作用是绿色植物最重要的生理作用之一，与生物生活环境的变化息息相关，是整个生态系统能量之源、物质之基，重要性不言而喻！ 板书光合作用的过程，并解读反应式中反应物、产物、场所、条件等要素——实质是提出探究的对象	思考： 何为光合作用？ 共同回顾初中学过的光合作用的概念和反应式，写出光合作用的反应式	多媒体展示幼苗与大树的图片，呈现植物生长的问题探讨	激发学生的兴趣，提出学习主题：光合作用。 复习概念，写出反应式，强调反应式的学科规范，提出本节探究学习的主要内容 强调光合作用的主要意义，将学生引入光合作用的探究历程的学习中

续表

教学内容	教师活动	学生活动	信息技术工具及资源	教学意图
任务一：探究水的作用	亚里士多德通过观察发现植物生长总是离不开土壤，他还发现某些物质腐烂之后会促进植物的生长。因此他认为植物之所以生长是因为从土壤中吸收了一种叫“腐殖质”的生长汁的缘故 17 世纪 30 年代，荷兰医生海尔蒙特栽种一株柳树于一桶土中，栽种之前称得柳树和土的质量分别为 2.27 千克和 90.72 千克，五年中对柳树仅仅是按时浇水，五年后称柳树和土的质量分别为 76.7 千克和 90.663 千克，发现土只减轻了 57 克，而柳树质量在五年中增长了 74.43 千克 显然亚里士多德的“腐殖质”学说受到了挑战，海尔蒙特得出的植物生长所需的物质来自水的结论后被无土栽培技术所证实	问：海尔蒙特得出了什么结论？他忽略了什么？ 答：柳树的生长主要靠水而不是土壤；他忽略了空气 问：给土壤称重时应注意什么？实验中土壤重量也有少量减少，除了实验误差外，最可能的原因是什么？ 答：烘干；植物吸收了其中的矿物质元素	多媒体展示亚里士多德的腐殖质学说、海尔蒙特的柳树实验以及科学家的研究图片	强调科学需要实验证据的支持，不要盲目相信权威和直觉，应该具有质疑精神

续表

教学内容	教师活动	学生活动	信息技术工具及资源	教学意图
任务二：探究光合作用对空气的影响	由于显微镜的发明，一个英国人和一个意大利人几乎同时发现了植物的气孔，并因此推测植物与空气发生作用 介绍明末清初宋应星的《论气》 1771 年，英国科学家普利斯特利把一支点燃的蜡烛和一只小白鼠分别放在密闭的玻璃罩内，蜡烛不久就熄灭了，小白鼠也很快死去。但他将点燃的蜡烛与绿色植物一起放在一个密闭的玻璃罩内，蜡烛则不容易熄灭；将小白鼠与绿色植物一起放在玻璃罩内，小白鼠也不容易窒息而死。实验证明植物能够改善因蜡烛燃烧而“损坏”的空气	问：当时普利斯特利的实验有时成功，有时却不能重复之前的结果。你知道原因吗？ 答：在光下就成功，在暗处就不成功 问：普利斯特利有没有准确得出植物更新的是何种空气成分？为什么？ 学生：没有，因为空气成分直到 1785 年才被发现	图片、动画	使学生认识到显微镜的发明为研究提供了新的技术工具。科学理论的研究离不开科学技术的支持 普利斯特利的实验将人类研究光合作用的方向从土壤转向了空气
任务三：探究光的作用	1779 年，英格豪斯用了三个月的时间，做了 500 多次植物更新空气的实验，证明植物只有在光下才能改善空气。他用藻类植物作为实验材料	问：选用藻类植物作为实验材料有什么优点？ 答：有利于观察、收集和检验植物释放出的气体 问：该实验是否存在对照实验？单一变量是什么？	多媒体展示实验	实验说明，选择合适的实验材料并科学设计实验过程是实验成功的重要因素。让学生从实验变量、实验步骤等方面分析经典

续表

教学内容	教师活动	学生活动	信息技术工具及资源	教学意图
任务三：探究光的作用	1782 年，瑞士的塞内比尔注意到“植物恢复空气的活性取决于固定的空气”，用今天的科学语言表述为“植物产生氧气的关键取决于二氧化碳的供应”	答：属自身条件对照；单一变量是光照 问：是否能证明植物在放出氧气的同时，吸收了二氧化碳？ 答：不能		实验，领悟科学家的实验方法和思路
任务四：探究光合作用的产物	1845 年，德国科学家梅耶根据能量转化公式，认为植物把太阳能以化学能的方式储存起来 1864 年，德国植物学家萨克斯把绿叶放在暗处几小时，然后将叶片一半曝光，另一半遮光，一段时间后，用碘蒸气处理叶片，发现曝光的一半叶片呈蓝色，而遮光的一半叶片颜色没有变化	问：实验前为什么把绿叶放在暗处几小时？ 答：让叶片中的营养物质消耗掉 问：该实验的实验组和对照组分别是什么？实验结果说明什么？ 答：曝光的一半叶片和遮光的一半叶片；植物在光下合成了淀粉	多媒体展示德国植物学家萨克斯的实验，解释实验过程	让学生从实验变量、对照实验的角度分析实验 证明光合作用的产物除了氧气之外还有糖类（淀粉）

续表

教学内容	教师活动	学生活动	信息技术工具及资源	教学意图
任务五：探究光合作用的场所及氧气的产生	1880年，德国科学家恩格尔曼把载有水绵和好氧细菌的临时装片暴露在光下，在显微镜下发现好氧细菌集中在叶绿体受光部位的周围。他又将棱镜产生的光谱投射到丝状的水绵体上，发现好氧细菌在被红光和蓝紫光照射的水绵周围聚集	问：选用水绵作为实验材料的优点是什么？ 答：丝状绿藻，含带状螺旋形叶绿体，有利于直接观察光合作用发生的位置 问：实验说明了什么？ 答：①叶绿体是光合作用的场所，光合作用产生氧气；②光合作用的作用光谱与叶绿体色素的吸收光谱基本一致，即红光区和蓝紫光区光合作用最强	展示水绵结构图，据图介绍水绵和好氧细菌，然后介绍实验设计。播放恩格尔曼的实验过程的视频	说明科学家巧妙的实验设计与科学技术对科学发现的重要性
任务六：探究氧气的产生及来源	1939—1940年，英国科学家希尔参考前人的研究成果，从磨碎的叶子中提取叶绿体，加入氧化剂铁离子等，在不吸收二氧化碳的情况下，成功制造出了氧气。这就是著名的希尔反应。发现了光反应中有光诱导的电子传递和水的光解及O_2释放，发现了水在光反应中	问：希尔反应证明了什么？ 答：证明光合作用产生的氧气来自水的分解；证明了光合作用在叶绿体中进行	展示科学家的实验图片	这一发现将光合作用区分为两个阶段：光反应阶段和暗反应阶段

续表

教学内容	教师活动	学生活动	信息技术工具及资源	教学意图
任务六：探究氧气的产生及来源	起到的是供氢体和电子供体的双重作用 美国科学家鲁宾和卡门采用同位素标记法研究了光合作用反应物水中氧元素的去向	学习同位素标记示踪技术	解释同位素标记示踪技术的原理与应用	说明技术进步推动科学发现 同位素标记法在自然科学研究领域被广泛应用
任务七：二氧化碳的作用	1949—1957 年，美国科学家卡尔文领导的研究小组利用含有放射性同位素 ^{14}C 的二氧化碳进行实验，经过艰苦努力，基本确定了光合作用中二氧化碳的环式代谢途径（即卡尔文循环）。卡尔文因此获诺贝尔化学奖	展示卡尔文循环之前先提出问题：应标记哪一种元素？怎样设计实验？ 点评学生的实验设计，肯定他们的优点，指出存在的不足	课件展示实验过程，分析材料、方法、结果，并引导学生探索二氧化碳是怎样转变成有机物的	体会科学研究的艰辛与荣耀
学习整理	回顾光合作用的探究历程，说明科学在实验和争论中前进，许多科学家继承前人的科学成果，汲取不同的学术见解，富有创新精神，锲而不舍，促进了科学的不断深入发展	填写本节的知识概念图，思考讨论本节课的学习感悟	课堂小结： 1. 光合作用的概念、反应式 2. 光合作用的探究历程的经典实验	总结科学探究的一般过程和规律，鼓励学生学习科学家的精神，大胆探索

【案例评析】

1. 对学生科学素养的培养

该课以“提高生物科学素养，面向全体学生，倡导探究性学习，注重与现实生活的联系”的课程理念来设计教与学的活动过程，变教材中经典实验的学习过程为探究过程，为学生创造“知识再发现”的角色体验的探究情境，努力吸引学生思维的参与，发挥他们的学习主动性。在教学中，教师引导学生的思维随前人一起参与探索过程中，突出学生的主体性、学习的探究性和目标的完整性，从而使学生更深切地体会到科学家们富有创意的思维过程和巧妙的工作方法，并从中感悟科学探索的艰辛和乐趣。教师着重引导学生深入思考科学家的工作过程，领悟科学家是如何发现问题、寻找证据、合理推理的，体验科学家不断深化对问题认识的过程和科学探索的精神。

教材对科学探索、发现、发展过程的介绍往往比较简单。特别是对于科学家们具体开展工作时的思维过程、实验方法、态度精神，以及由此给我们带来的启示等，教材往往没有详细的说明。该课通过查阅一些相关的课外资料，如亚里士多德的学说、卡尔文循环、宋应星的《论气》等，充实丰富课程内容，使相关内容更完善，更富有吸引力，更能体现教育价值。在具体教学活动中通过两条主线并进，突出探究。显性的知识主线：科学探究的一般历程中的经典实验及其所展示的光合作用的基本要素。隐形主线：基于科学思维的人类进行科学探究的基本规律和主要方法。科学方法是科学素养的要素，是教学的重点。此外，教师引导学生从中总结生物学研究的一些规律性的方法，如怎样搜集资料，怎样进行科学观察，怎样设计实验，怎样描述和呈现研究成果等。教学活动中着力体现科学家们执着的精神、百折不挠的毅力、实事求是的态度，以及谦虚坦诚、团结协作的品质。这些是作为一名科学工作者必须具备的素质。

2. 信息技术在教学中的应用

该课重视信息技术在生物学课堂教学中的重要作用，应用了多媒体教学设备和计算机辅助教学，利用了 PPT 课件和微课将课本中枯燥的素材以简洁的图文和简短的视频形象生动地展示出来，重现了多个实验的研究过程，使学生易于理解实验过程并掌握知识点，将枯燥的科学史真实地展现在学生的眼前，使学生在很短的时间内如同亲身经历了整个漫长的研究过程。另外，通过图片、微视频等把科学家探究的思想贯彻始终，真实情境的再现也能够使学生更好地理解实验设计的原理、过程、结论及相关的研究方法，让学生在探究实验中体验和模仿科学家设计实验的基本原则，学会分析、改进实验，科学地评价实验。该节课将信息技术与传统教学形式有机结合，增大了课堂容量，整合了各种教学资源，提高了教学效率，同时正确处理了信息技术与传统教学形式的关系，使两者在课堂教学中各尽其能、相互促进。

案例二

“人类遗传病”教学设计

授课教师：中山市东升高级中学　冼省

一、教学目标

1. 举例说出人类常见遗传病的主要类型。

2. 进行人类遗传病的调查。

3. 探讨人类遗传病的监测和预防。

4. 通过例题分析，提高审题能力和解题能力，提升识图能力和综合能力。

5. 运用人类遗传病原理，解释生活中遇到的问题。

6. 关爱人类遗传病患者。

7. 宣传有关人类遗传病的知识，关爱生命。

8. 关注人类基因组计划及其意义。

二、教学重点和难点

1. 教学重点

（1）人类常见遗传病的类型以及遗传病的监测和预防。

（2）人类遗传病的调查。

2. 教学重点

人类基因组计划的意义及其与人体健康的关系。

三、教学策略

本节课有四个知识点需要掌握：人类常见遗传病的类型，人类遗传病的调查，人类遗传病的监测和预防，人类基因组计划与人体健康。按照新课程标准要求，可以尝试运用遗传与变异的观点，解释常规遗传学技术在现实生活中的应用；针对遗传信息改变对人类带来的不良后果，尝试提出降低人类遗传病及恶性疾病发病率的指导建议。

本节课使用的教学模式是翻转课堂＋小组合作任务驱动教学法，精心策划教学任务和师生活动。充分利用教育信息技术工具辅助教学，利用微课、动画、图片突破教学重点和难点问题。采用小组合作学习模式进行教学和评价，在课堂中多种教学方法灵活应用，如讲授法、指导发现法、自学辅导法等，对学生进行生命观念、科学思维、科学探究和社会责任等生物学学科核心素养的培养。

具体做法是对只要求学生了解识记的内容进行翻转课堂式教学，提前让学生自学，再在课堂中进行自学效果过关检测，及时查漏补缺；对重难点教学内容先进行翻转课堂式的提前预学，再进行课堂内的任务驱动教学，通过师生互动完成。学生学习的过程性评价在课前、课中、课后均能通过自评、小组成员互评及教师评价进行，教学效果的终结性评价可以利用钉钉云课堂的考试平台进行，定时发布限时完成的综合性检测。

四、教学准备

1. 教育信息技术条件准备

（1）硬件条件。

可联网的手机、平板电脑、笔记本电脑、台式电脑，供师生使用的其他电子设备，配备网络的多媒体教室。

（2）软件条件。

教师准备：希沃白板（包含知识胶囊、云课件、云课堂、课件库等）、录制视频的软件（制作微课用）。师生准备：钉钉（包括钉盘、家校本、投票助手、云课堂考试管理等）。

2. 教学资源和教学活动的准备

（1）教师。

通过钉钉提前分享用于翻转课堂的希沃知识胶囊导学视频，提前发放纸质导学案（含教学任务），通过钉钉云盘提前共享供学生课前观看的一系列微课：人类常见遗传病的类型，人类遗传病的调查，系谱图中遗传病遗传方式的判断，人类遗传病的监测和预防。通过提前设计好的投票收集学生预习过程中遇到的问题和困难，结合教学内容和学生实际提前制作希沃白板课件，根据教学内容和教学目标设计并定时发布限时完成的钉钉云课堂考试试卷。

（2）学生。

提前观看导学视频，完成导学案，有疑问时利用网络查找答案，收集资料以备课堂中使用（可以各种形式呈现）等。

五、教学过程

教学内容	教师活动	学生活动	信息技术工具及资源	教学意图
任务一：人类常见遗传病的类型	用教室里的多媒体互动教学平台演示希沃白板课件——人类常见遗传病的类型，提醒学生用笔记下重点或者易遗忘的知识。教育学生关爱人类遗传病患者 利用设计好的希沃白板课件指导学生做课堂训练题	通过回忆课前看过的微课1“人类常见遗传病的类型”，和教师一起将课件中的知识框架填满，选择性记重点或易遗忘的内容做课堂训练题： 1. 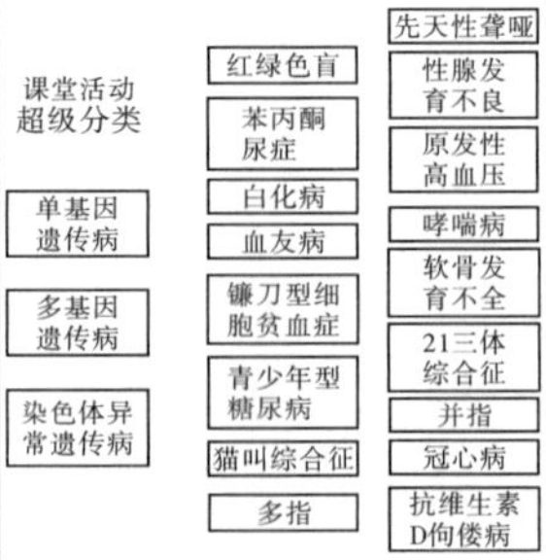	通过钉钉云盘共享可供学生无限次观看的微课1“人类常见遗传病的类型”	翻转课堂模式，先学后教，帮助学生养成自主学习的习惯，培养学生的质疑能力和解决问题的能力。较易理解和掌握的内容交给学生自学，再在课堂中进行自学效果过关

续表

教学内容	教师活动	学生活动	信息技术工具及资源	教学意图
任务一：人类常见遗传病的类型		2.（2015·全国Ⅱ卷）下列关于人类猫叫综合征的叙述，正确的是（　） A. 该病是由于特定的染色体片段缺失造成的 B. 该病是由于特定染色体的数目增加造成的 C. 该病是由于染色体组数目成倍增加造成的 D. 该病是由于染色体中增加某一片段引起的 3.（2017·永州三校联考）通过对胎儿或新生儿的体细胞组织切片观察难以发现的遗传病是（　） A. 红绿色盲 B. 21 三体综合征 C. 镰刀型细胞贫血症 D. 性腺发育不良	希沃白板课件（含知识框架图一张，3 道不同形式、不同层次的课堂训练题）	检测，及时查漏补缺，提高教学效率。自学后再在课堂中通过师生互动重构知识框架，完善知识体系，让学生做到心中既有“森林”又有“树木”，让所学知识得到整合，培养学生分类、归纳、整理知识的科学思维 不同形式、不同层次的课堂训练题更直接地培养学生的科学思维，做到学以致用，解决问题

续表

教学内容	教师活动	学生活动	信息技术工具及资源	教学意图
任务二：人类遗传病的调查	用讲授法，借助希沃白板归纳、总结人类遗传病的调查原理和流程方法等 设计有关的训练题，组织学生分组讨论和展示解题思路等 发现问题及时查漏补缺	一边回忆课前观看的微课2“人类遗传病的调查”的有关内容，一边听教师进行归纳总结，选择性做笔记 通过回忆课前观看的微课3“系谱图中遗传病遗传方式的判断”，与本组同学积极思考和讨论课堂中的训练题，推荐小组代表展示解题思路等，总结做题方法和技巧	（课前使用）微课2“人类遗传病的调查”和微课3“系谱图中遗传病遗传方式的判断” 希沃白板课件（含人类遗传病的调查归纳总结和课堂训练题1道）	基于学生课前观看过微课2“人类遗传病的调查”，在课堂中指导学生归纳总结知识，重点非难点知识用讲授法提高教学效率，设计需要进行逻辑推理的课堂训练题，培养学生的科学思维 同时检查学生课前观看微课的学习效果和掌握知识的情况，发现问题及时查漏补缺

续表

教学内容	教师活动	学生活动	信息技术工具及资源	教学意图
任务三：人类遗传病的监测和预防	按照课前已经提前发放给学生的导学案中的关于人类遗传病的监测和预防的四个问题，引导学生进行小组展示、分析和解决。与学生共同归纳有关知识点 问题一：了解禁止近亲结婚的相关法规，探究其科学依据 问题二：一对夫妇为生育年龄烦恼，你有什么建议吗？ 问题三：该夫妇中，妻子的父亲患色盲，他们的孩子患色盲的概率是多少？如果你是医生，有何建议？ 问题四：该妻子已怀孕，如果你是医生，有何建议？	跟随教师的引导进行思考讨论，得到解决问题的方案，展示思维方法等，归纳总结人类遗传病的监测和预防的有关知识点，并完成随堂训练	（课前使用）微课4“人类遗传病的监测和预防” 希沃白板课件（含4个情境问题、4个知识点归纳、1个小结和1道课堂训练题）	通过任务驱动教学模式，精心策划情境问题，赋予学生解决问题的角色，使学生在解决问题的过程中掌握知识，获取成功的喜悦，培养学生的科学思维和社会责任等生物学学科核心素养

续表

教学内容	教师活动	学生活动	信息技术工具及资源	教学意图
任务四：人类基因组计划及意义	组织学生以小组为单位，展示其小组收集整理的人类基因组计划及其意义的资料 归纳、总结人类基因组计划及其意义，对学生进行社会责任教育	以小组为单位展示本组收集整理的关于人类基因组计划的有关内容 笔记总结	学生搜索得到的各种有关资源，包括电子文档、视频、图片 希沃白板课件	课前的导学案中设计的任务需要学生分组负责，不同的组收集不同方面的资料，形成各学习小组在课堂中进行展示的文案。这样的设计锻炼了学生获取信息的能力，也培养了学生自主学习的习惯。在完成任务的过程中，学生的科学思维和社会责任感都能得到培养
总结及作业	用简单的思维导图总结本节课的内容 让学生课后画一幅人类遗传病的思维导图	与教师一起再次回顾本节课的主要内容 了解课后作业要求	希沃白板课件	通过思维导图的绘制培养科学思维

六、板书设计

第 3 课时　人类遗传病

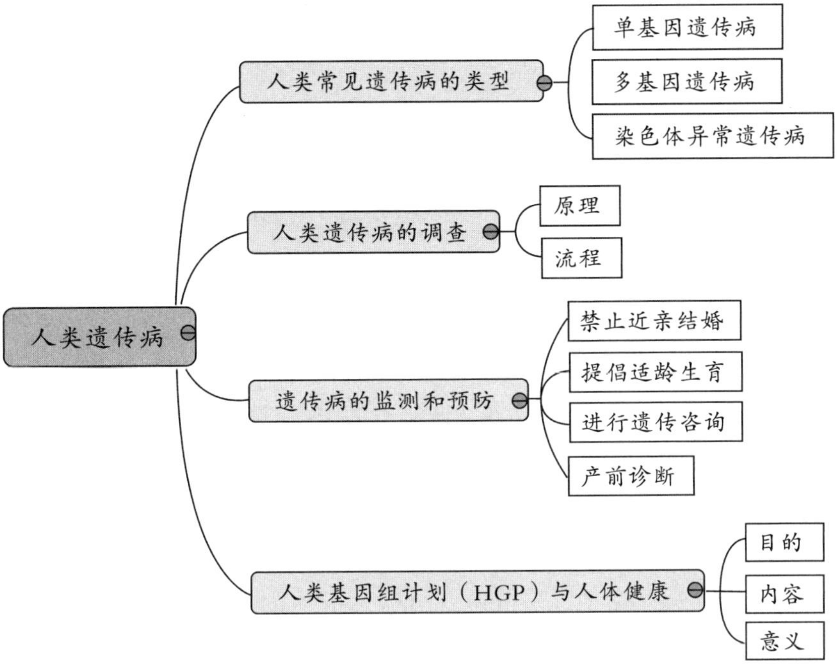

【案例评析】

1. 预习环节——翻转课堂教学中信息技术与教学的融合

翻转课堂模式，先学后教，使学生养成自主学习习惯，培养学生的质疑精神和解决问题能力。对只要求学生了解识记的教学内容（如人类常见遗传病的类型）以及较易理解掌握的内容进行翻转课堂教学，提前让学生自学，再在课堂中进行自学效果过关检测，及时查漏补缺。对重难点教学内容（如人类遗传病的调查、人类遗传病的监测和预防、人类基因组计划与人体健康）先进行翻转课堂式的提前预学，再进行课堂内的任务驱动教学，通过师生互动完成。具体操作是在课前通过钉钉分享用于翻转课堂的希沃知识胶囊导学视频，提前发放纸质导学案（含教学任务），通过钉钉云盘提前共享供学生课前观看的微课：人类常见遗传病的类型，人类遗传病的调查，系谱图中遗传病遗传方式的判断，人类遗传病的监测和预防。

学生提前观看导学视频、微课视频，完成导学案，有疑问时利用网络查找答案，收集资料以备课堂中使用（可以各种形式呈现）等。教师通过在钉钉中提前设计好的投票，在规定的时间里收集学生预习过程中遇到的问题和困难，然后结合教学内容和学生实际，提前设计好在课堂中使用的希沃白板课件里的内容。这样做的好处是大大地提高了课堂教学效率，同时也培养了学生的自主学习能力和获取信息的能力。

2. 课堂教学环节——任务驱动教学模式下小组合作学习中信息技术与教学的融合

学生在课前通过观看视频自学后已经了解了该节课的大致内容，知道自学过程中的疑问在哪里。在该节课课堂中，教师利用希沃白板设计的思维导图、表格、图片、视频、文字等，将知识生动形象地呈现给学生，高效地指导学生进行合作探究式学习，使学生的疑问得以一一解决。学生在课堂中因为有任务驱动，有解决问题的欲望，有解决问题之后的愉悦感，所以表现得更加积极主动。因为小组合作学习体现的不仅仅是个人的解决问题的力量而是集体的力量，故参与其中的学生能感受到集体对自己有很大的帮助和促进作用，也更加乐意去参与学习和体验学习。

关于人类常见遗传病的类型的知识点，学生通过课前预习，基本了解和掌握了相关内容，教师在课堂中借助信息技术工具制作的思维导图指导学生进行知识框架的构建，使学生做到心中既有“森林”又有“树木”，让所学知识得到整合，培养学生分类、归纳、整理知识的科学思维。通过设计不同形式、不同层次的课堂训练题，更直接地培养学生的科学思维，做到学以致用，解决问题。检测学生学习任务的完成情况，也可以达到巩固知识、查漏补缺的作用。

对于人类遗传病的调查的知识点，教师基于学生课前观看过微课，利用希沃白板设计能指导学生归纳总结知识的课件，重点非难点知识采用讲授法进行教学，提高教学效率，同时设计需要进行逻辑推理的课堂训练题，培养学生的科学思维。

人类遗传病的监测和预防是重点知识。教师设计了情境问题，让学生在小组讨论过程中将监测和预防遗传病的要点逐一归纳总结出来。这种情境问题设计基于 PBL 模式（即基于问题的教学模式），其实也是任务驱动教学模式中的一种。精心策划情境问题，赋予学生解决问题的角色，学生在解决问题的过程中掌握了知识，培养了科学思维和社会责任等生物学学科核心素养。

关于人类基因组计划与人体健康，教材中的介绍很少，但这是学生非常感兴趣的知识点。在课前，教师指导学生利用网络查阅和收集有关知识，并对学生进行分组，不同的组收集不同方面的资料。通过查阅、收集、整理、归纳，各学习小组形成了在课堂中进行展示的文案。这样的设计锻炼了学生获取信息的能力，也培养了学生自主学习的习惯，在完成任务的学习过程中，学生的科学思维和社会责任都得到了培养。教师充分利用了教材中的“思考与讨论”栏目，引导学生讨论人类基因组计划在人体健康和社会伦理等方面的正面和反面的效应，通过讨论让学生理解科学技术是一把双刃剑，既可以为人类造福，又可能带来某些负面影响，培养学生批判质疑的精神和态度。为保证人类基因组计划的研究不误入歧途，科学家应承担应有的社会责任，如不进行有悖于社会伦理道德的研究等，普通公民有责任和义务了解科学家所从事的研究工作，督促科学家的研究向着有利于社会进步的方向进行等。这样的教学设计达到了对学生进行社会责任感培养的目的。在这个知识点的课堂小结中，教师利用信息技术进行了思维导图的绘制，培养学生归纳总结的能力。

3. 评价环节——信息技术与教学评价的融合

学生学习的过程性评价在课前、课中、课后均能通过自评和小组成员互评及教师评价进行；学生的课后作业可以通过钉钉中的家校本进行布置和批改；课堂教学效果的终结性评价可以利用钉钉云课堂的考试平台进行，即定时发布限时完成的综合性检测。

该节课体现了课标要求，教学过程清晰，教学内容和课程标准紧密结合，过程性评价和终结性评价体现于教学过程之中，并运用现代教育技术以提高教学质量和效率。尊重学生的主体地位，PBL 模式充分调动学生的主动性，能使学生持续保持学习的热情，提高课堂教学效率。教师通过学习小组组员间的相互监督和评价引导学生及时调整自己的学习行为，在教学过程中及时肯定和激励学生，使学生更加期待下一次成功的喜悦，这种愉悦的学习体会能形成良性循环。

该节课不同于传统的讲授，不用问题串来启发思考，而是让学生在问题解决中学习知识，使学生的思维能力得到了培养，科学思维素养得到了提升。此外，该节课在使用现代教育信息技术手段的同时，也不忘充分利用好教材，比如教材中的本节聚焦的问题、思考与讨论等。

案例三

“关注生物技术的伦理问题”教学设计

授课教师：中山市第一中学　张志强

一、教学目标

1. 认同对生物技术伦理问题讨论的必要性，简述克隆人、试管婴儿、基因检测等生物技术在应用中可能和已经带来的利与弊。

2. 面对来自媒体和他人关于转基因技术的伦理问题的不同观点，能够运用已有的生物学知识进行辨析，初步形成客观、科学的评价能力。

3. 通过讨论、阅读、查找资料等活动，关注上述问题可能给人类生活带来的影响，形成自身的心理准备和理性的思考。

二、教学重点和难点

1. 教学重点

通过讨论与交流，让学生了解克隆技术、体外受精和胚胎移植技术、基因检测技术在人类生活中的积极作用，同时关注它们带来的有关伦理问题。

2. 教学难点

讨论时要运用科学的语言、严谨的逻辑表述观点，防止随意的猜测、盲目的疑虑和偏激的态度。

三、教学策略

本课内容是在学习了基因工程、细胞工程、胚胎工程的理论知识基础上，在学生了解转基因生物技术以及细胞胚胎移植技术中设计试管婴儿和基因检测在实践中的具体应用后引发的伦理问题的讨论，通过阅读教材上的热点问题的背景资料和争论，归纳焦点内容，大部分学生能充分认识生物技术伦理问题讨论的必要性。因此，本节课除了要让学生在课外查找、阅读有关资料，课堂上还要对热点问题的背景资料进行讨论，通过具体的实例来让学生从大量材料中找到生物学的有关知识点，认同生物技术的发展是一把“双刃剑”。

四、教学准备

（一）教师准备

1. 信息技术应用

（1）本节教学的信息技术条件：投影（一体机）。

（2）本节课使用的信息技术工具及资源：教学视频、图片等。

2. 其他

（1）PPT 教学课件。

（2）提前布置学生写一篇主题为“假如我被克隆”的小作文。

（二）学生准备

1. 完成“假如我被克隆”的小作文。

2. 学生分成克隆人研究组、设计试管婴儿研究组、基因身份证研究组等三个组，分别就生物技术的伦理问题进行研究。

3. 每个小组分别制作生物技术的伦理问题调查问卷，开展社会和网络调查，进行调查数据统计分析，撰写调查小报告，制作展示 PPT。

五、教学过程

教学内容	教师活动	学生活动	信息技术工具及资源	教学意图
情景导入，呈现目标	通过多媒体向学生展示并介绍医学伦理学。生物技术革命的浪潮席卷全球，不仅带来巨大的社会效益和经济效益，而且也对传统的观念造成极大冲击，在持有不同价值观的人群中引起了激烈的争论。今天我们选择其中的三个热点问题供大家讨论	学生思考、分析、回答问题，带着问题进入本课的学习	投影动画	情景导入，让学生意识到伦理问题讨论的必要性

续表

教学内容	教师活动	学生活动	信息技术工具及资源	教学意图
探究一：克隆技术引发的伦理问题	问：假如有一天，克隆人真的来了，我们应该怎么办呢？ 摘选展示几篇学生的“假如我被克隆”小作文 请大家阅读课本，思考并讨论以下问题： 1. 假设要克隆人，主要采用什么技术？主要的流程是怎样的？ 2. 你赞成克隆人吗？说一说你的看法 3. 生殖性克隆和治疗性克隆有什么区别？ 4. 伦理学家和科学家看待克隆人的角度有什么不同？ 5. 你愿意被科学家克隆吗？为什么？ 6. 克隆人如果真的来了，你认为应该怎样正确对待他们？ 克隆人研究组展示调查的结果，小组代表陈述观点 教师指导学生相互交流，并点评、补充、纠正 答案参考提示： 1. 细胞核移植技术 2. 提示：从正反两方面加以表述 3. 提示：列表比较 4. 伦理学家主要是从伦理学、社会学和心理学角度看问题，而科学家更多是从科学的可行性和科学意义的角度看问题 5. 提示：从不同角度加以表述 6. 提示：从不同角度加以表述	了解身边的同学对克隆人所持的态度 学生代表介绍克隆人的有关技术流程，学生正反方发表关于克隆人的看法，每一方的学生都发挥团队精神共同收集资料，解决问题，佐证己方的观点 研究小组代表展示调查结果，陈述观点	投影学生小作文 投影克隆人的技术流程图 学生展示调查研究的PPT	让学生感受到生物技术的伦理问题已经或正在进入我们的生活，以及这些问题对个人、家庭和社会可能产生的影响

续表

教学内容	教师活动	学生活动	信息技术工具及资源	教学意图
探究二：设计试管婴儿技术与试管婴儿技术的异同	问：你听说过设计试管婴儿吗？ 请阅读课本，思考并讨论以下问题： 1. 试管婴儿技术主要流程有哪些？ 2. 通常所说的试管婴儿，与设计试管婴儿有什么区别？ 3. 你是否支持设计试管婴儿？为什么？ 4. 为什么捐出一部分骨髓救治他人，不会给捐献者的身体健康造成永久性损伤？你愿意为救人一命而捐献自己的一部分骨髓吗？为什么？ 设计试管婴儿研究组展示调查的结果，小组代表陈述小组的观点 教师指导学生相互交流，并点评、补充，纠正 答案参考提示： 1. 回忆学习过的试管婴儿技术 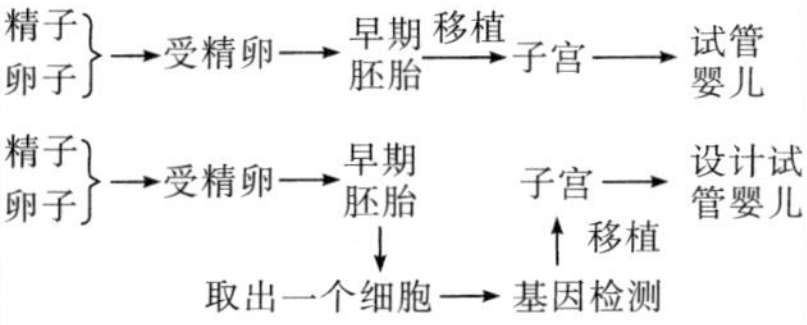 2. 提示：列表比较 3. 提示：设计试管婴儿只是在特定背景下的一种应急措施，需要经过国家有关部门严格审批。它不宜推广，并要严防滥用 4. 提示：（1）所谓捐献骨髓，实际上医生只是从你的骨髓中分离出一部分造血干细胞供移植。因为造血干细胞在人的骨髓中相对较多，而在外周血液中却很少	学生进行小组内交流后，由代表上讲台总结，教师指导学生相互交流，并点评、补充	研究小组展示调查报告“如果生命已被设计好”	了解核心概念 回忆所学知识并为学生形成自身观念埋下伏笔

续表

教学内容	教师活动	学生活动	信息技术工具及资源	教学意图
探究二：设计试管婴儿技术与试管婴儿技术的异同	（2）干细胞的一个重要特点是自我更新能力很强，被分离走的那部分造血干细胞，很快就会被“补齐”。因此捐献骨髓不会影响捐献者身体健康 （3）医生只是在医学公认的安全条件下，分离出捐献者有限数量的造血干细胞，而且整个抽取、分离过程，都是在设备良好的大医院中进行的，一般不会对捐献者造成意外伤害	研究小组代表展示调查结果，陈述观点		进一步明确设计试管婴儿的利弊及争论的焦点
探究三：基因身份证是否有必要？	问：假如你有一张基因身份证，此时你的心情如何？ 请阅读课本，思考并讨论以下问题： 1. 有致病基因就一定会患病吗？基因检测能起到预防疾病的目的吗？ 2. 你愿意进行基因检测吗？基因检测可能会带来什么样的社会问题？怎样预防？ 3. 你愿意获得一张自己的基因身份证吗？为什么？ 基因身份证研究组展示调查的结果，小组代表陈述小组的观点 该小组还录制了情境短剧“基因身份证——想要说声爱你真的好难”，现场播放情景短剧 答案参考提示： 提示：（1）现在要对个人所有基因进行检测是不现实的，因为现在有不少基因还没得到确定。即使只是对个别或少数基因进行检测，也并不是每	正反方的代表根据小组共同收集的资料，解决问题，佐证己方的观点 研究小组代表展示调查结果，陈述观点	播放情境短剧	通过集中的问题，激发学生解决问题的欲望，激励学生深入学习，引导学生关注基因检测技术给人类生活带来的影响，形成自身的心理准备和理性的思考

续表

教学内容	教师活动	学生活动	信息技术工具及资源	教学意图
探究三：基因身份证是否有必要？	个人都需要的。目前对某几种致病基因进行筛检时，接受测定的人也只是有这类遗传病家族史的个人，或这类疾病的高危个人，检测的目的是使他们能及早采取防范措施，如养成良好生活习惯、定期检查身体、适时手术等 （2）有某种致病基因并不一定就会患病。患某种疾病，往往不是由单一原因引起的。况且人的很多疾病是多基因病，并且由遗传因素和环境因素共同决定 （3）有许多疾病，测定其致病基因是相当困难的，因此科学家认为不如测定其所表达的蛋白质更为快捷、有效 （4）基因检测给受试者造成的心理负担或压力必须考虑到，特别是给出似是而非的结论之后，往往会使受试者无所适从 （5）现在记录有个人某些遗传信息的基因身份证已经出现，但仅仅是试验性质的。至于说拿着它去看病，起码在可以预见的将来是言过其实的 （6）将基因身份证上记录的信息和它的作用等问题弄清楚之后，才能决定要不要它			

续表

教学内容	教师活动	学生活动	信息技术工具及资源	教学意图
课堂小结	本节课我们重点关注了生物技术的伦理问题：克隆技术引发的问题、设计试管婴儿引发的问题和基因身份证。每个人都是社会的成员，都处在同样的时代背景下，参与这些公众事务和讨论具有重要意义	学生进行课堂小结		关注生物技术的伦理问题，提高学生的社会责任感

六、板书设计

关注生物技术的伦理问题
- 克隆技术引发的问题
- 设计试管婴儿引发的问题
- 基因身份证

【案例评析】

该课围绕克隆人、设计试管婴儿、基因身份证等生物技术所涉及的伦理问题，是学生经调查、讨论、交流来完成的一节以培养学生生物学学科核心素养为核心的课程。

学生在学习该课程之前，已经学习了基因工程、细胞工程、胚胎工程等知识，学生运用这些知识可以更好地辨析每一种观点背后论据的科学性。该课例设计了小作文、科学调查等活动，使学生能够将现代生物技术的发生、应用、发展与现实生活切实联系起来，有利于学生掌握并运用现代生物技术的核心知识。此外，学生通过参与调查、辩论以及参与个人与社会事务的讨论，对生物技术涉及的伦理问题做出理性解释和判断，学会辨别迷信和伪科学。新课标凝练的生命观念、理性思维、科学探究、社会责任等核心素养，在该节课中有较好的体现。此外，该课运用多媒体展示流程图、播放相关视频等，较好体现了信息技术在高中生物学教与学中的应用。信息技术的合理使用，拓展了教学的时空界限，提高了学生学习生物学的兴趣、效率和主动性。

在该课中，教师提前将该课专题分为三个子课题，学生分成三组，每组选择一个子课题开展调查研究。在调查的过程中，学生更深刻地认识到生命科学与人类的生存息息相关，并将关注的重心从生物技术本身转移到人类如何对待和运用生物技术上。学生自主研究，撰写调查小报告，制作研究成果 PPT，运用信息技术的能力和科学探究能力得到提升。在具体的教学环节中，教师安排各研究小组阐述本组的调查结果、结论及观点，接受同伴的质疑，并就相关问题进行辩论，大致流程为“知识解读→调查汇报→相关法规→辩论总结”。课程实施过程中，教师注意联系相关问题的必备知识，更关注技术背后的伦理、道德和法律问题。教师在整个过程中起到了主导作用，为学生答疑、解惑、纠偏，使课堂有序推进，有很强的节奏感。

克隆人研究小组通过调查获得数据，从数据分析推导出结论，研究过程严密，体现了严谨细致的科学精神，最后给出的建议流露出研究成员对社会的责任感。该小组制作了精美的 PPT，对克隆人中涉及的相关概念进行了界定，知识目标的达成也就水到渠成了。

设计试管婴儿研究小组勇于质疑，辩论激烈。质疑是科学精神的精髓，学生在质疑中不仅关注了知识本身，更关注到人类该如何面对生物科技这把“双刃剑”，不仅弘扬了科学精神，更体现了人文关怀。在辩论中，学生不断获取多方面的信息，整合相关信息，思考问题的角度也越来越严密细致，做到了运用科学的语言、严谨的逻辑表述自己的观点。虽然有些学生不善于发表自己的观点看法，但是通过倾听其他同学的讨论和发言依然达到了引起他们思考的目的。

基因身份证研究小组观点明确，呈现方式多样，让问题的讨论严肃又不失活泼。这个小组除了常规的展示，还播放了自导自演的情景短剧“基因身份证——想要说声爱你真的好难”，将基因身份证涉及的生物学知识、伦理问题、争论焦点融入情景短剧中。这种创意令人印象深刻，更易引发学生对基因身份证利弊的思考。

该课的巧妙设计，使学生不仅较好掌握了该节内容的必备知识，培养了关键能力（科学探究），更是突出了生物学学科核心素养的培养，尤其是对学生科学精神的培育起到了很好的效果。学生不仅学会了科学调查的基本方法，并能通过展示发表自己的观点，更学会了倾听他人意见，还对生物科技与人类生活的关系做出了理性的思考。学生有所收获的同时，教师也因本课的设计和实施进一步优化自身知识结构，提升了指导学生进行研究性学习的能力。

案例四

“保护我们共同的家园”教学设计

授课教师：中山市桂山中学　冯海香

一、教学目标

1. 知道生态环境问题的严重性和生态环境问题的主要内容。

2. 了解生态安全的定义、意义及我国面临的生态安全挑战。

3. 了解生物多样性的含义、层次、价值和保护措施。

4. 了解可持续发展的内涵。

二、教学重点和难点

1. 生态安全的定义、意义及我国面临的生态安全挑战。

2. 生物多样性的含义、层次、价值和保护措施。

三、教学策略

本节内容包括关注全球性生态环境问题、保护生物多样性和可持续发展，在高中生物学学习中有着承前启后的作用，前是指人类活动对群落的影响及生态系统的稳定性等内容，后是指生态工程的学习。

本节重点内容是关注全球性生态环境问题和保护生物多样性。关注全球性生态环境问题的相关内容学生在初中曾经学习过，而且也能从生活中获取非常多的信息。关于可持续发展这部分内容，学生只需要初步了解即可，不必加深和拓展。教学内容虽不多，但是就培养学生科学思维，提高学生生物学素养来说是不可多得的教育契机，故教学设计在保持原有教材中重难点的同时从学生现有的知识出发，提高学生的生态安全意识和社会责任意识，因而把整节课重新整合进一个新的框架中，从生态安全的角度来审视这些问题。

根据课本内容和课堂教学设计，教师提前制作好本节内容的导学案，各学习小组从导学案中认领自己的任务，小组根据导学案合作完成预习和相关准备工作。按学习小组形式从自身生活经验出发，找出本小组要向全班同学汇报的生态安全小主题，课后准备好材料，可以是生活中的图片、视频，也可以是网上找的图片、视频、纪录片、档案及录像资料等，课上请小组代表分享，其他小组成员可以进行补充。

四、教学准备

（一）教师准备

1. 信息技术应用

（1）本节教学的信息技术条件：信息课机房（配备网络教室）、投影。

（2）本节课使用的信息技术工具及资源：视频、图片、动画、新闻材料等。

2. 其他

（1）PPT 教学课件。

（2）导学案。

（二）学生准备

组建 5 人学习小组，通过课本和导学案提前了解与本节学习内容相关的信息。按学习小组形式从自身生活经验出发，找出本小组要向全班同学汇报的生态安全小主题，课后准备好材料，课堂上由小组代表分享。

五、教学过程

教学内容	教师活动	学生活动	信息技术工具及资源	教学意图
播放视频引入	观看2019年澳大利亚丛林大火视频，回答下列问题： 1. 近几年来世界各地出现的危害大、持续时间长的大火，你们知道的还有哪些？ 2. 你认为这些事件与什么原因有关？	思考讨论	投影视频	启发学生思考生态环境问题的全球性——没有一个国家能独善其身
任务一：全球性环境问题有哪些？	引导学生自学、小组讨论，阅读课本，补充除课本所述之外的全球性生态环境问题	阅读课本，观察图像，完成导学案	全球性生态环境问题图片	培养学生从图像与图表中获取信息的能力，对比了解相关知识
任务二：引导学生关注生态安全	1. 为什么要关注生态安全，而不是只关注生态环境问题？ 2. 为什么把生态安全纳入国家安全体系？ 小结 3. 生态安全的意义	小组讨论，初步了解生态安全的含义 学生头脑风暴：生态安全与生态环境之间的关系；生态安全的意义	视频、动画、PPT展示生态安全知识	思辨：生态安全与生态环境之间的关系

续表

教学内容	教师活动	学生活动	信息技术工具及资源	教学意图
任务三：我国生态安全的主要挑战	1. 引导学生小组展示收集到的身边的生态安全问题 2. 请各学习小组分享生态安全方面的资料，如图片、档案，视频等	1. 展示身边的生态安全问题。不同的学习小组展示各自拍到的空气、水、土壤、生物多样性等受到破坏的图片或视频，阐述自己看到的生态安全问题 2. 分享网上查到的资料，如图片、档案、视频等信息	投影我国生态安全面临的主要挑战	让学生全面了解生态安全知识，为后续学习做铺垫。启发学生辩证地看待人与自然的关系，理性分析生态安全在人类可持续发展中的作用，做一个有责任感的公民 培养学生的口头表达能力和大胆质疑的科学品质
任务四：保护生物多样性	引导学生思考： 1. 什么是生物多样性？ 2. 为什么要保护生物多样性？生物多样性有什么价值？ 教师引导学生通过展示课前收集的相关资料学习教材相关内容，举例、分析、讨论和归纳生物多样性的价值，掌握生物多样性价值分类——直接价值、间接价值、潜在价	小组展示资料收集成果，完成导学案 在教师的指导下，区分清楚三种价值的不同点	投影学生收集到的图片、影片等材料	培养学生自主阅读的习惯和能力 以导学案为指引，培养学生自主学习的习惯与能力，同时借助信息技术的辅助，为学生思考本课核心问题提供形象支持，引导学生归纳这三种价值的实质区别。投影文字信息供学生阅读，培养学生获取信息的能力

续表

教学内容	教师活动	学生活动	信息技术工具及资源	教学意图
任务四：保护生物多样性	值。这个知识既是本节课的重点也是难点 3. 比较直接价值和间接价值的关系 4. 列一些典型题目情境，请学生判断是什么类型的生物多样性价值			设计错误情境让学生分辨，从而学会正确判断具体情况下的价值类型，突破难点
任务五：保护生物多样性	1. 如何保护生物多样性? 保护生物多样性的主要措施有就地保护和易地保护。每种保护都要举出具体实例，以加深记忆和理解 2. 用具体的影像资料、图片来触动学生，结合书本知识，指出保护生物多样性只是反对盲目地、掠夺式地开发利用，并不意味着禁止开发和利用。播放我国实施的海洋休渔期规定对海洋生态的影响，壮观的塞罕坝林场等视频	1. 读课文及图解 2. 看各种保护区图片和视频，形象化理解重点知识 3. 分析思考，填写导学案中相应的空白	投影视频	培养学生的理性思维，让学生了解保护生物多样性的关键是协调好人与生态环境的关系，控制人口增长，合理利用自然资源，防止环境污染，还要加强立法、执法和宣传教育，形成符合生态文明的行为和习惯

续表

教学内容	教师活动	学生活动	信息技术工具及资源	教学意图
任务六：可持续发展是人类的必然选择	保护生物多样性最关键的是协调好人与自然协调发展的关系，这要求我们走可持续发展道路。请同学们认真阅读并理解课本中可持续发展的定义，找出核心要点 我们把可持续发展道路总结为两点：一个追求，两个基本点。一个追求指的是自然、经济、社会的持久、协调的发展。两个基本点：在不牺牲未来几代人需要的情况下，满足当代人的需求	阅读课本，提取概念中的核心要点	投影	借助信息技术，提高教学效率。培养学生的科学思维，使学生认同生态安全对人类的重要性
学习整理	组织学生填写本节的知识概念图	完成填空		知识梳理

【案例评析】

单从知识点的难度来说这节内容不难理解，但是这节课重在进一步培养学生的生命观念（培养学生爱护生物和环境的情感，关注生活和社会的习惯，以及确立生态安全与人类发展休戚相关的意识）、科学思维（围绕生态安全问题表达自己的观点，并与他人高效合作，有效沟通，体验生态安全的重要性；批判性地思考全球主要生态安全问题的成因，并对比各种解决途径）、社会责任（通过多种方式和途径，主动、有效地搜集与环境有关的信息，积极参与有关环境活动的决策，做有责任感的公民）。

1. 用信息技术导入新课，快速进入新情境学习。通过 2019 年澳大利亚丛林大火视频来启发学生思考生态环境问题的全球性，引入全球生态环境问题的大讨论。因为这是学生了解的新闻事件，所以能引起学生的共鸣，也可以促进学生领悟生态安全与人类命运休戚与共、不可分割的生命观念。这个观念的体验会贯穿整节课的学习。

2. 用信息技术融合来培养学生的科学思维，增强学生的社会责任感。该节课学习内容虽然难度不大，学生在生活中也经常可以获取相关信息，但是就培养学生科学思维，提高学生生物学素养的教育契机而言，该节课是不可多得的好机会，如果还只是限于课本来单纯地讲生态环境问题，那么对于学生的科学思维和社会责任的培养明显是不够的。因此，教师将整节课重新整合进一个新的框架中，从生态安全的角度来审视这些问题。生态安全这个知识在课本上是没有的，只有借助信息技术在教学中的融合才能更高效地提升教师教和学生学的高度，如通过 PPT、视频、科普动画、新闻资料等来全方位、多形式地展现生态安全的定义、意义。另外，教师还特别设计了一个任务，即让学生把身边的生态安全问题用图片的形式展示出来。学生对这个任务很感兴趣，完成得很好，找出了当地的水污染，生物多样性减少，水土流失，外来生物入侵等多种生态安全问题，学生也由此体会到生态安全与自己息息相关，增强了社会责任感。

该节课的难点一是生物多样性的种类，难点二是生物多样性的价值类型判断。为了突破这些难点，教师课前先设计好导学案，将每个难点设计成不同的任务， 学生通过导学案的引导，课后以学习小组的形式负责相应的任务，再针对性地查找资料，包括图片、档案、文字材料、视频、动画等，然后上课的时候分小组汇报。比如 A 小组专门查找生物多样性直接价值的旅游资源图片、风景名胜地介绍，B 小组查找因管理不善、过度开发导致的各种资源退化，C 小组查找生物多样性丧失的统计等。通过课堂的小组分享，学生能从多角度切身体会生态安全的重要性。

○ 参考文献 ○

[1] 余胜泉，王阿习．“互联网 + 教育”的变革路径 [J]. 中国电化教育， 2016（10）：1-9.

[2] 张雅琪 . 基于 Matlab 的双音多频信号仿真 [J]. 信息与电脑（理论版），2013（6）：129-130.

[3] 郭朝明 . 信息化时代信息素养的内涵与培养 [J]. 电化教育研究， 2007 （11）：16-19.

[4] 陈吉利 . 信息素养的构成与测量 [J]. 软件导刊（教育技术）， 2009（2）：28-30.

[5] 宋倩茹，高守宝，王晶莹 . 新中国成立 70 年中学理科课程中信息技术应用的模式演变研究：基于数学、物理、化学和生物课程标准的文本分析 [J]. 数字教育， 2020（1）：59-65.

[6] 李祖荫 . 生物教师怎样运用幻灯进行教学 [J]. 生物学通报，1958（4）：56-59.

[7] 张辕铭 . 生物课的幻灯教学 [J]. 生物学通报，1958（4）：59-61.

[8] 李祖荫 . 如何运用电影配合生物教学 [J]. 生物学通报，1958（8）：43-45.

[9] 钱涵清 . 开展生物课堂电影教学的研究 [J]. 生物学通报，1986（1）：37-38.

[10] 贾树彪 . 用幻灯机观察果蝇整体装片 [J]. 生物学通报，1987（10）：39.

[11] 罗鸣周，段一炎 . 幻灯投影是提高生物教学质量较好的电教手段 [J]. 生物学通报，1987（6）：18-19.

[12] 钱列 .“基因对性状的控制”一节的教学尝试 [J]. 生物学通报，1985（12）：27-28.

[13] 汪锡银 . 计算机在初中“生物的遗传”一节中的运用 [J]. 生物学通报，1997（2）：27.

[14] 陈露玲 . 电脑多媒体在“血液循环”一节教学中的应用 [J]. 生物学通报，1999（2）：24-25.

[15] 邢卫东 . 计算机辅助教学在“水分代谢”一节课中的运用 [J]. 生物学通报，1997（11）：36.

[16] 邢卫东 . 利用多媒体网络活动室组织“自然保护”一节课的教学 [J]. 生物学通报，2000（1）：26-27.

[17] 金水丽 .“生态系统的稳定性”一节的网络自主教学 [J]. 中学生物学，2006（9）：38-39.

[18] 唐景昌，周晓峰 . 用计算机辅助“问题解决”教学的尝试 [J]. 生物学通报，2004（6）：45-46.

[19] 季晓婷 . 建构主义理论指导下生物网络教学的优化与整合 [J]. 中学生物教学，2005（10）：14-15.

[20] 郝天娇 .“人体内分泌腺及激素”一节多媒体网络教学案例 [J]. 生物学通报，2004（7）：36-37.

[21] 何克抗 . 对美国信息技术与课程整合理论的分析思考和新整合理论的建构 [J]. 中国电化教育， 2008（7）：1-10.

[22] 何高大 .“美国高等教育信息素养能力标准”及其启示 [J]. 现代教育技术，2002（3）：24-29.

[23] 梁晓敏 . 微课在生物学概念教学中的应用 [J]. 中学生物教学，2016（14）：6-7.

[24] 杜欢，朱影 . 微课在初高中生物学教学衔接中的应用 [J]. 中学生物教学，2019（12）：9-10.

[25] 王俊霞 . 利用“微课”深化概念教学 [J]. 中学生物教学，2015（23）：43-45.

[26] 杨冬青 . 微课在高中生物实验专题复习中的应用 [J]. 中学生物教

学，2019（4）：71-73.

[27] 陈洁 . 二维码技术在初中生物校本课程中的应用研究 [J]. 成才之路，2014（33）：32.

[28] 全建华，吴良珠 . 制作生物标本二维码 [J]. 生物学教学，2015（10）：56-57.

[29] 谢婕，谢春强，张树地 . 二维码在校园植物认种中的应用 [J]. 中学生物教学，2014（1/2）：57-58.

[30] 黄想安，付祥 . 虚拟实验在初中生物学实验教学中的实践与研究 [J]. 中学生物教学，2019（19）：59-61.

[31] 李俊 . 虚拟现实技术在高中生物教学中的应用设想 [J]. 中小学信息技术教育，2018（1）：64-66.

[32] 虞阳兰 . 虚拟现实技术在高中生物学教学中的应用 [J]. 中学生物教学，2019（24）：8-9.

[33] 叶水娣，江楹华 . 基于 UMU 互动平台的高中生物教学模式探索与实践 [J]. 中学生物学，2019，35（10）：21-23.

[34] 沈妍婧，解凯彬 . UMU 平台在中学生物教学中的运用与反思 [J]. 中学生物学，2019，35（2）：31-33.

[35] 李宝敏，宫玲玲 . 合作学习对学生学习成效的影响研究：基于国内外 54 项实验研究和准实验研究的元分析 [J]. 教育发展研究，2019（24）：39-47.

[36] 韩国康 . 米勒模型在我国全民科学素养测量中的问题述评 [J]. 新闻研究导刊，2016，7（18）：131.

[37] 陈发俊 . 公众科学素养测度的困难：以科学素养的三维度理论模型为例 [J]. 自然辩证法研究，2009，25（3）：67-71.

[38]（美国）国家研究理事会 . 美国国家科学教育标准 [M]. 戢守志，金庆和，梁静敏，等译 . 北京：科学技术文献出版社，1999.

[39] 中华人民共和国教育部 . 全日制义务教育生物课程标准（实验稿）[M]. 北京：北京师范大学出版社，2001.

[40] 中华人民共和国教育部 . 普通高中生物课程标准（实验）[M].

北京：人民教育出版社，2003.

[41] 中华人民共和国教育部 . 义务教育生物学课程标准（2011 年版）[M]. 北京：北京师范大学出版社，2012.

[42] 朱正威 . 关于中学生物学课程改革的若干建议（三）[J]. 生物学通报，2001（4）：26-27.

[43] 中华人民共和国教育部 . 普通高中生物学课程标准（2017 年版）[M]. 北京：人民教育出版社，2018.

[44] 赵占良 . 对生物学学科核心素养的理解（二）：科学思维及其教学 [J]. 中学生物教学，2019（19）：4-7.

[45] 邢红军，陈清梅 . 从知识中心到方法中心：科学教育理论的重要转变 [J]. 首都师范大学学报（自然科学版），2011，32（6）：20-26.

[46] 焦更生 . 教育教学研究 2016 [M]. 西安：西安交通大学出版社，2016.

[47] 课程教材研究所 . 20 世纪中国中小学课程标准 • 教学大纲汇编：生物卷 [M]. 北京：人民教育出版社，2001.

[48] 刘恩山，张海和 . 建国以来我国中学生物学课程简要历史回顾 [J]. 生物学通报，2007（10）：37-41.

[49] 叶佩珉 . 中学生物学教材改革座谈会简记 [J]. 课程 • 教材 • 教法，1981（4）：1-4.

[50] 任山章，蒋家骏 . 生物学技能教学目标的历史回顾与展望 [J]. 生物学教学，2014，39（3）：13-14.

[51] 魏晓东 . 国外科学态度测评研究进展与启示 [J]. 外国中小学教育，2019（11）：20-28.

[52] 胡钦太 . 融合与创新：教育信息化理论发展 [M]. 北京：高等教育出版社，2017.

[53] 彭莉 . 中小学语文教师的教育科研素养现状调查及提升策略研究 [D]. 武汉：华中师范大学，2019.

[54] 谭永平 . 再论科学的本质与中学生物教学 [J]. 中学生物教学，2017（13）：8-10.

[55]BROOKFIELD S D，PRESKILL S. 讨论式教学法：实现民主课堂的方法与技巧 [M]. 罗静，褚保堂，译 . 北京：中国轻工业出版社，2002.

[56] 陈泉 . 信息素养与信息检索 [M]. 北京：清华大学出版社，2017.

[57] 张俊林 . 这就是搜索引擎：核心技术详解 [M]. 北京：电子工业出版社，2012.

[58] 陈兰，金远平 . 基于本体的垂直搜索引擎研究 [J]. 计算机应用与软件，2009（11）：129-130.

[59] 刘智 . 浅谈数字媒体技术 [J]. 科技信息，2010（28）：251.

[60] 辛齐 . 多媒体视频文件格式研究与应用 [J]. 数码世界，2017（7）：76.

[61] 胡铁生 ."微课"：区域教育信息资源发展的新趋势 [J]. 电化教育研究，2011（10）：61-65.

[62] 洪慧娟 ."短小精悍"：论微课设计与制作 [J]. 智库时代，2019（49）：276-277.

[63] 高红，史冬梅 . 微课及微课制作探析 [J]. 中国市场，2016（25）：150-151.

[64] 张茂聪，秦楠 . 再论创客及创客教育 [J]. 教育研究，2017（12）：81-88.

[65] 张路亚 . 延时摄影：镜头里的变速世界 [J]. 知识就是力量，2016（11）：72-75.

[66] 胡海明，章腾勋 . 3D 打印技术在 DNA 模型制作中的应用 [J]. 生物学教学，2017，42（7）：31-32.

[67] 郭建才 . 3D 打印在教学中的应用 [J]. 中国信息技术教育，2016（8）：63-64.

○ 附　录 ○

表 1　2001—2017 年各版课程标准中对“科学素养”的表述

时间	文件	科学素养
2001 年	《全日制义务教育生物课程标准（实验稿）》	生物科学素养是指参加社会生活、经济活动 、生产实践和个人决策所需的生物科学概念和科学探究能力，包括理解科学、技术与社会的相互关系，理解科学的本质以及形成科学的态度和价值观
2003 年	《普通高中生物课程标准（实验）》	生物科学素养是指公民参加社会生活、经济活动、生产实践和个人决策所需的生物科学知识、探究能力以及相关的情感态度价值观
2011 年	《义务教育生物学课程标准（2011 年版）》	生物科学素养是指一个人参加社会生活、经济活动 、生产实践和个人决策所需的生物科学概念和科学探究能力，包括理解科学、技术与社会的相互关系，理解科学的本质以及形成科学的态度和价值观
2017 年	《普通高中生物学课程标准（2017 年版）》	学科核心素养是学科育人价值的集中体现，是学生通过学科学习而逐步形成的正确价值观念、必备品格和关键能力

表 2　1990—2001 年各版教学大纲中关于知识目标的表述

教学大纲	知识目标
《全日制中学生物学教学大纲（修订本）》（1990 年）	要求学生比较系统地掌握关于植物和动物的形态结构、生理、分类、遗传和变异、生物进化和生态学等方面的基础知识，以及这些知识在农业、医药、工业、国防上的应用

续表

教学大纲		知识目标
义务教育	《九年义务教育全日制初级中学生物教学大纲（试用）》（1992年）	学习必需的生物学基础知识，初步获得生物的生活习性、形态结构、生理功能、分类、遗传、进化和生态的基础知识，以及了解这些知识在生产和生活中的应用。初步获得人体的形态结构、生理功能和卫生保健的基础知识，能够自觉地锻炼身体，养成良好的卫生习惯
	《九年义务教育全日制初级中学生物教学大纲（试用修订版）》（2000年）	初步获得生物的生活习性、形态结构、生理功能、分类、遗传、进化和生态等基础知识，了解这些知识在生产、生活中的应用 初步获得人体的形态结构、生理功能和卫生保健的基础知识，养成良好的卫生习惯
普通高级中学	《全日制普通高级中学生物教学大纲（供试验用）》（1996年）	要使学生获得关于生命活动基本规律的基础知识，以及知道这些知识在生产、生活和社会实践等方面的应用
	《全日制普通高级中学生物教学大纲（试验修订版）》（2000年）	获得关于生命活动基本规律的基础知识，了解并关注这些知识在生产、生活和社会发展等方面的应用

表3　1990—2001年各版教学大纲中关于能力目标的表述

教学大纲	能力目标
《全日制中学生物学教学大纲（修订本）》（1990年）	要求学生掌握使用显微镜，制作临时装片和徒手切片，做简单的生理实验，解剖动物，画植物和动物的简图，采集植物标本和昆虫标本，以及制作植物蜡叶标本和昆虫标本的基本技能 培养学生自学生物学知识的能力，观察动植物的生活习性、形态结构、生殖发育的能力，分析和解释一些生物现象的初步能力

续表

教学大纲		能力目标
义务教育	《九年义务教育全日制初级中学生物教学大纲（试用）》（1992 年）	通过科学方法训练，培养学生的科学素质。在观察动植物的生活习性，生物和人体的形态结构等过程中，培养学生的观察能力。 在学习使用显微镜、制作临时装片和徒手切片、解剖动植物、做简单的生理实验等过程中，培养学生初步的实验能力。要求学生初步地把所学的生物学知识应用于生活和生产实践，分析和解释一些生命现象，培养他们的思维能力。要求学生在具有观察、实验和思维能力的同时，培养不断获取和运用生物学知识的自学能力
	《九年义务教育全日制初级中学生物教学大纲（试用修订版）》（2000 年）	能够对生命现象进行观察、记录、整理和报告 能够正确使用生物实验中常用工具和仪器，具备一定的生物实验操作技能 初步学会科学探究的一般方法，能够运用所学知识、技能，分析和解决一些身边的生物学问题 初步具有进一步获取课本以外的生物学信息的能力
普通高级中学	《全日制普通高级中学生物教学大纲（供试验用）》（1996 年）	要使学生掌握生物科学的一些基本方法，具有较强的观察、实验、思维、自学等能力，提高科学素质
	《全日制普通高级中学生物教学大纲（试验修订版）》（2000 年）	初步学会生物科学探究的一般方法，具有较强的生物学基本操作技能、收集和处理信息的能力、观察能力、实验能力、思维能力和解决实际问题的能力